삶을 가꾸는
시 읽기 쓰기 수업

삶을
가꾸는
시 읽기
쓰기 수업

배창환
지음

손잡고
국어수업 08

왜?
어떻게?

'손잡고 국어수업' 시리즈를 펴내며

아름다운 수업

교사라면 누구나 아름다운 수업을 꿈꿉니다. 그래서인지 수업 사례를 다룬 책이나 연수가 쏟아지고 있습니다. '수업 디자인'이라는 말도 유행합니다.

디자인이 뭐냐는 물음에 누군가는 이렇게 답했습니다. "인문학적 상상의 공학적 실현". 그러면서 "디자인은 손재주가 아니에요. 사람들의 삶을 어떤 방향으로 바꾸고 싶다는 인문학적 상상이 먼저입니다."라고 덧붙였습니다.

교육공학을 전공한 교수님도 그와 비슷한 얘기를 했습니다. "수업 방법은 다음 문제예요. 어떤 수업을 하고 싶은지, 왜 그런 수업을 하고 싶은지 그걸 먼저 생각해야 합니다. 그에 따라 수업 방법이 결정되기 때문입니다."

국어 교사 단톡방에서 오가는 대화

"○○와 □□의 차이가 뭔가요?"

"△△는 어떻게 가르치면 되나요?"

　국어 교사들이 모인 단톡방에 가장 많이 올라오는 질문입니다. 당장 내일 해야 할 수업을 앞에 놓고 막막한 마음에 올린 질문이겠죠. 오죽 답답하면 이런 질문을 하셨을까요? 그런데 조금만 여유를 가지고 '왜?'라는 질문을 먼저 던져보면 어떨까요? 그러면 '어떻게?'에 대한 답은 자연스럽게 따라오지 않을까요?

왜?

새는 두 날개만으로 날지 않습니다. 물고기는 지느러미로만 헤엄치는 게 아닙니다. 머리를 돌려 올바른 방향을 잡는 일이 먼저입니다. 그래서 이 책에서는 '왜?'라는 질문으로 시작합니다. 이 물음은 '삶' 또는 '성장'과 맞닿아 있습니다. 가르치고 배우는 사람이 더불어 성장하는 수업을 하려면 '왜?'라는 질문을 붙들어야 합니다.

　나는 왜 이걸 가르치는가?
　이걸 배워서 우리 아이들이 어떤 방향으로 성장하기를 바라나?

　공자님께서도 "學而不思則罔(학이불사즉망)"이라고 하셨습니다. '망(罔)'은 그물입니다. 그물에는 구멍이 숭숭 뚫려 있습니다. 속 알맹이가 없죠. 열심히 가르치고 배우지만 수업이 끝나면 허망할 때가 많습니다. '왜?'라는 질문이 빠졌기 때문입니다. 성긴 그물 사이로 삶의 알맹이가 죄다 빠져나가고 빈껍데기만 남았기 때문입니다.

　'왜?'에 대한 답을 찾으려면 찬찬히 관찰해야 합니다. 교육과정에서는 어떤 목표를 제시하고 있는지, 교과서에서는 어떻게 구현하고 있는지, 학생들은 어떤 수준과 상황인지, 학생들이 살아갈 우리 사회는 어떻게 변하고 있는지…… . 처음에는 어려울 수 있지만 자꾸 연습하면 꼬리에 꼬리를 물고 해답이 따라 나옵니다. 고구마 줄기처럼.

어떻게?

교사가 아무리 선한 의도와 간절한 열망을 가졌다 해도 수업이 그저 되지는 않습니다. 열심히 날개를 퍼덕이고 지느러미를 움직여야 합니다. 인문학적 상상을 실현할 공학적 실천이 필요합니다.

공자님께서는 이어서 말씀하십니다. "思而不學則殆(사이불학즉태)". '태(殆)'는 위태롭다는 뜻입니다. 흐물흐물해서 제대로 설 수 없는 상태죠. 아무리 멋진 생각이 있어도 그걸 어떻게 실현할지 모른다면 소용이 없습니다. 올곧게 실천하려면 힘써 가르치고 배워야 합니다. 방법이나 요령이 필요합니다.

이 책에서는 이미 현장에서 실천해 본 사례를 몇 가지 소개합니다. 당연한 말이지만 이 사례를 곧이곧대로 베끼면 안 됩니다. 이 사례들은 '다만 하나의 몸짓'에 지나지 않습니다. 선생님들의 빛깔과 향기를 덧입혀 주세요. 선생님의 '왜?'라는 질문에 맞춰서 어떻게 적용할지 선택하셔야 합니다.

손을 내밀어 주세요

이 책은 더 아름다운 수업을 꿈꾸는 선생님들을 위한 책입니다. 선생님께서 국어 수업의 길을 찾으실 때 그 손을 잡아드리고자 이 책을 기획하게 되었습니다. 우리 책을 실마리 삼아 선생님만의 '왜?' '어떻게?'라는 질문을 얹어 더 아름다운 수업을 구상하시기를 기대합니다.

더 나아가 저자로 모시고 싶습니다. 선생님께서 실천하신 값진 수업 사례를 책으로 만들어주세요. 아직 완전하지 않아도 좋습니다. 그걸 책으로 엮는 과정에서 더 단단하게 틀을 다질 수 있기 때문입니다. 선생님께서 용기를 내신다면 또 다른 누군가에게 따스한 손길이 되리라 믿습니다. 선생님의 연락을 기다립니다.

손잡고 걸으면 외롭지 않습니다.

우리가 가르치고 배우는 일도 그랬으면 좋겠습니다.

함께 손잡고 '왜, 어떻게 가르칠까?' 길을 찾고자 합니다.

이 책은 시를 쓰면서 학교에서 아이들에게 오래도록 시를 가르쳐 온 경험을 기록한 것이다. 시 수업 관련 책으로 2002년에 처음 낸《이 좋은 시 공부》는 도시와 농촌을 오가며 아이들과 몇 년간 시 감상과 쓰기 수업을 한 사례와 방법을 담은 것으로, 당시 국어 선생님들로부터 넘치도록 사랑을 받았다.

그로부터 한참 뒤 책을 증보하여 다시 내고자 했을 때, 나는 변화하는 시대와 아이들의 요구에 맞추어 전면적으로 새로 쓰기로 마음먹었다. 하지만 그때까지 해오던 다양한 읽기와 쓰기 체험을 중심으로 한 수업 외에 시청각 미디어를 결합한 새로운 시 수업 경험을 충분히 쌓지 못한 상태에서 더 진전시키기가 어려웠다.

그리고 나는 주로 농촌과 중소도시 몇몇 학교를 다니며 아이들과 수업을 했는데, 대도시 아이들과의 수업 경험을 새로 보완하는 데도 많은 시간이 필요했다. 그것은 교단생활을 마친 뒤 대구를 중심으로 3년 동안 시 교육만 집중적으로 할 기회를 얻고서야 가능했다. '자유학기제'와 '한 학기 한 권 읽기' 수업 프로그램은 '국가 단위의 교육과정'에 '교사 자신의 교육과정'을 접목시켜서 실천해 볼 수 있는 공간이 열렸다는 점에서 여러모로 획기적인 일이었지만, 나의 교단생활이 끝날 무렵에야 들어오기 시작했으므로 못내 아쉬웠다. 국어 교과 시간 중에 많은 시간을 따로 빼내어 아이들과 다양한 시 읽기·쓰기 수업을 하느라 늘 교과 진도에 쫓기어 허덕이면서 땀을 쏟던 날들이 아직도 눈에 선하다.

시 교육에 대한 나의 관심은 처음부터 '시 교육이 아이들의 삶을 세우고 가꾸어 가는 데 어떤 보탬이 될 수 있을까?' 하는 물음에 스스로 답을 다는 데 있었다. 시 교육도 결국, 아이들의 오늘과 내일의 '삶을 위한 교육'일 수밖에 없고 그런 확신을 갖지 못한 채 하는 시 교육은 도달점을 정하지 않고 항해하는 배와 다름없다고 생각했기 때문이었다.

그 질문은 시를 쓰면서 시작했던 교단 초기 무렵부터 가졌었는데, 아이들과 시 공부를 하는 과정에서 삶을 위한 시 교육이어야 한다는 확신은 조금씩 굳어지고 다듬어졌다. AI가 세상의 중심으로 돌진해 들어오는 이 시대에도 '읽기와 쓰기'가 여전히 시 교육의 중심에 서야 한다는 생각은 변함이 없다. '좋은 시'를 읽고 자신의 '삶을 쓰는' 활동은 사람을 사람답게 하고, 거울 앞에 자신을 마주 서게 할 뿐 아니라 함께 살아갈 세상 모든 생명들의 벗이 되어 서로 손잡게 하는 힘으로 작용하기 때문이다.

나의 이 작은 경험의 기록들이, 시를 통해 아이들이 자기 삶의 주인으로 성장해 가기를 바라며 땀으로 밭을 일구는 많은 선생님들이 현실에 맞게 응용하고자 할 때 편리한 '도구'로 쓰일 수 있기를 바란다. 그것이 이 책을 내는 이유이다. 이 책은 내게, 교단에 서 있던 그때나 시간에 등 떠밀려 그곳을 떠난 지금이나 마음속에 한시도 떠나지 않은 '오랜 숙제'였다.

이 책을 쓰는 중에 학생들이 쓴 좋은 시 목록을 만들어 보려고 그간에 출간된 여러 학생 시집들을 다시 펼쳐놓고 많은 시간을 들여서 읽기 시작했다. 어린 학생 시인들의 진심을 담은 시들이 얼마나 마음 설레게 하고 때로는 아픔에 떨게 하는지, 아름답게 빛나는 그 시들을 첫 마음으로 찬찬히 다시 읽었다. 학생들은 자기의 사고와 감성을 일깨워 주는 시인의 시도 좋아했지만, 특히 자신들의 이야기를 담은 학생 시들을 좋아했다. 그 시들을 2부 1장에서 '학생들이 좋아하는 학생 시'라는 그릇에 간추려 담았다. 물론 '학생들이 좋아한 시인의 시'도 딴 그릇에 나누어 담았다. 선생님들의 시 수업에 참고가 될 수 있으면 좋겠다.

나와 함께 시 공부를 하면서 청소년 시절의 삶을 시로 쓰고, 교실이나 강당에서 시 낭송·암송을 하고, 시 UCC를 만들어 공연하고, 시화전을 준비하고, 문학기행 자료집을 만들고, 시인 초청 문학의 밤을 열고…… 그런 행복한 '시 축제' 속에 내가 아이들과 함께 서 있었다는 사실이 믿어지지 않을 때가 있다. 아이들은 언제나 내가 흘린 땀보다 헤아리기 어려울 만큼 많은 것들을 되돌려 주었다. 그 아름다운 경험들을 여러 선생님들과 나누고 싶어서 '시와 함께하는 체험활동'을 따로 빼내어 5장에 서술했다.

오래도록 믿고 이 졸고를 기다려 준 휴머니스트 출판사에 마음 깊이 감사드린다. 함께 시와 시 교육 공부를 하면서 나의 집필을 독려해 주고 크고 작은 도움을 아끼지 않은 시 교육을 위한 교사 모임 '시와 사람들'의 김형태 선생님과 여러 선생님들께도 감사의 말씀을 전한다. 그리고 귀한 학생 창작시와 실천 사례를 이 졸고에 수록할 수 있도록 허락해 주신 박정임 선생님께 특별히 고마움을 전해야겠다.

　이 책을 내기 전에 시 수록 동의를 얻기 위해(동의를 핑계 삼아) 참 오랜만에 아이들(이젠 모두 성인이 된)에게 연락을 했는데, 모두 반가워하고 기뻐해 주었다. 아쉽게도 연락이 닿지 못한 사람들을 포함하여 모두에게 이 자리를 빌려서 깊이 감사드린다. 이 책의 진짜 저자는 바로 청소년 시절의 그 아이들이다.

　전국의 곳곳에서 많은 선생님들의 방울땀이 거름이 되어 아름다운 학생 시들이 쏟아져 나오고, 학교마다 학생들의 시 축제가 열리기를 바라고 기대한다.

배창환

차례

1부. 시 읽기·쓰기 수업, 왜?   14

1. 삶을 위한 시 교육

2. 시 교육, 무엇이 중요한가?

3. 교사에게 무엇이 더 필요한가?

4. 시 수업, 무엇을 어떻게?

2부. 시 읽기·쓰기 수업, 어떻게?

1장   좋은 시의 기준과 목록   51

1. 좋은 시의 기준

2. 학생들이 좋아한 시인의 시

3. 학생들이 좋아하는 학생 시

2장   시 수업 프로그램   119

1. 시 읽기 자료집을 활용한 활동 중심의 수업

2. 교과서 시 단원과 연계한 시 쓰기 수업

3. 평가, 어떻게 할까?

시 읽기
쓰기 수업,
왜?
1부

외로울 때는 시를 읽어라
비가 뜨겁게 젖어올 때도 읽고
함박눈이 곤한 잠 흔들어 깨울 때도
시를, 읽고 읽어라

인생이 한 편의 시가 되게 하라
삶은 어차피 내가 산 만큼의 삶,
감동이 없는 삶은
죽은 것이다

주어진 시간이 많지 않다, 아이야
엉뚱한 길 헤매느라 탕진하지 말고
남의 인생을 대신 살지 말고
치열하게, 치열하게 네 길을 가라

그 길 멈추어 서는 어느 먼 날에
자신을 향하여, 세상을 향하여
– 이게 바로 나야!

단 한 줄의 시, 쓸 수 있도록

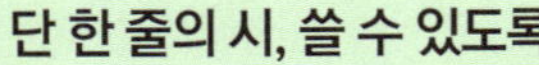

– 배창환, 〈삶, 한 편의 시처럼〉

1. 삶을 위한 시 교육

시는 오랫동안 국어 교육의 중심에 있었으며, 국어 교사의 교수·학습 활동에서 빼놓을 수 없는 자리를 차지해 왔다. 그럼에도 시 교육은 오래도록 입시 교육에 매몰되어, 작품 해설을 읽고 해제를 암기하여 객관식 문제를 풀어내는 형태로 이루어졌다. 그 결과, 시가 학생들의 가슴에 가 닿기보다는 어렵고 골치 아픈 공부거리로 외면받아 온 것이 사실이다.

근래 '자유학기제'나 '방과 후 학습', 문학 관련 체험학습 등 학생들이 시를 접할 수 있는 공간이 조금씩 생겨나고, 청소년을 위한 시집이나 시선집, 시 감상집이 꾸준히 나오면서 시 교육에 대한 국어 교사들의 관심은 분명 커지고 있다. 하지만 국어 수업에서 시 교육 시간을 충분히 확보하기 어려운 학습 환경은 여전하다.

그리고 시 교육에 뜻이 있는 교사들조차 학교 교육에서 시 교육의 중심을 어디에 두어야 할지, 어느 범위까지 학습 내용을 전개해야 할지 잘 판단하지 못하고 있는 실정이다. 그러다 보니 시 수업이 시를 읽고 감상을 나누는 것에 그치는 경우가 많다. 물론 그런 경험도 학생들에게 시에 대한 관심이나 흥미를 어느 정도 갖게 할 수는 있겠지만, 삶에서 어떤 느낌을 포착하여 그것을 시어로 형상화해 보는 경험에까지 가지 못하면 학생들이 시를 제대로 알고 맛보았다고 말할 수 없다.

오랫동안 학생들과 시 수업을 해오면서 떠나지 않는 의문이 있었다. '시가 아이들에게 무엇을 줄 수 있는가? 아이들 삶에 얼마나 도움이 될 수 있을까?' 하는 것이다. 최근에 청소년들을 대상으로 한 시 강의 주제를 '삶을 가꾸는 시 읽고 쓰기'로 삼은 적이 있다. '삶'이란 말과 '가꾸다'라는 말을 '시 읽고 쓰기' 앞에 놓은 이유는, 시가 학생들의 삶을 세우고 중심을 지키는 일에 도움이 되지 못하면 결국 버림받을 수밖에 없기 때문이다.

따라서 시 교육은 학생들의 '삶'과 '문학'의 연관성을 전제로 삶을 가꾸는 데 도움이 되어야 한다는 관점에서 출발해야 한다. 작품에 대한 이해와 해석, 평가를 학생 활동 중심으로 진행하는 '시 읽기', 학생 자신의 삶을 형상화하는 언어 체험인 '시 쓰기(창작)'를 중심으로, 그와 관련되는 활동들을 제시하여 풍성한 시 교육의 장(場)을 마련할 필요가 있다.

시는 삶이 빚어낸 '빛'과 '향기'

시(詩)는 문학 가운데서도 언어예술의 '정수(精髓)'이다. 더 나은 삶을 위한 위로와 감동이 있고, 섬세한 언어를 갈고닦아 자기를 발견하고 표현할 뿐 아니라, 삶의 가치를 깨닫고 실현해 갈 수 있는 길의 입구에 시가 놓여 있다.

그런데 다들 시가 어렵다고 한다. 오래도록 국어와 문학 교과를 담당하면서 늘 맞닥뜨린 것이 '시가 어렵다'는 아이들의 반응이었다. '낯섦'을 통해 '새로움'을 찾는 것은 자기 개성을 만들어 가는 예술가의 숙명이니 당연하다 싶지만, 지나치게 난해한 시는 분명 문제가 있다. 그건 오묘한 것과는 차원이 다른 것이다. 특히 청소년기의 아이들이 배우고 익히는 시가 그래서는 곤란하다.

좋은 시는 시인의 삶에서 캐낸 한 줄기의 빛이나 향기 같은 것이다. 시의 감동은 세상과 삶에 대한 성찰, 격물치지의 자세, 따뜻한 시선과 마음가짐, 다른 존재들을 대하는 진정성이나 애정 등 시인의 삶이 총체적으로 내뿜는 빛과 향기에서 나온다. 그것이 아름다운 시어를 만나 리듬을 입을 때 비로소 한 편의 아름다운 시가 되는 것이다.

그러므로 좋은 시는 시인이 그의 세상에서 찾아낸 삶의 진실과 세상을 향한 선한 의지, 아름다운 언어의 결정체이다. 좋은 시는 더 큰 설득력과 공감력을 가진 시이며, 독자의 가슴에 닿아서 아픔을 위로해 주거나 새로운 발견이나 깨달음으로 기쁨을 준다. 자신의 체험에서 얻은 생각이나 느낌, 곧 영감(착상)을 아름다운 언어로 들려주어 교감하는 시가 독자의 가슴에 남는다.

시인에게서 잠시도 떠나지 않는 가장 중요한 숙제는 '좋은 시'를 쓰는 것이다. 시는 관심과 열정이 있으면 누구나 쓸 수 있지만, 독자들의 심금을 울리는 '좋은 시'를 쓰기는 생각처럼 쉽지 않다. 자기와 살아가는 생각의 방향이나 감각이 다른 사람들의 마음을 움직이는 일이 쉬울 리가 없다.

시의 감동은 시인의 삶에서

시인은 그가 사랑하는 것, 소중하고 가치 있다고 여기는 것을 노래하고 싶어 한다. 일상에서 만나는 사물이나 사람 또는 사회와 자연에서 맺어진 관계와 의미에 대하여 사유하고 느낀 것을 시로 형상화하여 노래한다. 그러므로 시인은 무엇인가를 지극한 마음으로 갈구하고 사랑하는 사람이고, 그 사랑을 문자 언어로 노래하는 사람이라고 말할 수 있다.

시인이 '들국화, 저녁놀, 나, 연인, 기차, 고향, 행복'을 노래하는 것은 곧 그 대상들에 대한 사랑 때문이다. '죽음, 전쟁의 참화, 억압'을 노래할 때도 시인은 삶과 평화와 자유 같은 '잃어버린 것'이나 '있어야 할 것'에 대한 그리움과 사랑을 갈구하고 있다는 뜻으로 고쳐 읽을 수 있다. 시인은 그 대상들을 눈으로 관찰하고 느끼고 받아들여서 내면의 육화 과정을 거쳐 자신의 목소리로 노래한다.

'시가 곧 시인'이라는 말이 있듯이, 시의 감동은 시인의 삶에서 온다. 대상과 현실을 대하는 시인의 사랑의 깊이와 폭, 그리고 생명과 세상을 바라보는 냉철하면서도 따뜻한 시선, 일상에서 캐낸 삶의 지혜와 진정성이 리듬과 이미지와 어우러지며 개성적인 표현을 얻을 때 시의 빛과 향기가 감동으로 다가올 수 있다. 독자는 그 시적 감동의 빛과 향기를 찾아냄으로써 기쁨과 삶의 에너지를 얻을 수 있는 것이다.

시에서 크든 작든 그 감동을 만나지 못한다면 우리는 기대에 못 미친 영화를 보고 나올 때 느끼는 씁쓸함과 허탈함을 느낀다. 많은 경우, 시의 한계는 시인의 한계이고 시인의 경험 부족이나 세계에 대한 인식 부족에서 오기 쉽다. 다시 말하면, 자기 세계를 확립하지 못하고 겉돌 때 자기 색깔이나 목소리를 갖기 어려워지고, 결과적으로 시를 통해 독자와 대화하기가 힘들게 된다. 이 경우, 삶과 동떨어진 뜬구름 잡는 이야기가 되거나 신선함을 잃어버린 채소처럼 '맛없는' 시가 되고 만다.

한편, 자신의 내면을 억지로 비틀어 꼬아 만든 난해한 시는 그 자체로 이미 독자를 대하는 시인의 태도나 관점을 보여준다. 독자들과 함께할 의사가 별로 없다는 말이다. 실제로 어떤 시인은 "시인은 독자들을 의식할 이유가 없다."라고 말하기도 한다. 이것은 예술과 독자의 분리를 말하는 것이며, 공감을 통해서 소통하고자 한 전통적 의미의 시 창작을 거부하는 입장이다. 미로처럼 꼬인 암호의 언어를 해독하는 재미에 빠진 사람들만을 독자로 상정한다는 뜻인지 알 수 없지만, 독자들은 그런 시를 만나면 난관에 부딪힐 수밖에 없다. 독자들은 시를 대할 때 일단 설렘과 기대를 안고 다가가지만, 아무것도 만날 수 없는 시 앞에서는 실망하고 돌아서게 된다. 그때 독자들은 묻는다. '왜 이런 시를 우리에게 들려주려고 할까?', '내가 이 시를 찾아서 읽어야 할 이유가 무엇인가?'라고.

삶을 성찰하고 가꾸는 시 공부

시를 읽으면 시인이 보인다. 그리고 시인이 살아온 세상이 함께 보인다. 누구나 자신이 갖고 있지 않은 것을 남에게 줄 수 없듯이 시인도 자신이 갖지 못한 것을 줄 수는 없다. 시 창작은 '무(無)에서 유(有)'를 만들어 내는 것이 아니라, '유(有)에서 유(有)'를 만들어 가는 문화 일반의 생성과 전파의 원리에서 크게 벗어나지 않는다.

우리가 일상으로 먹는 음식이 몸의 세포를 만들어 내고, 마시는 공기가 몸 구석구석까지 운반되어 숨 쉬며 살아가듯이, 삶의 체험이 저장된 뇌의 기억이 내면세계를 만들어 내면서 시가 창작되는 것이라면, 시인은 자신이 직간접적으로 경험한 세계 안에서 시를 창작할 수밖에 없다.

훌륭한 삶이 좋은 시를 보장해 주지는 않지만, 작가로서 시대정신을 망각한 시인에게서 훌륭한 시가 나올 수는 없다는 것은 진리에 가깝다. 시는 시인에 의해 만들어지는 것이지만, 결국은 시인이 '낳는 것'이란 생각은 옳다. 그러므로 시인은 언어를 갈고닦는 노력 못지않게 자신

또는 자신의 삶을 확장하고 깊이를 더하는 사유를 하지 않으면 제자리에서 멀리 나아가기 어렵다.

시를 처음 공부하는 사람들은 물론이고 학생들의 시 공부도 여기에서 출발해야 한다. 시인과 학생들의 '삶에서 나온 시', '삶이 낳은 시', 삶에서 시작하고 삶을 가꾸며 삶을 떠받치고 이끌어 가는 시, 학생들에게 힘이 되고 생각하게 하고 느낌을 갖게 하며 발견과 깨달음을 갖게 하는 시를 중심으로 읽고 쓰고 감상을 말할 때, 아이들은 "선생님, 왜 시를 배워요?" 같은 질문 대신에 시 속에서 배어 나오는 삶을 이야기하고 시의 아름다움을 발견하여 서로 나눌 수 있으며, 자신의 삶을 성찰하고 생겨나는 질문에 스스로 답을 구하는 살아 있는 시 공부를 하게 되는 것이다.

2. 시 교육, 무엇이 중요한가?

시 교육의 중심은 학생들의 삶

학생들에게 가장 좋은 시 교육은 학생들 마음에 시가 오롯이 남는 것이다. 그렇지 않으면 시를 배우고 가르쳤다고 말할 수 없다. 시에서 진한 감동을 받으면 그 시는 오래도록 마음에 남고, 시를 쓴 시인까지도 기억하게 된다. 또한 자기 이야기를 시로 쓰는 체험을 하고, 좋은 시들을 암송하거나 시와 함께하는 다양한 활동을 해나가면 시를 사랑하는 마음이 깊어지고 시가 삶 속으로 들어오는 체험을 할 수 있다.

학생들에게는 청소년 단계에 맞는 시 창작과 이론, 체험과 활동(놀이)이 필요하다. 그러므로 시의 제재가 되는 삶은 관념적인 삶이 아니라, 학생들의 구체적이고 진실한 이야기여야 한다. 학생들이 현재 직면하고 있는 삶뿐 아니라 지금까지 학생들이 살아오고 내면을 이루어 온 바탕이 되는 의미 있는 기억들, 그 위에 앞으로 살아갈 삶에 대한 상상 또는 직관을 모두 포함하는 것이다.

그것은 학생 개개인의 존재와 삶의 역사성이기도 하며, 인류가 써 온 역사와 문명사 속에서 그려가는 삶의 현실이기도 하고, 지구 생명체들이 함께 이루어 온 서사이면서, 앞으로 이루어 갈 미래에 이르기까지 거의 무제한적이다. 다시 말하면, 시를 배우는 학생들의 지각과 감각에 비친 모든 사람, 사람이 만든 문명과 역사와 사물과 자연 질서, 그리고 그것들이 이루고 있는 눈에 보이고 보이지 않는 모든 관계가 시의 대상이다. 그 중심에 '지금, 이곳'에서 삶을 영위하는 학생 자신이 서 있는 것이다. 그러므로 시 교육의 출발점과 도달점은 바로 '나의 삶', 곧 '지금 학생의 삶'이 되어야 하는 것이다.

시 읽는 즐거움과 감동 체험

학교에서 시 교육을 할 때 가장 먼저 생각해야 할 목표 또는 도달점은 학생들이 일상에서 시를 가까이하며 아끼고 사랑하는 습관을 갖게 하는 것이다. 말하자면 '시 사랑이 먼저'이다. 하지만 그것을 강제할 수는 없고, 자연스럽게 마음에서 솟아나게 해야 한다.

결국 학생들이 스스로 시를 좋아하게 하는 것이 시 교육의 도달점이라 할 수 있다. 시에 대한 지식 쌓기가 아니라 시가 삶의 일상이 되어야 한다는 것에 동의한다면 당연히 그래야 할 것이다. 교실에서 이루어지는 시 교육이 점수 경쟁 교육, 즉 높은 점수를 받기 위한 공부의 하나로 받아들여진다면 아무 의미가 없다. 그런 교육은 점수를 얻고 나면 그만이기 때문이다.

시를 사랑하려면 먼저 시 읽는 재미를 느껴야 한다. 학생들이 시에 재미를 느끼려면 시가 자신의 삶과 관련되어 있다는 것을 깨달아야 한다. 학생들이 살아온 삶과 그에 따른 관심 방향이 서로 다를 수밖에 없지만, 일단 자기 몸과 마음에서 먼 이야기에 관심을 갖기는 어렵다.

자기의 과거, 현재, 미래와 연결되는 '끈'이 시 속에 녹아 있으면 일단 관심을 갖게 되고, 자신의 직간접적인 경험과 공유되는 부분이 크면 클수록 관심도 커지기 마련이다. 다시 말하면, 시가 학생의 삶과 어떤 식으로든 관계를 맺을 수 있어야 한다는 것이다. 또 시가 학생들의 감각을 자극할 때 관심이 생기고 재미도 느낄 수 있다. 시에서 중요한 감각은 시각과 청각인데, 시의 리듬과 시어의 이미지가 학생들의 감각을 건드려서 심금을 울리는 데까지 나아가야 한다.

좋은 시를 읽어서 즐거움을 느끼고 시를 사랑하게 하는 체험이 시 교육의 출발점이 되어야 하는 것은 당연하다. 시에서 얻은 감동이 새로운 발견과 성찰, 위안과 힘을 주어 자신의 일상을 조금씩 높여가는 것을 몸으로 느낄 때 학생들은 시를 사랑하게 된다. 사람은 누구나 아름다움과 감동이 있는 곳에 오래 머물고 싶어 하지 않는가.

시를 보는 '눈' 갖기

시 공부에서 중요한 것은 시를 사랑하는 경험과 습관이라고 했다. 그렇다고 이론 공부가 불필요하다는 것은 아니다. 좋은 시를 찾아내는 눈을 기르고 시를 잘 감상하기 위해, 내 삶을 시로 표현해 내는 힘을 기르기 위해 이론이 뒷받침되어야 한다.

그렇다고 수준 높은 전문 지식이 필요한 것은 아니다. 시 감상과 창작의 핵심 이론은 '무엇'과 '어떻게'라 할 수 있다. 이때 '무엇'에 해당하는 시의 주제는 시인이 삶에서 찾아내어 착상해 낸 것이고, 그것을 감동적으로 잘 표현하는 방법이 '어떻게'이다. 말하자면 시인의 시에서 '무엇(주제)'과 '어떻게(표현법)'를 찾아내어 '소화하고 공감하는 것'이 감상이며, 일상에서 찾아낸 '무엇'을 '어떻게' 잘 표현할 수 있을까 하는 것이 창작이다. 그 방법에 대해 많은 이들이 터득한 내용들을 간추려서 일반화한 것이 이론이며, 시를 보는 눈이라 할 수 있다.

따라서 중요한 것은 좋은 시를 찾는 능력(힘)이며, 삶과 시를 하나로 놓고 보는 눈(관점)이다. 교실에서의 시 수업은 시에 대한 개념과 지식을 암기하는 것보다는 시가 어떤 것인지를 작품을 통해 스스로 깨우치고, 좋은 시를 감상하는 능력을 기르고, 자기 삶을 시로 잘 표현하도록 돕는 과정이 되어야 하는 것이다.

학생들에게 또 중요한 것은 '시와 시 아닌 것'을 구별하는 능력이다. 오늘날은 그 경계가 모호해지고 있어 단정적으로 말하기가 어렵지만, 시의 본질적인 특성을 이해하면 시 또는 시적인 것과 그렇지 않은 것을 판단할 수 있다.

이를 위해서는 시가 형상화를 통해 주제(무엇)를 표현하는 예술이라는 것, 그리고 감동을 추구하는 '예술 언어'와 대상에 대한 이해와 인식의 변화를 추구하는 '과학 언어'가 다르다는 것을 학생들이 인지할 수 있도록 해야 한다. 또한 시는 메시지, 느낌(영감)을 논리적인 서술 형식이 아니라 노래로 표현해야 하므로 리듬이 있는 시어, 구, 문장을 사용한다는 것을 이해시킬 필요가 있다.

그리고 시에서 사용하는 다양한 표현 방법에 대한 이해도 필요하다. 영감을 효과적으로 표현하는 데 쓰이는 비유법, 주제를 인상적으로 전달하기 위한 역설과 반어, 풍자와 해학, 대상을 감각적으로 선명하게 표현하기 위한 이미지, 진부하지 않은 신선한 표현을 위한 '낯설게 하기'와 '언어유희' 등을 알아둘 필요가 있다. 아울러 시어와 구, 행, 연 등 시를 이루는 기본 구조와 함께 이 단위들이 주제를 형상화하는 데 유기적으로 작용한다는 것도 알아야 한다.

하지만 시와 시 아닌 것을 구별하는 것 못지않게 중요한 것은 '좋은 시인가 아닌가'를 판단하는 것이다. 좋은 시를 고르는 것은 시 수업에서 가장 중요하고 먼저 해야 할 활동이다. 학생들이 시 감상의 주체가 되어 좋은 시를 고르고 자기의 생각과 느낌을 적은 감상글을 나누는 활동은 학생들의 시에 대한 이해를 높이고 시를 사랑하게 하는 데 가장 중요한 과정이다.

그렇다면 학생들이 어떻게 하면 좋은 시를 고를 수 있을까? 처음부터 '좋은 시는 이런 것'이라고 답을 정해 주고 그것을 기준으로 시를 고르라고 하는 것은 좋은 방법이 아니다. 일단 전제나 조건 없이 자신이 스스로 좋다고 느낀 것을 고르게 하고, 왜 그 시를 골랐는지 간단하게 글로 써서 발표하게 한다. 그러면 친구들이 고른 시와 그 이유를 비교할 수 있고, 이 과정을 거치면 더 좋은 시를 고를 수 있다. 그런 다음에 좋은 시란 어떤 것인지 토의해서 정리하게 한다. 이 활동 경험 속에서 좋은 시를 알아보는 눈이 생기게 된다.

시 쓰고 나누는 즐거움

시 읽는 즐거움을 맛보고 좋은 시에 대한 안목이 생겼다면, 시를 암송하고 몸에 익혀서 자기 체험을 시로 쓰는 활동을 해야 한다. 시 읽기가 자신을 포함한 '세상 읽기'라면, 시 쓰기는 '자신의 삶과 만나는 언어 체험'이며 '능동적인 자기표현 활동'이다.

학생들이 시를 쓸 수 없을 것이라고 짐작하여 지레 포기하는 것은 학생들의 능력을 과소평가하는 것이다. 글을 읽을 줄 안다면 쓸 수도 있다. 자기의 언어 활용 수준이나 지적 수준을 넘어서지 못할 뿐, 쓸 수 없는 것은 아니다. 초등학생도 그 수준에 맞는 동시나 어린이 시를 쓸 수 있고, 그 중에는 어른들이 감동하는 좋은 시도 얼마든지 있지 않은가.

한 편의 시를 쓰는 것은 예술 창작 행위이다. 시를 쓰는 동안 창작의 즐거움을 느낄 수 있으며, 시를 더 깊이 이해하고 흥미를 높일 수 있다. 이때 비로소 학생들은 독자이자 시인이 되어보는 것이며, 심혈을 기울여서 완성했을 때의 기쁨과 만족감은 결코 작지 않다.

시를 구상하고 창작하여 퇴고를 거쳐서 완성하면, 시에 대한 수준 평가에 얽매이지 말고 수행 활동 자체를 중시하여 평가하는 것으로 충분하다. 시를 쓰는 과정에서 창작의 고통을 겪고 그 열매를 맛보는 것이 중요하기 때문이다. 학생들의 창작시로 시화전을 하거나 시화 엽서 만들기 등을 할 수도 있고, 좋은 작품을 학급이나 전 학년을 대상으로 낭송해 줄 수도 있다. 물론 문예 공모 형식으로 시상할 수도 있고, 학급이나 전 학년 차원에서 '이번 주의 좋은 시' 코너를 만들어 운영하거나, 학급이나 학교 신문 또는 문집(시집) 등을 만들 때 수록해도 의미가 있다.

그리고 시를 나누는 다양한 활동을 통해 시 교육을 확장할 수 있다. 전교생을 대상으로 각자가 애송하는 좋은 시(학생이나 시인의 시)를 나누고 즐길 수 있는 시 낭송(암송) 대회나 시 UCC 대회 등을 기획하여 진행해도 좋고, 학생들이 좋아하는 시인을 초청해서 시인의 삶과 작품을 나누는 문학 강연을 열 수도 있다. 또 문학기행 중에 1박을 하게 되면 '문학의 밤'을 열어서 시 낭송, 시극 발표 등을 해볼 수도 있다. 이처럼 시를 읽고 나누는 다양한 체험을 기획하여 추진하면 시가 삶 속으로 들어오는 계기를 마련할 수 있고, 시와 동행하는 좋은 교육의 장이 될 수 있다.

3. 교사에게 무엇이 더 필요한가?

시 교육에서 중요한 몇 가지 것들에 대해서 이야기를 했는데, 막상 교사가 교실에서 시를 시답게 가르쳐 보려고 할 때 막막할 수도 있고, 선뜻 "좋아, 해보자!" 하는 마음을 내기가 어려운 것이 사실이다. 국어교육과 학생들은 임용고시 준비가 급하다 보니 문학 교육에 대하여 충분한 시간을 갖고 준비하지 못한 채 졸업하는 것이 보통이고, 현장에 나와서도 그런 기회를 얻기가 쉽지 않다.

오늘날 시 교육은 입시 교육이라는 거대한 바퀴에 맞물려 돌아가는 작은 바퀴로 기능하고 있어서, 시 교육에 대해 고민할 여유나 계기를 갖기 어렵다. 따로 특별히 고민하지 않아도 현재의 교육과정에서는 아무런 문제가 되지 않을뿐더러, 아이들과 다양한 시 교육 활동을 하는 것이 오히려 눈치가 보이는 것이 현실이다. 동료 교사와 학부모, 학교 관리자로부터 체험과 활동 중심의 교육 활동이 아이들 입시 공부에 방해된다는 엉뚱한 핀잔까지 듣고 있는 실정이니 더 말할 필요도 없을 것이다.

하지만 이런 환경 속에서도 전국 곳곳에서 국어 교사들이 꾸준히 시 교육을 모색해 왔고, 시 감상과 창작에 대한 경험도 쌓여서 이제는 마음만 먹으면 서로 교류를 해가며 충분히 시작해 볼 수 있다고 생각한다.

이를 위해 현장 교사로서 어떤 마음가짐이나 각오를 가져야 하는지, 어떤 준비가 필요한지를 살펴보자.

시 교육에 대한 애정과 의욕

시 교육을 제대로 해보려는 교사의 의욕을 떨어뜨리는 데는 입시 교육의 자장 속에 놓여 있는 교육 여건에 일차적인 원인이 있겠으나, 교사 개개인의 문제도 있다고 생각된다. 시 교육을 시작하려는 교사에게는 무엇보다도 시 교육을 해보고 싶다는, 그리고 꼭 해야겠다는 욕구와 의지가 필요하다. 그것이 있다면 어떤 난관이든 헤쳐 나갈 수 있지만, 없다면 아예 시작조차 할 수 없기 때문이다. 그 욕구는 교사들의 시에 대한 애정에서 나온다고 믿는다.

어떤 일이든 스스로 재미를 느끼지 못하고 의무감에서 마지못해 하게 되면 지속하기가 힘들다. 시 교육도 마찬가지다. 소설에 관심과 역량을 갖춘 교사는 소설로, 연극을 해본 교사는 연극을 통해서 아이들과 수업하고 싶은 욕구를 느끼듯이, 평소에 시를 좋아하고 관심이 있는 교사들이 시 교육에 대한 욕구가 높을 가능성이 크다. 일단 교사가 시에 대한 애정과 관심이 있어야 가르치려는 에너지도 높을뿐더러 교사 자신도 시 수업을 통해 학생들과 함께 성장할 수 있다. 그야말로 즐겁게 배우며 가르치는 수업이 되는 것이다.

시 수업의 목표에 대한 바른 인식

하지만 오늘날과 같은 교육 환경에서 시 교육을 열성적으로 해보고자 할 때는 '더 필요한 것'이 있다.

국어 교사들 중에는 '시 교육을 잘하고 싶은데, 무엇부터 시작해야 할지 모르겠다'고 고충을 이야기하는 분들이 있다. 출발점을 잘 찾지 못하는 까닭은 눈앞에 앉아 있는 학생들의 삶과 시를 연결 짓는 일, 곧 시가 장차 아이들의 삶에 어떤 도움이 되는가에 대한 확신이 서지 않기 때문이다. 그 열쇠는 많은 시 교육 지도서나 참고 도서에 나와 있는 온갖 시에 대한 이론이나 문학 지식에 있는 것이 아니다. 아이들이 장차 살아가야 할 삶에 시가 함께한다면 삶을 가꾸는 데 도움이 될 거라는 믿음이 중요하다. 시를 읽고 나누며 창작하는 경험은 분명 아이들의 현재와 미래의 삶을 '더 나은 삶'으로 이끌어 갈 수 있다.

이를 위해 무엇보다 중요한 것은 교실을 나와서도 시를 놓지 않게 하는 교육을 할 수 있느냐 없느냐이다. 이것을 수업의 중심에 두면 당연히 시 수업의 내용과 방법이 달라질 수밖에 없다. 그러니 국어 교사들은 아이들이 시를 즐기고, 시를 통해 생각하고 느끼며, 그것이 삶의 일부로 녹아들어 삶을 가꾸는 데 도움이 되는 방향으로 수업을 설계하고 이끌어 가야 한다.

'아이들의 삶을 가꾸는 시 수업'이라는 목표에 이르면 복잡한 생각이 단순해지고 열정은 커질 수 있다. '삶을 위한 시'라는 오래된 명제는 시와 삶이 동떨어진 것이 아니라는 말인 동시에, 시 교육의 에너지를 배가하는 힘으로 작용할 수 있는 것이다.

시의 본질적인 특성에 대한 이해

각 문학 장르는 인류의 문화사에서 나름대로 발생학적인 특징이 있다. 시 또한 그렇다. 시를 단순히 '문학' 과목의 내용을 구성하는 한 장르 정도로 생각하면 시 공부가 따분하고 지겨울 수도 있다.

학생들이 시를 자기 삶과 관련지을 수 있을 때 비로소 살아 있는 공부, 삶에서 꼭 필요한 공부가 될 텐데, 무엇보다 중요한 것은 시에 재미를 느끼고 시를 즐기는 것이다. 다음으로는 시의 본질, 곧 핵심적인 특징과 성격을 아는 것이다. 그래야 시와 더 가까워질 수 있고, 시를 즐길 수 있으며, 시 양식을 활용하여 내 삶을 시로 쓸 수 있기 때문이다.

그것은 생각보다 복잡하거나 어렵지 않다. 시가 무엇인지는 그 발생학적인 기원에서 찾아낼 수 있다. 시는 가장 오래된 문학 형식으로, 노래(서정)나 공동체의 제의 내용을 이루는 가사(서사)로 광범위하게 퍼져 있었다. 이는 시가 인간의 삶과 문화가 있는 시공간이라면 필연적으로 생겨날 수밖에 없었다는 것을 말해 주고 있다. 그리고 그것은 노래의 형식을 띠면서 대대로 구전되어 왔다는 점에서 다른 문학 장르와 구별되는 독특한 성격이 생겨났음을 눈치챌 수 있다.

문학 교과서에도 시 단원의 첫 장에 대략 이런 내용이 나오지만, 이것이 시의 본질적인 특성과 관련된다는 사실에 주목하기보다는 시의 창작 기법에 주목하는 경우가 많은데, 이것은 시를 오랫동안 문제 풀이의 대상으로 삼은 결과라 할 수 있다. 시에 나타나는 다양한 형식이나 기법도 시가 '노래'라는 특징과 관련지어 이해하지 않으면 학생들이 외워야 할 하나의 '골치 아픈 지식'이 되기 십상이다.

교사가 시 수업을 할 때 학생들과 함께 공부할 내용에는 다음과 같은 것들이 포함되어야 할 것 같다.

예술은 객관적인 사실을 설명하거나 논증하는 과학과 달리, 구체적으로 보여주어 형상화한다는 것(과학 언어와 예술 언어의 차이)이 가장 중요한 전제이다. 문학은 예술 언어 중에서 문자 언어를 사용한다는 것(예술과 문학), 산문 문학(소설, 수필, 희곡, 시나리오 등)이 이야기 문학인데 비해 시는 노래이기 때문에 압축적으로 리듬(음악성)을 살려야 하고 비교적 짧은 형식이 될 수밖에 없다는 것(산문 문학과 시 문학) 등을 학생들이 알아서 시의 위치가 어디쯤인지를 짐작할 수 있으면 아리송하거나 헷갈리지 않을 것이다.

그리고 시에 나타나는 비유, 이미지, 리듬, 역설 등 특징적인 표현과 요소들은 시인이 의도적으로 만들어 낸 것이 아니라, '말할 수 없는 어떤 것(주제: 생각과 느낌)'을 '비교적 짧은 노래'로 형상화하여 감동을 추구하는 시의 형식적인 제약이나 그 본질적인 특성에서 나온 것임을 이해한다면 시의 핵심을 충분히 아는 것이다. 이 정도만 이해하고 있어도 학생들이 시 공부를 하는 데 큰 어려움이 없을 것이다.

다만 아이들이 지식이나 이론으로 접근하기보다는 시를 읽는 과정에서 "아! 시가 이런 거네!" 하는 감탄이 나오도록 하는 것이 가장 중요하다. 거기에 더하여 "시가 정말 재미있어!"라고 외치고 "나도 한번 써 보고 싶어!"라는 마음을 먹게 하는 것이 궁극적인 도달점이다. 그런 외침이나 깨달음은 이론을 억지로 이해할 때 일어나는 것이 아니라, 좋은 시를 읽고 암송하는 가운데 자연스럽게 찾아오는 것이다.

좋은 시를 찾는 능력과 모으는 성실성

시를 가르치고 아이들과 시 공부를 하고 싶은 교사에게 가장 필요한 것은 '좋은 시 모음 파일'이다. 2002년경에 시 교육 이론과 실천 사례집으로 《이 좋은 시 공부》를 냈는데, 그 서문에 "좋은 시 50편만 갖고 있으면 아이들과 시 교육을 시작할 수 있다."라고 썼었다. 몇 년 전 내가 자리하여 듣고 있던 국어교사모임 강좌에서 어느 강사 선생님이, 그 글을 읽고 자신도 시 교육을 시작하게 되었다고 말했다.

2000년에 전국국어교사모임에서 처음으로 '좋은 시'를 시 수업에 활용하자는 데 뜻을 모았다. 당시 나도 문학 수업에 활용할 목적으로 학교에서 이미 소책자를 만들어 쓰고 있던 터라, 그 취지에 기꺼이 동의하여 좋은 시를 엄선하여 펴냈던 시선집이 《국어시간에 시읽기 1》이다. 그때는 국어 교사들이 시 수업을 하고 싶어도 보조 교재로 사용할 시 읽기 자료집이 마땅히 없었다.

책이 나오자 전국의 국어 교사들로부터 폭발적인 호응을 얻었다. 20년 이상 시를 읽고 쓰면서 가르쳐 온 경험을 바탕으로 학생들의 눈높이를 생각하면서 1차로 250여 편의 시를 골랐다. 그리고 여러 학교 후배 국어 선생님들께 교실에서 학생들이 좋아하는 시를 고르는 설문을 부탁했고, 그 자료와 우리 학교 아이들의 설문 결과를 포함하여 학생 작품과 시인 작품을 구별하지 않고 제재별로 나누고 묶어서 출간한 최초의 시선집이 바로 그 책이었다.

시 교육은 시를 사랑하고 시에 관심을 둔 국어 교사라면 누구나 할 수 있는 것이고 또 할 수 있어야 하는데, 이때 가장 중요한 것은 교사가 '좋은 시'를 갖고 있어야 한다는 것이다. '좋은 시' 파일은 시를 가르치는 교사에게 보물 상자나 다름없다. 파일에 담기는 시가 100편이 되고 200편이 되는 것은 시간문제이다. 시의 숫자가 늘어갈수록 시 교육의 연륜과 노하우는 쌓이기 마련이다.

학교 내외 시 공부 모임

학교는 도시와 농촌, 대도시와 중소도시가 처한 환경이 다르고 초·중·고등학교 같은 급별이 다르며, 고등학교도 일반계와 특성화고등학교가 있고, 같은 학교 안에서도 학년이 나뉘어 있어서 수준이 다르다. 작은 학교에서 혼자 국어과 전 과정을 다 가르치는 경우는 교육과정을 스스로 짜고 실행할 수 있으므로 예외이지만, 한 학년에 국어 교사가 두 명 이상인 경우에는 수행평가와 관련된 활동이나 학교 전체 문학 활동을 할 때 반드시 협의가 필요하다.

학년 초에 연간 계획을 수립할 때부터 국어과 협의회가 작동하는 학교와 그렇지 못한 학교는 차이가 있을 수밖에 없지만, 최소한 같은 학년 국어 교사끼리라도 팀이 될 필요가 있다. 공동으로 수업 자료집을 나누고 또 다른 자료들도 공유하면서 협의하는 일을 일상적으로 해나가면 활동을 훨씬 쉽게 할 수 있다.

특히 외부의 국어과 모임이나 연수에 함께 참가하면 새로운 수업 활동을 공유하고 실천할 수 있는 구상이 그 자리에서 떠오르게 된다. 국어과 협의회가 잘 이루어지면 대표로 한 사람이라도 참여하고 돌아와서 전달 연수를 알차게 하는 것도 하나의 방법이 될 수 있다. 그리고 한 학교 안에서나 인근 몇 학교가 연합하여 필요한 강사를 초빙하여 토의하고 연수를 진행할 수도 있다. 교사가 고여 있지 않고 성장하려면 새로운 정보를 받아서 현장에 적용하는 활동이 필요하고, 그래야 교사들이 성장하고 발전할 수 있다.

현재 중등 국어과에서는 '전국국어교사모임'에서 시 교육에 뜻을 갖고 실천하고 있는 사례들이 《함께 여는 국어교육》이나 공개 연수 자료집을 통해 자주 발표되고 있는데, 교사들이 공유하여 활용할 만한 모범적인 사례나 작품들을 담은 지침서들이 마구 쏟아져 나와야 할 것이다.

4. 시 수업, 무엇을 어떻게?

학습 목표 분명히 하기

시 교육은 독자 교육이며 예술 교육이 되어야 한다. 시를 통해 자기 삶과 세계를 들여다보고 사소한 것에서 새로운 것, 감추어진 것을 찾아내어 느끼고 생각하게 해야 한다는 말이다. 그러므로 객관적인 답을 찾는 교육과는 거리가 멀고 스스로에게 질문을 하게 하는 교육이라 할 것이다.

학교에서의 시 수업 목표는 시에 대한 이론과 지식을 습득하는 것이 아니라, 학생 스스로 시에 흥미와 관심을 갖도록 하고 시를 아끼며 사랑하는 삶을 살아가도록 하는 데서 찾아야 한다. 나아가 시에서 영감을 얻고 삶의 매 순간에 새로운 발견과 지혜를 얻을 수 있어야 한다. 말하자면 삶을 위한 시 교육이다. 시 공부가 시의 객관적인 해부가 아니라 주관적이고 개성적인 해석이고 감상이며 자기표현의 기회가 되어야 하는 것은 그 때문이다. 이 점을 분명히 하는 것이 중요하다.

충분한 시간 확보하기

이러한 목표에 맞는 시 교육을 하려면 시를 대충 읽고 넘어가서는 안 되며, 읽고 감상하고 토의하고 써서 발표하는 다양한 활동 과정이 필요하다. 그러기 위해서는 학습 활동을 할 시간을 충분히 확보하는 것이 중요하다.

시 창작과 평가 활동은 집중할 시간을 갖지 못하면 중도에 마쳐야 하기 때문에 되도록이면 2시간 이상 연속 수업을 할 수 있으면 좋겠고,

감상을 거쳐서 쓰기까지 나아가려면 아무리 적게 잡아도 학기별로 최소 20시간 이상을 확보해야 한다.

2000년 무렵에 교육부에서 내려온 지침에는 교과서 내용을 모두 가르칠 필요가 없으며 교사가 필요한 부분을 발췌하고 재구성하여 수업하도록 했다. 국어 교사들이 학생들과 시와 수필, 소설 등을 읽고 쓰기 수업을 할 수 있었던 것도 교과서를 과감하게 재구성하여 시간을 활용할 수 있었기 때문이었다. 다양한 활동 중심의 수업을 하다 보니 시간이 늘 부족했고, 중간고사나 기말고사 때는 진도에 쫓겨 늘 허덕여야 했지만, 교과서 밖의 내용을 다루는 것 자체를 불온시했던 지난날에 비하면 분명 커다란 진전이 틀림없었고, 이런 자율적 공간이 열린 것도 결국 시대의 변화와 교사들의 끈질긴 요구와 저항이 반영된 결과라 생각하면서 즐겁게 수업을 할 수 있었다.

이후 수업 시간을 활용한 독서와 감상, 비평(평가), 창작 등 학생 주도적인 수업 활동과 평가의 여러 영역에 전국국어교사모임 회원들을 포함하여 많은 현장 교사들의 연구·실천 성과가 쌓여왔고, 근래에 '자유학기제'와 '한 학기 한 권 읽기'가 수업 공간으로 들어오게 된 것도 그 정성과 피땀의 결과라 할 수 있다. 오늘날 여전히 정부 차원에서 교과서 내용 구성과 교육과정, 평가에 대한 지침들로 교사들의 창발성을 촘촘하게 제약하고 옥죄는 면이 있지만, 한편으로 숨구멍이 열리듯 교과서를 넘어선 활동 공간이 열리고 있는 것은 다행이라 할 수 있다. 부족한 수업 시수를 쪼개고 빼내어 정신없이 하다가 진도에 쫓겨 헐레벌떡 뛰어가지 않아도 되니 얼마나 다행한 일인가. 활동 중심의 시 수업을 하기 위해서는 이런 공간을 충분히 활용하면서 전개하는 것이 필요하다고 생각한다.

학생이 주체가 되는 수업

시 수업을 할 때 가장 먼저 생각해야 할 것은 학습자인 학생 개개인이 주체이면서 능동적으로 참여하는 수업이 되어야 한다는 점이다. 이는 당연한 것이고, 그런 방향으로 가지 않으면 수업 자체가 제대로 이루어지기 어렵다.

학생들이 자기 몸으로 충분히 익히지 못하고 겉도는 수업은 피와 살이 되지 못하고 곧 기억 밖으로 사라져 버리고 만다. 문학 교육이 지필고사 준비를 위한 지식 이해 중심으로 이루어지면 남는 것은 껍데기 개념 몇 개밖에 없을 것이다. 학생들이 스스로 능동적으로 시를 만나는 활동을 통해 자기 것으로 만들 수 있어야만 교실을 벗어나 세상 속으로 들어가서도 시가 삶의 일상에 넉넉하게 자리할 수 있다.

학생이 수업의 능동적인 주체가 될 수 있으려면 학습 내용과 활동이 재미있어야 한다. 무슨 일이든 재미없는 일을 억지로 하기 어렵고, 억지로 그 일을 수행했다 한들 곧바로 잊히고 만다. 고등학교 수능이 끝나기도 전에 학교 쓰레기장이나 창고에 가득 쌓이기 시작하는 국어 참고서나 교과서가 그걸 말해 준다. 재미없고 지겨웠다는 걸 증거하고 있는 것이다. 시 공부 또한 학생들이 수동적으로 참여하게 되면, 그저 골치 아픈 교과 이상의 의미를 갖기 어렵다.

'좋은 시' 읽기로 수업 시작하기

시 수업이 재미있기 위해서는 방법도 방법이지만 우선 좋은 시를 텍스트로 삼아야 한다. 이때 '좋은 시'란 '학생 자신에게 좋은 시'라는 뜻이다. 즉 학생들의 흥미를 자극하고 정서적인 반응을 일으켜 공감 또는 감동을 주는 시이다. 학생들이 읽었을 때 "아!" 하는 감탄이 터져 나오는 시, 다시 읽어보고 싶은 시, 읽어서 가슴에 무언가 남고 고이는 시 같은 것일 터이다.

좋은 시 안에는 교사가 가르치지 않아도 학생들이 충분히 맛보고 느끼며 깨달아 알 수 있는 요소들이 갖춰져 있으므로 누구나 즐겁게 활동할 수 있으며, 좋은 시를 매개로 어떤 활동이든 할 수가 있다. 읽고 감상하고 낭송하고 암송하고 시를 쓰는 본래의 활동 외에도 시와 노래, 시와 그림·사진·영상, 시와 극·수필·소설 등 어떤 장르 통합 활동이든 다 할 수 있다. 이때 학생들은 창의력을 한껏 발휘하면서 자신의 삶과 관련짓고 사고력을 높이면서 정감과 인식의 폭을 깊고 넓게 확장할 수 있다.

학습 주체인 학생들의 지적·정서적 반응과 깨어남을 촉발할 수 있고, 원래 시 교육의 목적을 달성하는 데 유용한 시라면 모두 좋은 시라 할 수 있다. 학습자들 수준(초·중·고)에서 이해되면서 감동을 주는 시, 메시지(깨달음, 성찰)가 살아 있고 감각을 일깨우는 시, 표현이 새롭고 아름다움을 주는 시라면 어린이 시든, 동시든, 자유시든, 시조든 모두 좋은 시라 할 수 있는 것이다.

그리고 학생과 교사가 함께 좋은 시를 찾아가는 과정 그 자체가 중요한 시 공부 활동이 된다. 무한히 널려 있는 시집과 SNS 등을 통해 유통되고 있는 시를 학생들이 처음부터 찾아내어서 텍스트로 삼을 수 없기 때문에 교사가 학생의 눈높이로 찾아낸 좋은 시들을 1차 자료로 폭

넓게 준비할 필요가 있지만, "이 시가 좋은 시다."라고 지정해 주기보다 학생들이 주도적으로 찾아내도록 하는 것이 필요하다. 그러므로 교실에 앉아 있는 학생들의 지적·정서적 수준을 아는 것이 먼저라 할 수 있는데, 이것은 하루아침에 되는 것이 아니라 학생들과 오래도록 호흡을 맞추며 수업해 온 교사들이라야 가능한 일이다. 시 교육에서 교사의 전문성은 '학생들에게 좋은 시'를 찾아내어 제시하고 수업에 활용하는 능력이라 해도 틀리지 않을 것이다.

학생들이 쓴 좋은 시 활용하기

시 수업의 텍스트로 학생 시(청소년 시)를 적극 활용해야 한다는 점을 빼놓을 수 없다. 학생들이 쓴 좋은 시가 시인들의 시보다 더 절실히 필요한 것은, 쓴 이와 읽는 이의 삶의 거리가 가깝고 정서가 잘 통하기 때문이다. 사람은 누구나 자신을 중심으로 생각하며, 자신의 세계와 수준 안에서 움직이기 마련이다. 청소년은 그 시기에 그들만의 세계가 있고 그들의 삶이 있다. 그들의 삶의 진실을 노래한 청소년들의 좋은 시를 가르치는 것은 공감하기 쉽다는 점 외에도 시가 삶을 노래한 것이라는 걸 보여주는 일이기도 하므로 지극히 당연하다.

청소년기의 학생들에게는 동시 또는 어린이 시와 청소년 시, 그리고 시인들의 좋은 시(이해와 공감이 가능한 시)를 두루 찾아 읽히는 것이 좋다. 초등학교에서 동시를 배우던 학생들이 중학교 올라와서 성장 속도에 맞추어 자연스럽게 시 공부에 연착륙하기 위해서도 필요하다. 청소년들의 수준에 맞지 않는 옷만을 억지로 입게 해서는 시 감상과 창작 교육 어느 것도 제대로 될 리가 없다.

학생들에게는 학생들의 시가 가장 좋은 텍스트가 될 수 있으며, 시인들의 좋은 시도 학생들이 읽어낼 수 있는 시라면 학생들에게 삶과 세계에 대한 더 깊고 넓은 시각과 지향점을 보여주게 될 것이므로 함께 읽는 것이 필요하다.

시 읽기 자료집 제작하기

한 시인의 시집에서 좋은 시를 여러 편 구하기는 참 어렵다. 특히 독자를 청소년으로 한정하고 보면 더욱 그렇다. 시 공부를 차근차근 해온 학생들은 한 권의 시집을 정해서 통독한 뒤 토의하고 비평하거나 다양한 활동을 전개할 수 있지만, 시 공부를 처음 하는 학생들은 우선 시에 대한 흥미와 관심을 갖게 하는 것이 필요하므로 어떤 시인의 시집 한 권을 텍스트로 교실에서 처음부터 끝까지 정독하면서 수업을 진행하기는 쉽지 않다.

2000년대에 들면서 학교 시 수업에서 새로운 장을 펼친 것으로 평가되는《국어시간에 시읽기》시리즈와 고등학교 학생을 위한《문학시간에 시읽기》시리즈 등 몇몇 시선집이 출간되어 전국의 많은 국어 교실에서 시 읽기와 쓰기의 텍스트로 활용되기도 했다. 이 시선집들은 시인 한 사람이 쓴 저작물이 아니라, 초보자나 학생들을 독자로 상정하여 특별히 선별한 시 모음집이다. 그 안에 시인과 학생들의 작품을 고루 섞어서 수록하고 있으므로 학생들이 이해하고 공감할 만한 좋은 시들을 많이 포함하고 있다. 이런 시집이나 시선집을 텍스트로 삼을 수도 있지만, 각 학교·학년별로 학생들이 처한 환경이나 수준을 고려하고 학습 활동 내용을 생각하면서 교사가 시 읽기 자료집을 만들어서 수업을 시작하고, 이 시선집들은 '한 학기 한 권 읽기' 활동이나 각자 찾아 읽기용 자료로 쓰는 것이 더 현실적인 방법이 아닐까 싶다.

시 읽기 자료집은 시인의 시와 학생 창작시로 나누어서 구성할 수도 있고, 그냥 섞어서 구성할 수도 있다. 그것은 교사가 선택할 문제이지만, 내가 처음《국어시간에 시읽기 1》을 펴낼 때는 일부러 시인, 학생 구별 없이 섞어서 구성했다. 그 무렵에는 학생들이 쓴 좋은 시를 찾기 힘들었기 때문이었고, 찾아낸 학생 시가 시인들의 시 속에서 함께 빛나기를 바랐던 뜻도 있었다. 하지만 2000년대 초반에 들면서 학생 창작시가 몇몇 교사들의 수업 성과로 출간되어 나오면서 좋은 시들이 보석처럼 빛을 뿜기 시작했기 때문에 학생 창작시만 따로 구성할 수 있게 되었다.

함께 섞든 따로 구성하든 공통된 것이 있었다. 그것은 글감(제재)을 중심으로 하는 구성이었다. 읽는 학생인 '나'에서 출발하여 가족, 벗, 이웃, 사회, 세계, 그리고 사람이 그 일부이기도 한 자연으로 범위가 확대되는 다양한 시들을 각각 묶어서 읽음으로써, 시를 통해 만나는 세계의 영역이 깊어지고 넓어지는 것을 경험할 필요가 있다는 의미도 있다.

교사가 스스로 학교·학년별 시 읽기 자료집을 제작하기 위해서는 늘 좋은 시에 대한 관심을 갖고, 수업하기 좋은 시를 보는 즉시 파일에 저장해 둘 필요가 있다.

좋은 시 감상하기

어릴 때부터 시를 제대로 배워 익힐 기회를 갖지 못한 학생들이 어떻게 시에 가까이 다가가도록 할 수 있을까? 나는 학생들이 시가 참 좋은 것이라는 생각, '세상에는 참 좋은 시도 있구나!' 하고 느끼게 하는 것으로 부터 시 교육이 시작되어야 한다고 생각한다. 청소년 학습자에게는 이 경험이 무엇보다 중요하다. 아무리 좋은 시라도 교사가 "이거 좋은 시니까 잘 읽어둬야 해."라고 말하는 순간, 그 시는 아이들로부터 멀리 달아나 버리고 만다.

시는 주관적인 정서와 생각을 노래하는 문학 양식이어서 학생들이 좋아하는 시는 여기저기 있지만 참으로 좋은 시는 여전히 드물다. 그리고 좋은 시에 대한 판단도 학습자마다 다르다. 주관적인 취향의 문제인 것이다. 그러므로 교사가 보유하고 있는 좋은 시 자료를 제시하되 학생들이 스스로 선택할 수 있는 기회를 줘야 한다. 곧 시가 아이들의 삶 속으로 뛰어들어 대화를 나눌 수 있는 시간을 주어야 하는 것이다.

이 체험 시간은 아주 중요하므로 대충 하고 다음 단계로 넘어가선 안 되며, 많은 시간을 들여야 하는 과정이다. 이것이 잘되면 시 수업의 절반은 성공한 것이고, 이것이 잘 안 되면 이미 실패한 것이라고 생각하면 될 것이다.

시 쓰기 활동으로 나아가기

좋은 시를 많이 읽으면 누구나 시를 쓸 수 있다. 그리고 시 쓰는 일에 대한 두려움이나 거부감만 갖지 않는다면 시를 쓰고 싶은 마음이 생기는 것이 보통이다. 이 두려움과 거부감은 시에 대한 잘못된 통념이나 교육, 문화 현상에서 생기는 것이므로, 좋은 시를 찾아 읽는 활동은 이 두려움과 거부감을 불식시키는 일과 직접 연관된다.

학생들의 삶과 내면을 잘 그려낸 시가 학생들이 좋아하는 시로 선정되는 것은 당연하다. 시인이 쓴 시라도 학생들 수준이나 삶과 너무 멀리 떨어져 있지 않고, 앞으로 살아갈 세상의 진실 또는 지혜로운 삶에 대한 메시지를 담고 있거나 암시하는 시들도 학생들의 관심 대상이 된다.

학생들의 시 공부는 시를 감상하고 자기 나름대로 해석하여 받아들이는 활동에서 한 걸음 더 나아가 학생 스스로 시를 쓰는 데까지 나아가야 한다. 이때 시 쓰기는 자기 삶을 쓰는 생활시 쓰기를 말하는데, 시를 쓰는 활동은 시를 더 잘 이해하기 위함이기도 하지만, 자신의 삶을 시로 표현할 수 있다는 놀라운 체험을 하기 위해서도 꼭 필요하다.

흔히들 시 쓰는 활동이 중등학교 저학년에서는 어려우니 모방시를 쓰는 것으로 충분하다고 생각하는 경향이 있다. 이는 학생들의 능력을 낮추어 보는 단견에서 나온 것이다. 초등학생들도 동시를 읽고 쓰는데, 중학생들이라고 다를 수가 없는 것이다. 시 쓰기가 어렵다고 생각해 온 편견에서 비롯된 것이거나 시 쓰기를 중시하지 않는 판단에서 나온 결과일 따름이다.

더구나 고등학교 교과서에도 수준에 맞지 않는 모방시를 쓰는 활동이 들어 있는 데서도 확인할 수 있는데, 언어 선택에서 오는 재미를 학생들에게 경험하게 하려는 의도임을 모르지는 않지만, 초등학교나 중학교 저학년에서 벌써 체험하고 넘어가야 할 것임에도 고등학교까지 끌고 가는 것은 시 교육이 아직 단계별로 정립되어 있지 않음을 보여주는 증거라 할 수 있다.

학생들이 자연스럽게 자신의 정서를 표현하기 위해서는 동시와 시, 시조 구분 없이 어떤 형식과 내용이든 열어놓고 자유롭게 쓰도록 하는 것이 필요하다. 동시라서 급이 낮다고 생각하는 것 자체가 잘못된 생각이다. 어른을 위한 동시도 얼마든지 있고, 학생들이 좋아하는 시인의 시도 얼마든지 있는 것이다. 어떤 형식을 사용하든 학생들의 삶을 잘 표현해 낼 수 있으면 된다.

다만 시 쓰기의 몸풀기 단계에서 중학교 저학년들에게는 모방시나 짧은 시, 짧은 산문시 등을 먼저 써보게 하는 것은 좋다. 그리고 내용(제재) 면에서 한 학년에 두 번 이상 쓰기를 배치하여(한 학기에 두 번 이상을 해도 되고 다음 학기에 이어서 해도 된다), 처음에는 나와 가족, 벗, 학교생활 등 청소년의 삶과 가까운 이야기부터 정해서 먼저 쓰게 한 뒤, 두 번째부터는 이웃과 사회, 자연과 생명, 생태 등으로 범위를 확대하여 쓰게 하면 학생의 사유와 정서적 성장 정도를 가늠해 볼 수도 있다.

어쨌든 시 쓰기는 시 교육에서 생략해서는 안 될 중요한 활동임을 인식해야 한다. 시 감상이 시 공부의 시작이라면 시 쓰기는 마무리라는 점을 생각해 두자. 노래도 듣는 것 못지않게 직접 부르면서 즐기는 것이 중요하듯이, 시도 감상만 하고 시 쓰기를 하지 않는 것은 시 공부의 절반에도 미치지 못하는 것이다.

다양한 시 체험 활동 전개하기

읽기(감상)와 발표(토의, 낭송), 시 쓰기 외에도 다양한 시 체험 활동을 두루 거치면 좋다. 이 활동에는 학교나 학년별로 공통으로 할 수 있는 것도 있고 달라야 하는 것도 있다. 이를테면 작은 학교나 중소형 학교의 경우 시 낭송 대회나 시 UCC 작품 공연 대회, 시화전, 문학 기행이나 시인 초청 강연회 등을 학교 차원에서 할 수 있지만, 대도시의 큰 학교는 학년별로 할 수도 있다.

다음 해에는 전년도에 했던 활동에 이어서 조금 더 성장한 학생들에게 필요한 시 읽기·쓰기와 더 업그레이드된 시 체험 활동을 기획하고 진행할 필요가 있다. 학생을 중심으로 전해에 읽고 쓴 시 내용과 체험 활동이 중복되지 않도록 해야 하는 것이다. 학교 안에서 국어과 협의회를 활성화해야 하는 주된 이유 중 하나가 이것이다.

학생들이 스스로 선택한 좋은 시를 활용하면 어떤 영역이든 자유롭게 활동할 수 있다. 학생들은 자신의 수준 안에서 감응할 수 있는 메시지가 선명한 시를 좋아하며, 그것을 갖고 와서 자기 삶에 비추어 새로운 메시지를 재생산해 내는 일에 익숙하다. 학생 창작시 시화전을 열거나 애송시를 활용한 동영상이나 시 UCC를 제작하여 공연하고, 각종 SNS를 통해 시를 나누는 일, 문학 기행과 강연, 학교 축제 등 시를 매개로 하는 체험 활동을 다양하게 펼쳐나가면서 감상·수용과 창작·발표 활동의 폭을 넓히고 동시에 심화해 나갈 필요가 있다.

평가 기준 정하기

평가에 대해서도 이야기해 보자. 활동 중심 시 교육의 성취도를 평가할 때는 학생이 얼마나 잘 수행했는가도 중요하지만, 수행 그 자체에 대해 충분히 인정해 주는 평가가 필요하다. 문학과 시의 본질에 대한 이해와 그것을 바탕으로 활동을 할 때, 전반적으로 창작한 시의 수준이 향상되는 것은 사실이고 또 바람직한 일이다. 하지만 평가할 때 학생의 작품 수준에 너무 집착하여 우수성만을 중심에 놓고 평가하여 부족한 학생과 차이를 너무 많이 두게 되면 학생들이 당연히 점수에 얽매이게 된다.

그럴 때 평점에 선뜻 수긍하지 못하는 학생들이 많아지게 되면 결국 시 교육에 대해 저항만 키우는 결과를 가져와서 득보다 실이 많아진다.

학생들과 시 수업을 하는 목적이 시에 대한 관심과 흥미를 갖게 하는 것, 시를 좋아하고 시를 가까이하여 찾아서 읽는 습관을 갖게 하는 것, 나아가 자신의 삶을 시로 표현해 보는 데까지 나아가는 것이라 할 때, 중요한 것은 '자유로운 접근 기회'와 '개성적인 자기표현'을 허용하는 것이라 할 수 있다. 곧 창의성과 삶에 대한 진정성, 자신의 개성 등을 살리면서 시를 좋아하는 것이라 할 것인데, 수월성을 중심으로 하는 평가는 활동의 촉진제 역할을 할 수 있지만 반대로 걸림돌이 될 수도 있다.

따라서 평가 기준은 세우되 급간 차이를 되도록 적게 하고, 성실하게 참여한 사람은 누구나 만점에 가까운 평점을 얻을 수 있도록 하며, 작품 평가에도 개성적인 표현을 존중하고 중요시하는 것이 필요하다. 또 언어 활용 능력의 수월성을 인정하되 내용 면에서 삶과의 접점, 즉 삶을 표현(형상화)할 수 있느냐 하는 경험 세계의 재구성을 중시하는 평가가 필요하다.

그 대신 수업 중에 잘 수행하여 생성된 우수 작품에 대해서는 따로 전시와 발표, 시상 등을 통하여 격려하는 기회를 갖는 것이 활동의 적극성이나 참여도를 높이고 시에 대한 관심과 흥미를 유발하는 좋은 방안이 될 수 있다.

시 읽기
쓰기 수업,
어떻게?
2부

1장

좋은 시의 기준과 목록

1. 좋은 시의 기준

시인들이 쓴 좋은 시는 그것을 읽고 성장한 많은 독자들의 미적 감성과 지적인 수준을 높이며, 수준 높은 독자들은 좋은 시를 구별하고 찾아내어 거미줄 같은 거대한 네트워크를 통해 유통함으로써 시인들의 창작 의욕을 높이고 활동 터전을 넓고 두텁게 구축하게 된다. 이런 선순환은 그 사회를 생명과 평화를 존중하는 사회공동체로 만드는 시민(구성원)으로 성장시키는 데 기여한다. 그런 문화 환경 속에서 자란 청소년들이 우리 사회를 지탱하고 움직이는 중추가 되는 것이니, 좋은 독자들이 좋은 사회를 만든다고 할 만하다. 이것은 좋은 시들이 그 안에 대체로 아래와 같은 성격 또는 지향을 갖고 있기 때문이다.

- 감동과 깨달음(지혜, 삶의 가치)을 줍니다.
- 나와 우리의 삶과 사회, 자연을 새로운 눈으로 보게 합니다.
- 인간과 인간 사회, 대자연에 대한 관계와 사랑을 보여줍니다.
- 사람의 삶과 자연의 아름다움을 찾고 닮아가게 합니다.
- 사람을 깊고 넉넉하게 하며, 사랑의 힘을 길러줍니다.
- 사소하고 작은 일상에서 보이지 않는 그 너머를 볼 수 있게 해줍니다.
- 이웃과 세상과 자연을 바르고 넓게 보는 눈을 갖게 합니다.
- 모든 생명체가 평화롭게 함께 사는 마음을 보여줍니다.

학생들에게 좋은 시

'좋다'는 말은 판단 주체인 '누가' 어떤 대상을 긍정적으로 판단한다는 뜻을 갖고 있다. 또 누가 판단하느냐에 따라 다르므로 주관적이라 할 수 있다. 교사가 시 수업을 할 때 학생들에게 "이 시가 좋아!"라고 강제해도 안 되지만, 아이들이 좋아하는 시는 무턱대고 좋은 시라고 말할 수도 없다. 학생들의 판단을 그냥 따라가기만 한다면 올바른 시 교육이 되기 어렵다.

따라서 교사가 문학과 시의 특징과 핵심 원리를 인식하고 시 수업의 목표를 바르게 인식하고 있어야 하며, 동시에 학생들의 성장·발달 단계와 생활 방식, 삶(생활)의 현실을 잘 알고 있어야 '좋은 시'를 선택하여 학습 자료로 제시할 수가 있다. 학생들과 오래도록 호흡을 함께해 오면서 학습 목표와 방법을 단련해 가는 과정을 일상적으로 겪고 있는 교사들이 시 교육에서도 전문가가 될 수 있는 것은 이 때문이다. 교사가 학생들의 한 걸음 앞에 서서 '좋은 시'의 기준을 학생들과 함께 세우고, 자료들을 찾아내어 자유롭게 읽고 토의하도록 판을 깔아주고, 좋은 시의 선택은 학생들 각자에게 맡기는 것이 무엇보다 중요하다.

그러면 '좋은 시'의 기준을 어떻게 세울지 생각해 보자. 교사가 시 수업 텍스트로 시를 선택할 때 첫 번째 기준은 '학생들에게 좋은 시인가?'이다. 여기에는 관점에 따라 다양한 판단이 있을 수 있지만, 일단 시 수업의 목표에 부합하는지가 우선하게 될 것이다. 시 수업의 목표를 분명히 인식하는 것이 얼마나 중요한지가 첫 단계부터 드러나는 셈이다.

이를테면 시에 대한 다양한 지식이나 문학사적으로 이름 있는 시인의 시를 소개하여 감상하는 것에 목표를 두고 선택할 수도 있고, 언어의 세련미나 기법에 대한 숙련을 목표로 삼아 선택할 수도 있다. 하지만 그럴 경우, 삶을 세우고 가꾸는 독자 교육을 목표로 삼는 경우와는 선택 기준이 달라질 것이다.

아이들의 삶(오늘과 내일)을 중심에 둘 경우에는 '삶의 진실이 어떻게 시로 형상화되어 있는가?' 하는 것을 가장 먼저 생각할 것이며, '감동(공감)'을 생명으로 하는 예술로서의 시를 중점에 두면서 진실(주제)이 얼마나 잘 형상화되고 있는지를 함께 살피게 되는 것이다. 이럴 경우에 우리는 초등·중등 학생들의 투박한 시(어린이 시, 청소년 시)뿐만 아니라 많은 독자들의 마음을 울린 바 있는 '칠곡 할매들'의 시까지도 시 수업의 훌륭한 텍스트로 받아들일 수 있게 되는 것이다.

결국은 교사가 학생들에게 제공할 교육 자료로 시를 선택할 때 '학생들의 삶을 위한 시'라는 기준, 다시 말하면 '학생들에게 좋은 시'를 기준으로 삼는 것이 필요하며, 그 판단은 일차적으로 교사에게 달려 있다.

공감, 감동을 주는 시

정말 좋은 시라면 '아이들의 현재와 내일의 삶을 높여주는 시'라야 할 것이다. 다시 말하면, '아이들 삶에 피와 살이 되는 시, 아이들의 생각과 느낌을 열어주고 영혼을 맑게 해주는 시, 날마다 읽어도 새롭고 또 읽고 싶은 시'라야 하는 것이다. 물론 그런 시는 흔치 않지만, 찾으려고 하면 얼마든지 찾아낼 수 있다. 시인들이 자나 깨나 쓰고 싶어 하는 것이 그런 시이기 때문이다. 아이들이 쓴 좋은 시도 축적되어 이미 넘칠 정도로 많다.

시를 찬찬히 소리 내어 읽어보면 좋은 시에는 분명 '무엇인가가 있다'는 것을 느낀다. 그것을 찾아내는 것이 읽기이고, 그것을 쓰는 것이 쓰기인 셈인데, 시 속에 들어 있는 그 '무엇'을 말로 설명하기는 쉽지 않다. '말할 수 없는 느낌'을 말로 설명할 수 없어서 대신 '노래'하는 것이 시이며, 거기에 시라는 장르의 특성과 매력이 있는 것이고, 시를 읽고 그 느낌을 온몸으로 전달받는 과정에서 공감과 감동이 생겨난다.

그러므로 좋은 시는 공감과 감동을 주는 시여야 한다. 함께 느낀다는 것은 '느낌(마음의 울림)'을 나누는 것이다. 이때 느낌은 작가(시인·예술가)가 애초에 표현하려고 했던 '그 무엇'이라 할 수 있는데, 시와 예술의 창작과 수용은 '그 무엇'을 주고받으며 나누기 위한 행위나 활동을 목표로 한다. 그렇기에 '감동이 없는 시(예술)는 죽은 것'이나 마찬가지라 할 수 있다.

여기서 '느낌'에 대해 좀 더 생각해 보자. 시에서 '느낌'은 그냥 말초적인 감각의 울림만을 말하지 않으며, '생각'을 포함한다. 생각이 없으면 느낌도 생겨나지 않기 때문에, 느낌은 생각과 감각의 덩어리인 '그 무엇'이다. 그리고 시의 주제이자 시인이 표현하려고 했던 '영감' 그 자체이다. 그것을 독자가 전달받는 것이 말 그대로 공감이고 감동이다. 이러한 감동은 인생을 바꿔놓을 만큼 커다란 충격으로 다가올 수도 있지만 그런 순간은 흔하지 않으며, 보통은 가벼운 울림 정도로 전해지는 경우가 많다.

감동은 느끼는 사람에 따라 그 내용과 방향, 울림의 크기가 모두 다르다. 우리가 시에서 찾아내는 감동은 이 '다름'에서 온다. 그러므로 시를 읽는다는 것은 이 '다름'이 빚어내는 독특하고 아름다운 언어의 잔치에 참석하는 것이다.

좋은 시의 두 가지 기준

독자에게 공감이 되고 감동을 주는 좋은 시가 되기 위해서는 다음과 같은 두 가지의 조건이 필요하다.

> 첫째, 자신의 삶과 세계를 재발견하게 하고 지혜와 사랑, 성찰을 보여주는 시
> 둘째, 표현이 개성적이고 자연스러우며 시적 완결성이 높은 시

사실 이 두 가지 기준을 충족하는 시라면 좋은 시가 틀림없다. 첫째 기준이 시의 내용(메시지)에 바탕을 둔 것이라면, 둘째 기준은 시의 형식, 즉 시어와 구조, 리듬의 결합에 초점을 둔 것이다. 하지만 이 두 가지 기준이 나뉘어 있는 것은 아니며 한 편의 시에서 유기적으로 결합되어 나타난다.

시적 완결성이 부족하고 흠결투성이인 작품이 감동을 가져올 리가 없으며, 언어가 매끄럽게 다듬어져 있지만 메시지(영혼)가 담겨 있지 않은 시 또한 그럴듯하게 느껴질 수는 있어도 감동을 불러오기 어렵다. 감동은 말 그대로 느낌이 움직여 전해 오는 것이기 때문이다.

이 두 가지 기준을 세워두면 교실에서 학생들과 시 수업을 하는 데 큰 도움이 된다. 기준이 단순해서 학생들이 기억하기도 좋고, 시를 쓸 때 적용하기도 쉽다.

내가 학생들과 수업할 때도 이 두 가지 기준을 제시했다. 시에 대

한 감상을 쓰고 토의할 때 참조하라고 아래와 같은 기준을 추가하여 제시했지만, 이 또한 두 가지 기준을 더 잘게 나누고 풀어서 쓴 데 지나지 않는다.

첫 번째 기준과 관련한 '좋은 시'
- 글쓴이의 삶이 담긴, 진솔하고 울림이 있는 시
- 소박하고 진실한 삶의 아름다움을 보여주는 시
- '나(글쓴이)'와 세상, 사람·사물·생명체에 대한 따뜻한 사랑을 담은 시
- 삶과 대상에 대한 관찰을 통해 새로운 발견이나 성찰(깨달음, 지혜)을 보여주는 시
- 인간과 사물의 본질이나 관계를 찾고 질문을 던지는 시
- 세상과 자연 '너머'에 감추어진 것에 대한 발견을 담은 시
- 독자가 스스로 상상하고 답을 생각할 수 있도록 여백을 남겨놓은 시

시는 정해진 어떤 답을 적당히 포장하여 노래하는 것이 아니라 삶의 본질과 영적인 어떤 것, 감추어진 진리 같은 것을 끊임없이 캐내고 추구하는 것이다. 그렇기에 학생들과 함께 공부할 시 또한 답을 제시하는 것이 아니라 삶에 대한 물음과 메시지가 담긴 시여야 한다. 그 물음을 만나 느끼고 사유하고 스스로 답을 찾아가는 가운데 시의 아름다움과 삶의 의미를 만날 수 있기 때문이다.

그런 시를 읽으면 학생들은 자기 삶의 거울에 비친 자신과 세계의 모습을 만나게 된다. 그리고 '산다는 것은 어떤 의미인가?' 하고 질문하기 시작할 것이다. 그 질문에 답하기 위해서 구체적인 물음을 떠올리게

되며, 이어서 '나와 세계(사물, 사회)는 어떻게 관계 맺고 있는가?', '어떻게 사는 것이 잘 사는 것이며, 나답게 사는 것인가?' 같은 질문과 마주할 수밖에 없을 것이다. 이런 질문은 학생의 성장 단계에 따라 조금씩 달라질 테지만, 그 과정에서 성장을 경험할 수 있다.

물론 이런 거창한 물음들이 한 편의 시 안에서 모두 구현될 수 있는 것은 아니며, 반드시 그 울림이나 깨달음이 커야 하는 것도 아니다. 다만 위와 같은 것들이 시 속에 담겨 있어서, 작지만 마음에 전해 오는 것이 있어야 한다는 뜻이다.

그리고 좋은 시가 되기 위한 두 번째의 기준인 '자연스럽고 개성적이며 시적 완결성이 높은 시'는 시에서 표현상의 묘미와 관련된다. 이는 시를 형상화하는 언어 장치, 곧 기교와 솜씨를 말하는 것인데, '구슬이 서 말이라도 꿰어야 보배'가 되듯이, 아무리 훌륭한 글감을 얻었다 해도 잘 표현하지 못하면 공감을 얻지 못한다. 형상화에 성공한 시는 대체로 아래와 같은 시가 아닐까 싶다.

두 번째 기준과 관련한 '좋은 시'
- 주제를 형상화하는 시어의 표현이 진부하지 않고 독특한 개성이 느껴지는 시
- 시의 대상이 눈앞에 살아 있는 듯 생생한 이미지와 느낌을 주는 시
- 시어가 아름답고 리듬이 살아 있으며, 독특한 맛과 향기가 느껴지는 시
- 발상이 독특한 시
- 일상 언어와 사투리, 토속어 등을 잘 살려 쓴 시
- 비유, 역설 등 표현이 적절하며 특유의 맛과 향기가 있는 시

• 마무리를 인상적으로 해서 감칠맛 나는 시

좋은 시는 우선 읽어서 걸림이 없어야 한다. 길 가다가 돌부리에 부딪혀 몸이 휘청하는 것처럼, 혹은 산길에서 예기치 않게 튀어나온 나무뿌리에 걸려 넘어지는 순간처럼, 어떤 시어가 생뚱맞게 툭 튀어나와서 흐름을 멈추게 한다든지, 앞뒤가 헝클어지거나 충돌하여 어딘가 이상하단 느낌이 한 곳이라도 있으면 그 시는 실패한 작품이다.

시에서 쓰는 언어는 일상어이고 구어체인데, 구어체는 탄생 순간부터 그 겨레와 함께 살아온 흔적이 새겨져 있으며, 거친 부분은 다듬어져서 매끄러운 리듬과 다양한 의미를 가지고 있다. 시인은 이 일상어를 시의 구조 안에 가져와 깎고 다듬어 노래로 만든다. 자기 자신의 어법(목소리)으로 어떤 순간에 찾아온 느낌(영감)을 생생한 노래, 즉 자기만의 '독특한 맛과 향기'가 풍기는 노래로 완성하는 것이다.

그런데 위의 두 가지 기준은 별개의 것이 아니다. 두 번째 기준은 사실 공감과 감동을 가져오기 위한 언어적 장치일 뿐이다. 그러므로 두 기준은 한 편의 시 안에서 조화를 이루어야 하며, 그렇지 못하면 공감을 불러올 수 없는 죽은 글이 된다.

좋은 청소년 시

학생들이 쓴 시를 읽을 때나 시를 쓸 때도 '공감과 감동'은 기준이 된다. 공감이나 감동이 없는 글은 누가 썼든 간에 죽은 글이기 때문이다. 그리고 '자신의 삶에서 반짝이는 알맹이(깨달음, 발견)를 찾아낸다'는 것은 청소년인 자신의 현재의 삶을 이야기하는 것이고, '자연스럽고 개성적이며 시적 완결성이 높은 시' 또한 현재의 독서량과 창작·사고의 수준에서 도달할 수 있는 최선의 작품을 의미한다는 점에서 필요한 기준이라 할 수 있다.

시가 물 흐르듯이 자연스럽지 않으면 그 자체로 덜 된 시이고, 개성적이어야 한다는 것은 자신의 목소리를 내야 한다는 점에서 필요하다. 그리고 시적 완결성을 갖지 못한 시는 아직 시가 아니기 때문에 고심 끝에 완성해야 한다는 것이지 표현 기교의 수준 높음을 의미하는 것은 아니다.

그러므로 이 기준은 '좋은 시'가 되기 위한 최소한의 조건이다. 그리고 앞에서 말한 것처럼, 청소년의 시 또한 좋은 시를 텍스트로 삼아서 읽어야 하고, 좋은 시를 쓰기 위해 땀방울을 흘려야 좋은 시가 나올 수 있는 것이다.

하지만 학생 시의 경우 앞서 말한 기준에다 별도의 기준 또는 유의할 점을 제시해 줄 필요가 있다. 그것은 시인들의 시에다 억지로 맞추려고 해서는 안 된다는 점이다. 시를 쓰는 데 익숙지 않은 청소년들에게는 가능하지도 않을뿐더러 필요하지도 않다. 오히려 투박하면 투박한 대로 자신들의 삶을 진솔하게 표현한 시가 감동을 준다. 어른 독자들은 이미 그 시간을 통과해 온 사람들이라 '다른 세상'을 살고 있는 청소년 세대의 삶을 알고 싶어 한다. 자신들과 공통되는 경험을 노래한 것이라면 공감할 것이고, 다른 삶의 모습에서는 호기심을 갖고 그 목소리에 귀 기울이게 된다. 좋은 독자들은 학생들의 시에서 '진솔함'과 '청소년다움'을 읽고 싶어 하고 또 공감할 자세가 되어 있다. 어른 흉내 내는 시에서 오히려 가식을 느끼고 식상해하거나 실망할 수 있다.

청소년 독자들은 말할 것도 없다. 그들의 세계, 그들만이 공유하는 기쁨과 아픔을 읽으면서 공감하는 것이 또래 청소년 시를 통해서 얻는 즐거움이 아니겠는가. 그래서 청소년의 시는 아래와 같은 시라야 좋은 시라 할 수 있다.

- 청소년의 삶의 현실이 진솔하게 드러난 시
- 청소년이 '나도 쓸 수 있겠다.' 또는 '나도 써보고 싶다.'라는 생각이 들게 하는 시
- 어른(시인) 시를 흉내 낸 시가 아니라 청소년이 아니고는 쓸 수 없는, 청소년다운 발랄함과 참신함이 엿보이는 시

이런 시라야 '학생 시'답다는 느낌이 들 것이고, 참신하고 팔딱팔딱 뛰는 살아 있는 시라는 느낌이 올 것이다. 그리고 나도 쓸 수 있다는 생각, 나도 써보고 싶다는 생각이 들어야 함께하는 시 수업이 재미있을 것이고, 그 재미가 수업에 활기를 불러오게 되는 것이다.

하지만 아무렇게나 생각을 나열하고 행 구분을 하면 모두 시가 될 수 있다는 생각은 옳지 않다. 재미로 끝나는 것은 놀이일 뿐 예술 교육, 독자 교육으로서의 시 공부가 아니다. 그러므로 '참신한 표현과 독특한 개성', '생생한 이미지와 느낌', '시적 완성도가 높고 시어의 리듬이 살아 있으며, 독특한 맛과 향기'를 가져야 한다는 앞의 기준은 일단 청소년의 시에도 적용되어야 한다.

뒤에서 소개하겠지만, 어린이·청소년 독자들에게 좋은 시를 집중적으로 소개하기 시작한 1990년대 말부터 지금까지 학생들이 생산해

낸 창작시 중에는 이런 기준을 충족하는 아름다운 시들이 얼마든지 있다. 그런데 이런 시들은 학교에서 백일장 하듯이 그냥 백지를 나눠주고 써내라 해서 얻어진 것이 아니다. 선생님이 많은 시간과 공을 들여서 준비한 좋은 시를 학생들이 많이 읽고, 감상하고 토의하고, 좋은 시의 기준을 익힌 다음 시 한 편을 완성하기 위해 몇 날 밤을 늦도록 고심하며 구슬땀을 흘려서 쓰고 긴 퇴고의 공정을 거쳐서 생산해 낸 빛나는 작품들이다.

좋은 시를 가려서 읽고 스스로 쓰는 언어 체험을 통해 시를 더 사랑하고 몸 가까이 두며 자기 삶을 가꾸어 가는 계기를 만드는 경험은 아이들의 삶에서 무엇보다 값진 일이다. 그러므로 자기 삶(현실)에서 중요한 '그 무엇'을 찾아내어 어른의 시각이나 언어가 아니라 학생의 시각과 언어로 짧든 길든 작품을 완성해 내는 기쁨을 얻는 것이 중요하다.

학생들과 함께 읽으면 좋을 시

학생들과 시 읽기 자료를 모을 때 앞에서 제시한 좋은 시의 기준이나 조건을 생각해야 할 것이다. 하지만 그것만으로는 좀 막막한 느낌이 있고, 작품을 구체적으로 뽑을 때는 주제(내용) 측면과 표현 측면을 모두 고려하면서 좀 더 구체화해서 선정하면 좋다.

몇 해 전 문예창작영재교육원 고등학생들과 시 읽기 공부를 마치고 나서 시 쓰기로 들어가기 전에 '내가 생각하는 좋은 시'에 대해 적어 와서 모둠 토의를 하고 발표한 것을 모아 정리해 두었다. 앞에 펼쳐놓은 기준들과 큰 차이는 없지만, 좋은 시에 대한 학생들의 생각과 목소리가 잘 드러나 있다.

학생들이 토의하여 정리한 '좋은 시'

• 많은 사람에게 공감을 주고 상상력을 자극하는 시

• 시를 쓰는 사람이 가졌던 감정이 잘 전달되는 시

• 사람의 마음을 두드리며 진심이 느껴지고(진실성), 깊은 감동을 주는 시

• 다양한 측면에서 바라볼 수 있는 시, 많은 생각의 가지가 뻗어나는 시

• 너무 난해하지 않은 시, 어렵지 않고 친숙한 느낌이 나는 시

• 여러 번 반복하여 읽을 때마다 생각을 거듭하게 하는 시, 곱씹을수록 새로운 재미가 생기는 시

• 처음 봤을 때 소름이 돋는 표현이 있는 시(표현이 다양하고 독창적이며 이해가 가능한 시)

• 짧고 굵게 여운을 주는 시, 가끔 생각나게끔 여운을 주는 시

• 자연과 잘 어우러지는 시

• 말하고자 하는 주제가 명확한 시, 자신의 마음(주제, 생각과 느낌)이 본연적으로 잘 드러나 있는 시, 작가 자신의 내면과 마음을 솔직하게 드러낸 시

• 일상적인 경험이 담긴 시, 소재가 취향을 타지 않고 범대중적으로 공감을 불러일으킬 수 있는 시

• 표현이 독특하거나 재치 있는 시

• 시어가 아름답고, 흐름의 호흡이 듬성듬성하지 않은 시(짜임새와 리듬)

• 제목과 조화가 잘 이루어지는 시

• 문장 구성이 간결하고(조잡하지 않고) 작위적으로 꾸미지 않은 시

• 솔직하고 감정의 클라이맥스 또는 마무리가 깔끔한 시

2. 학생들이 좋아한 시인의 시

학생들이 좋아한 시인의 시들은 내가 2000년에《국어시간에 시읽기 1》을 낼 무렵부터 경북 상주여고에서 마지막 학기 수업을 마칠 때까지, 그리고 퇴직 후 3년 동안 대구에서 아이들과 시 수업을 집중적으로 할 기회를 얻어 수행했던 때를 포함하여 약 20년 남짓 동안 국어 수업 시간에 함께 읽고 공부한 시 목록이다.

여기에는 아이들과 내가 뽑은 시들이 섞여 있는데, 시 낭송 시간에 아이들이 스스로 애송시를 찾아와서 낭송한 시, 애송시 시화 그리기에 제출한 시, 각자가 뽑아서 시 감상을 써낸 시인의 시 중에 학생들의 호응이 좋았던 시들이 포함되어 있다. 아이들이 뽑은 시는《국어시간에 시읽기》시리즈를 비롯하여 자신들의 손에 잡힌 시선집이나, 이미 시 읽기 공부를 통해 익힌 시인들의 시 중에서 인터넷이나 도서관 서가에서 찾아낸 시들이겠지만, 대부분 자신들의 눈높이나 관심과 흥미를 반영하고 있다는 점을 주목할 만하다.

내가 학생 시 교육에 관심과 열정을 갖고 근무한 학교는 대구와 포항 같은 비교적 큰 도시도 있었지만, 주로 경북 성주, 김천, 경주, 상주 같은 중소도시였는데, 중·고등학교 급별 수준과 지역적 특성에 맞춰 '시 읽기 자료집'을 해마다 다시 만들었다. 학생들이 좋아한 시인의 시 중에 시 수업 자료가 될 만한 시를 골라서 다음 해 자료집에 수록했고, 내가 읽은 시 중에서도 학생들 눈높이에 맞고 공감도가 높다고 생각되는 시들은 함께 수록했다. 학생들의 눈높이에 맞추기 위해 난해한 시들은 제외했고, 청소년의 현실(삶)이나 상황, 관심에서 거리가 먼 시들도 제외되었다.

문학사에 서술된 유명 시인들의 대표작을 억지로 뽑아 소개하는 일에는 큰 관심을 두지 않았다. 아이들의 삶에서 출발하여 시에 관심과 흥미를 높이고 시의 본질을 살피며 시를 직접 써보려는 시 수업의 본래 취지와는 관련이 덜하거나 아이들 수준에서 볼 때 난해한 작품들이 많았기 때문이다. 그래도 널리 알려진 시인들의 작품 중에 아이들의 시 수업에 도움이 될 만한 작품이 있으면 그 시인의 대표작이건 아니건 가져와서 활용했다. 대신 국어나 문학 교과서, 참고서에 수록된 시들은 이미 배워서 선입견을 형성할 가능성 때문에 일부러 배제하고 일부만 가져왔다.

그리고 학생들과 멀지 않은 생활 문화권 안에 사는 시인들의 좋은 시를 찾아 수록하고 소개함으로써 학생들이 시에 대해 친근감을 피부로 느낄 수 있게 했다. 또 시인 초청 강좌, 문학기행을 갔던 곳에서 '시인과의 만남', '문학의 밤'을 진행할 때 직접 초대하여 만났던 시인들의 좋은 작품을 공부했는데, 그 시들 중 일부도 다음 해 '시 읽기 자료집'에 자연스럽게 포함되었다.

여기 소개하는 시인들의 시 목록(72쪽)은 학교에서 선생님들이 자료집을 만들 때 참조하기를 바라는 마음으로 정리해 본 것이다. 나와 함께 시 수업을 했던 아이들과 내가 공동으로 만든 것이라 할 수 있으며, 퇴직 후에 몇 년째 함께 시 공부를 하는 대구 국어 교사들의 모임 '시와 사람들' 선생님들의 조언과 참여가 더해졌다. 시 목록이 어떤 제재나 주제로 나뉘었는지, 각 주제는 어떤 내용을 담고 있는지 한번 살펴보자.

짧은 시

짧은 시라 많은 것을 담을 수는 없지만, 시 한 구절에도 쓴 이의 메시지나 관찰과 성찰의 핵이 들어가기 마련이다. 그리고 갈고 다듬는 땀이 들어가는 만큼 리듬도 살아 있고 반짝이는 예리함이나 이미지가 압축되어 있어서, 시의 본질을 이해하는 데 큰 도움이 된다. 그리고 무엇보다 짧은 시는 시의 핵심으로 바로 파고 들어가 독자의 심금을 울리며, 짧다는 사실만으로도 학생들의 흥미와 집중력을 불러일으킨다. 또 자신도 쓸 수 있겠다는, 그리고 써보고 싶다는 생각을 하게 만드는 장점이 있다. 압축된 짧은 시는 상상력을 촉발하여 시의 행간에 숨어 있는 의미를 다양하게 해석할 수 있다는 것을, 시 감상 토의를 해보면 알 수 있다.

'나'와 세계에 대한 명상

학생들에게 가장 먼저 읽히면 좋을 시는 자기 자신에 대한 성찰을 노래한 시다. 자기 삶의 주인이 되고자 하는 사람은 누구나 자신을 들여다보는 시간이 필요하다. 화가들이 자화상을 자주 그리듯 시인들도 자신을 거울에 비춰 보는 '자화상' 같은 시들이 많다. '나'를 바라보는 시선도 가지가지다. 그것은 시인이 선 자리와 처해 있는 삶의 현실이 모두 다르고 저마다 삶의 가치와 지향점이 다르기 때문에 어쩔 수가 없다.

　나아가 눈에 보이지 않는 세계까지 느끼고 찾아내어 노래하는 시인의 자기 성찰은 학생들에게 자신과 세계를 바라보는 새로운 관점과 방법을 선사한다. 그래서 자기 성찰의 시를 다양하게 만나면 그만큼 읽는 학생들의 시선이 넓어지고 깊어지며 앞길을 걸어가는 이정표가 될 수도 있기에 소중하다. 시 쓰기를 하기 전에 읽으면 아이들의 관심도가 더 높아진다.

가족 또는 사랑과 죽음에 대한 시

가족은 아이들이 나면서부터 둥지를 떠나 자립하고 어른이 되어 죽음을 맞이하는 날까지 뗄 수 없는 혈연 공동체이다. 그리고 원초적인 사랑의 이미지가 형성되고 체득하는 도량이기도 하다. 아이들의 사고와 육신의 틀이 형성되는 곳이고, 가장 가까운 사람들끼리 얽히는 애증이 깊어질 수 있는 터전이다. 아이들의 삶에 직접적이고 절대적인 영향을 행사하는 공간이 가정이므로, 아이들이 읽으면서 공감하고 깨달음을 얻는 시들 가운데 가족을 제재로 한 것들이 많은 것은 당연하다.

부모와 자식 간의 사랑과 형제자매의 우애를 가슴에 새기면서 그것이 확대되는 것이 친구나 연인의 사랑이고, 나아가 이웃과 겨레, 지구에 이르기까지 사랑의 층위는 깊고도 넓다. 변화하는 시대에 따라 사랑의 방식도 바뀌기 마련이다. 누구나 '나'로부터 시작하여 결국 '나'로 돌아오는 삶의 여정 속에서 온갖 인연들이 만나고 흩어지는 사랑의 다양한 모습이 시에 담긴다. 사랑 시를 쓰지 않는 시인이 드물 만큼 사랑 노래는 동서고금을 통해 명편들이 즐비하다.

또 죽음은 사랑하는 사람과 더 이상 함께할 수 없다는 절망을 안겨줄 뿐 아니라 삶의 끝을 보여준다는 점에서 엄청난 고통을 주지만, 죽음을 맞이하기 이전과 이후로 삶이 나뉠 만큼 그 자체로 충격이며 이는 거듭나는 삶의 계기가 될 수 있다. 그런 점에서 아이들에게 가족과 사랑, 사랑하는 사람의 죽음을 노래한 명편들을 많이 보여주어 시인의 삶에 내재한 진실의 깊이와 넓이를 읽고 성찰하는 체험과 자신의 사랑을 시로 써보는 언어 체험의 기회를 마련할 필요가 있는 것이다.

학교와 아이들

학교는 가정과 더불어 아이들의 삶의 현장이다. 친구들이 있고, 하루의 반 또는 그 이상의 시간을 보낸다. 관심이 집에서 '나'와 친구에게로 향하면서, 고민을 털어놓는 것도 친구들이고 고민을 만드는 것도 친구들일 때가 많다. 친구는 경쟁자이면서 벗이 되는 관계를 경험하게 되고, 입시에 메인 학교생활은 그 자체가 억압으로 느껴지기도 한다. 아이들은 싸우면서 큰다는 말이 있지만, 그런 청소년기를 통과하면서 남모르는 상처와 즐거움을 함께 간직하면서 성장한다. 입시 지옥 현상은 갈수록 심각해져서, 불안해진 부모 세대는 아이들의 삶을 사랑과 교육이라는 이름으로 간섭하려 하고, 부모로부터 독립할 수 없는 아이들과의 갈등이 증폭되기도 한다.

근래 시인들이 쓰는 '청소년(을 위한) 시'는 다양한 시각에서 예전보다 많이 창작되고 있다. 대체로 청소년이 처한 여러 문제에 공감하면서 교육 현실에 비판적인 시선을 보여주는 시들이 많고, 또 거기에 공감할 부분이 있는 것도 사실이다. 학생들은 그런 시들이 억압된 자기들의 현실을 건드려 주는 것 같아 통쾌해하기도 하고, '어른들이 어떻게 우리의 학교 현실이나 친구 관계를 잘 알고 있지?' 하고 신기하게 여기기도 하는 것이다.

그런 한편으로 청소년들은 자기들과는 다른 모습으로 청소년 시대와 문화의 터널을 지나온 어른들의 시에서 잘 안 맞는 작위적인 느낌이나 괴리 같은 걸 느끼기도 한다. 특히 비현실적으로 과장된 목소리를 내거나 아이의 마음을 의탁해서 다소 위악적(僞惡的)으로 형상화할 때는 가상현실 이야기 같은 느낌 때문에 청소년 독자나 성인 독자들에게도 공감을 얻기가 어렵다.

청소년의 이야기를 할 때 아이들과 한 방향으로 바라보면서 아이들보다 딱 한 발 앞에 서는 일이 쉽지가 않다. 아이들은 '함께 비 맞아주는' 것도 원하지만, 우산을 씌워주고 한 걸음 더 내디딜 자리를 찾는 데 도움을 주기를 더 원하는 건 아닐까. 아이들의 자존감을 높여주는 이야기, 삶에 대해 궁금한 이야기나 시인 자신이 청소년기에 겪은 사랑 이야기를 비롯하여 흥미롭고 독특한 체험을 노래한 시, 그리고 살아가는 데 꼭 필요한 양식이 될 만한 소중한 메시지가 한 줄이라도 담긴 시, 눈을 밝혀주어 길잡이가 되고 용기를 일으키는 이야기를 절제된 목소리로 형상화한 시에도 아이들이 많이 공감하는 것은 그 때문일 것이다.

이웃과 사회를 향해 열린 시선

아이들의 관심이 자신이 몸담게 될 세상으로 향하는 것은 당연하다. 이웃과 사회는 곧 자신들이 장차 살아가야 할 세상이다. 좋은 시는 한순간에 아이들을 집과 학교라는 틀 밖, 시인이 가꿔놓은 시 세계 속으로 인도하여 세상을 새롭게 인식하게 하는 힘이 있다. 좋은 시를 읽어보면 시인의 시선이 따뜻하기도 하고 때로 어둡기도 하지만, 그것이 세상과 사람에 대한 애정에서 나온 것임을 알아차릴 수 있다.

시인의 눈에 비친 바깥세상의 역동적인 풍광을 그려낸 좋은 시를 되도록 많이 접하게 하는 일은 청소년 독자들이 세상을 깊이 느끼고 생각할 기회를 더 많이 부여하는 것이다. 좋은 시에는 세상을 구성하는 온갖 사람과 사물들의 생생하고 다양한 표정이 담겨 있다. 시를 통해 사람과 사물의 속살까지 들여다보면서 아이들은 스스로 그만큼 더 깊어지고 넓어지는 힘을 갖게 되는 것이다. 그리고 사람의 마음에서 울려 나오는 숨소리와 향기, 따뜻하게 흐르는 피의 온도를 느끼게 되어 사람과 세상을 진심으로 사랑하는, 사랑하고 싶은 사람으로 성장하는 출발점이 될 수 있다.

누구나 혼자가 아니며 혼자 살아갈 수 없다는 걸 깨닫는 데서 삶이 출발되어야 하듯이, 시도 나로부터 출발하여 이웃으로 시선을 넓혀나가지 않으면 나 자신이 만든 '나의 감옥'에 갇혀버릴 가능성이 크다.

인간의 역사와 현재의 삶에 대한 인식

'역사를 잊은 민족에게 미래가 없다'는 말까지 다시 꺼내지 않더라도, 사람이 역사의 산물인 것은 분명하다. 역사에 대해 무관심하고 무지한 사람은 주체적인 인간, 곧 자기 삶의 주인으로 바로 설 수도 없을 뿐 아니라 한 발도 제대로 내딛기 어렵다. 그것은 고스란히 자신의 몫이고 책임일 뿐, 누구에게 하소연할 수도 없고 해도 소용이 없다. 역사를 모른다는 것은 곧 자기가 선 자리가 어딘지를 모르고 당연히 갈 곳을 모르게 되는 것이다. 전등 하나 없이 깜깜한 밤길을 가는 격이다.

시(혹은 문학·예술)가 밤길을 비추는 전등이고 나침반이 될 수 있는 것은 시에서 그것을 얻을 수 있기 때문이다. 의지와 에너지는 길을 걸을 수 있게 하지만 올바른 방향을 모르면 결국 남 따라 '거름 지고 장에 가는' 것이나 '남의 생을 대신 사는 것'과 다를 바 없으니 길을 찾아낼 수가 없다. 사람은 자기 힘으로 살아온 것 같아도 의식주뿐 아니라 우주에서 오는 중력과 지구 중심에서 당기는 인력에 이르기까지 모든 힘과 땀과 사랑이 작동하지 않으면 잠시도 살 수가 없다. 오랜 우주와 지구 역사의 산물이 오늘이고 오늘의 사람인 것이다.

자기 삶을 스스로 일으키고 가꾸어 가야 할 청소년에게 꼭 필요한 것은 온갖 이데올로기로 감추어 놓은 세상의 본모습을 찾아 밝혀내는 생각의 힘이고 느끼는 힘이며, 시(예술)는 그것을 형상화를 통해 깨우쳐 주는 좋은 벗이다. 시인들이 역사를 깨치는 시를 쓰는 이유가 그것이다.

생명과 생태, 그리고 자연

'시인은 누구나 생태주의자'라는 말이 있듯이, 시는 생명 사랑에서 출발한다. 생명을 사랑하는 것은 시인이 아니어도 본성에서 멀리 벗어나 있지 않은 사람이라면 누구나 갖는 심성이다. 모든 생명체는 일정한 시간 동안 삶을 영위하다가 결국 죽음을 맞이할 수밖에 없다. 지구 생태계는 외부에서 들어오는 햇빛 에너지에 의존하면서 생성되었고 유지되고 있다. 살아가는 데 필요한 에너지를 먹이에서 얻는 생명체들은 결국 서로를 일정하게 해치지 않고는 살아남을 수 없지만, 필요 이상으로 해쳐서 생태계가 교란되고 파괴되면 결국 자기 종(種)도 죽음을 피할 수 없다. 그래서 생존을 위해 자연계의 여러 종들은 서로 경쟁과 조정, 협력할 수밖에 없다.

인간이 살아남기 위해 환경을 아껴 쓰고 보호하자는 인간 중심의 환경보호주의에서 나아가 지구가 안고 있는 모든 생명체와 공존의 길을 찾는 생태적 사고에 이르기까지 그 프리즘은 넓고 다양하다. 거기에다 시인은 생명체에 대한 연민과 더불어 생명체의 아름다움을 발견하고 그런 마음 작용의 아름다움까지 시로 노래함으로써 독자들의 생명 사랑 의식을 높이고 미적 감각을 단련시키는 데 기여하고 있다.

생명체를 사랑하는 사람은 사람과 사람, 사람과 자연의 관계를 이기적 소유 차원에서 벗어나 평화와 나눔의 관계로 발전시켜 갈 가능성이 높으며, 그것이 궁극적으로 하나의 생명체인 자신을 사랑하는 일이 되고, 자신의 삶을 참되고 아름답게 가꾸어 갈 수가 있는 것이다. 그러한 정신적인 궤적을 노래한 시인들의 생태·생명시에 좋은 시가 많다는 것은 당연하다.

학생들이 좋아한 시인의 시 – 목록

이제 학생들이 좋아하는 '좋은 시'를 소개할 시간이다. 교실에서 '삶의 글쓰기'를 통해 창작된 학생들의 창작시를 모은 합동시집은 1980년대 중·후반부터 이미 출간되기 시작했다. 중등학교에서는 전인순(《생강 캐는 날》), 이상석(《여울에서 바다로》) 등 교사 문인들이 글쓰기 수업의 선구적인 성취를 이루어 냈다.

1990년대 중반 이후 어린이들의 작품집 《엄마의 런닝구》(한국글쓰기연구회 편, 보리)가 나왔다. 《엄마의 런닝구》는 '한국글쓰기연구회' 회원 교사들이 전국 초등학생의 창작시를 엮어 발간한 것으로, 초등학교뿐 아니라 중등학교 시 쓰기 교육에까지 영향을 미쳤을 정도로 획기적인 시집이라 할 수 있다.

이 시집에는 아이들의 자세한 관찰과 진솔한 정서가 투박하고 생생한 구어체 시어로 형상화되어 감동을 주는 시들이 많다. 아동문학가들이 쓰는 동시를 벗어나 어린이들이 쓰는 '어린이 시'라는 개념을 확립하는 데 큰 역할을 한 대표적인 시집이어서 참고할 수 있도록 여러 편을 뽑았다. 이 가운데는 이미 《국어시간에 시읽기 1~3》 등 여러 곳에 소개되어 독자들의 눈에 익은 작품도 찾을 수 있을 것이다.

이어서 2000년에 펴낸 시인과 학생들의 시선집 《국어시간에 시읽기》 시리즈가 전국의 국어 교실에서 큰 호응을 얻은 후 몇 권의 학생시집이 출간되었다. 보리출판사에서 2005년에 중학생들의 시집으로 이상석 선생님이 《있는 그대로가 좋아》를, 고등학생 시집으로 구자행 선생님의《버림받은 성적표》를 거의 동시에 출간했다. 두 권 모두 부산 학생들이 쓴 작품들이다.

뒤이어 고등학생 창작시집으로 경북 김천여고 학생시집《뜻밖의 선물》(배창환 엮음, 나라말, 2007; 휴머니스트, 2012)이 나왔고, '★공고 학생들이 쓴 시'라는 부제가 붙은 창작시집《내일도 담임은 울 뻴이다》(김상희·정윤혜·조혜숙 엮음, 휴머니스트, 2012)와 부산 경남여고 학생시집《기절했다 깬 것 같다》(구자행 엮음, 휴머니스트, 2012)가 같은 해에 출간되었다.

그 이듬해 나온《36.4℃》(배창환·조재도 엮음, 작은숲, 2012)는 주로 충청도와 대전, 경북, 부산 일대에서 창작되어 출간된 중·고등학생들의 작품 중 가려 뽑은 시집이며, 경주여고 학생시집《지금은 0교시》(배창환 엮음, 한티재, 2014), 부산 연제고 학생시집《생긴 대로 살아야지》(구자행 엮음, 보리, 2017)가 이어서 출간되었다.

이후에 전국 학급문집에 수록된 시 작품 중에 가려 뽑은《와, 드디어 밥 먹는다》(최은숙·김영호 엮음, 창비교육, 2018)가 나왔다. 같은 해에 나온《내가 아직 너무 어려서 미안해》(배창환 엮음, 작은숲, 2018)는 학생 창작시에 상주여고 학생들의 감상을 붙인 시 감상집이다. 그리고 근래 새로 나온《나는 아직 너무 말랑하다》(박정임 엮음, 브로콜리숲, 2024)는 대구 중리중학교 학생들의 창작시를 모은 것이다.

이 시집들은 중등 시 교육 운동사에서 중요한 전기를 마련했거나 나름대로 큰 역할을 해왔다. 여기에 수록된 시 작품들은 대체로 교사들이 학생들의 삶을 바탕에 두고 창작을 지도한 시이거나, '삶의 시', '삶을 가꾸는 시'의 관점에서 선정한 좋은 시들으므로, 교실에서 시 수업을 할 때 가려 뽑아서 활용하기에 적절하다고 생각된다.

이 외에도 내가 과문하여 미처 읽어보지 못한 청소년 창작시집이 전국에 많이 있겠지만, 이 시집들 속에 담긴 좋은 시만 해도 그 분량이 적지 않다. 학교 안팎에서 학생들과 시 읽기와 쓰기 수업을 할 때 참조할 수 있을 것이다.

위에 소개한 몇 권의 학생시집을 출간 연대순으로 정리하면 아래와 같다.

- 한국글쓰기연구회 엮음,《엄마의 런닝구》(보리, 1995) : 전국 초등학생 창작시 선집

- 전국국어교사모임(배창환) 엮음,《국어시간에 시읽기 1》(나라말, 2000; 휴머니스트, 2012/2020) : 시인과 학생 창작시 모음집

- 배창환 저,《이 좋은 시 공부》(나라말, 2002) : 본문과 부록에 시인의 시와 초·중등 학생 창작시 수록

- 전국국어교사모임 엮음,《국어시간에 시읽기 2》(나라말, 2003; 휴머니스트, 2015/2020) : 시인과 학생 창작시 모음집

- 이상석 엮음,《있는 그대로가 좋아》(보리, 2005) : 부산 중학생 67명의 시 모음집

- 구자행 엮음,《버림받은 성적표》(보리, 2005) : 부산 고등학생 81명의 시 모음집

- 배창환 엮음,《뜻밖의 선물》(나라말, 2007; 휴머니스트, 2012) : 김천여고 116명 학생 창작시집. 학생들의 '시작(詩作) 노트' 수록

- 전국국어교사모임 엮음,《국어시간에 시읽기 3》(나라말, 2009; 휴머니

스트, 2012/2020): 시인과 학생 창작시 모음집

- 김상희·정윤혜·조혜숙 엮음, 《내일도 담임은 울 삘이다》(휴머니스트, 2012): ★공고 학생들이 쓴 창작시 90편 모음집
- 구자행 엮음, 《기절했다 깬 것 같다》(나라말, 2011; 휴머니스트, 2012): 경남여고 1학년 학생 시 176편 수록
- 배창환·조재도 엮음, 《36.4℃》(작은숲, 2012): 전국 중·고등학생 시 123편 수록
- 배창환 엮음, 《지금은 0교시》(한티재, 2014): 경주여고 학생 시 77편 수록
- 구자행 엮음, 《생긴 대로 살아야지》(보리, 2017): 부산연제고 학생 시 108편 수록
- 배창환 엮음, 《내가 아직 어려서 미안해》(작은숲, 2018): 학생이 쓴 좋은 시 60편을 상주여고 학생들이 선정하고 감상한 시 감상집
- 김영호·최은숙 엮음, 《와, 드디어 밥 먹는다》(창비교육, 2018): 전국 중·고등학생 시 60편 수록
- 박정임 엮음, 《나는 아직 너무 말랑하다》(브로콜리숲, 2024): 대구 중리중학교 2학년 학생 시 118편 수록

학생들이 쓴 좋은 시 몇 편씩을 제재별로 소개하고 이어서 좋은 시 목록(118쪽)도 소개하고자 한다. 시 목록은 주로 위에 열거한 시집과 시 선집에서 가려 뽑은 300여 편을 고등학생과 초·중학생 순으로 소개하면서 출전을 달았다.

짧은 시

한 편의 짧은 시에서 의미와 리듬과 이미지의 통일체라 할 수 있는 시의 본모습을 모두 찾아내는 것은 흥미로운 일이다. 그래서 짧은 시 읽기는 시를 체득하고 쓰기를 위한 흥미로운 학습 과정으로 아이들에게도 거부감 없이 받아들여지므로, 언제나 시 쓰기 단계의 맨 앞에 배치했다. 짧은 시는 학생들과 시 수업을 처음 시작할 때 시인과 학생 작품 중 짧은 시를 따로 빼내어 자료를 출력해서 나눠주어 먼저 시들을 읽고 나서 가볍게 감상을 나누고 이어서 쓰기 수업을 했다.

시 쓰기 수업에 들어가기 전에 짧은 시 쓰기를 예고해 두는 것도 학생들이 착상을 해 오는 여유를 가질 수 있어서 좋다.

학생들이 쓴 짧은 시 몇 편을 읽어보자.

젊고 거칠고 자유롭게

- 고은솔(고1), 〈인생은〉

행운을 찾기 위해
행복을 밟지 않길

- 유나영(고2), 〈네잎클로버〉

푸르른 블랙홀
내 눈에 보이는 게
진짜 전부일까?

- 정예슬(고1), 〈바다〉

화창한 날씨에

비가 내린다

눈이 와도 좋으련만

- 최윤진(고2), 〈시험지〉

나는 친구들의 대나무 숲

이 친구 저 친구
다 나한테 고민을 털어놓네

- 김아소(중1), 〈대나무 숲〉

중학교 1학년 2.0 2.0
고등학교 1학년 1.0 1.2
나의 내신성적

이었으면 좋았을걸

- 조민현(고2), 〈시야〉

뻐끔뻐끔거리는
너와 눈이 마주쳤다.

아주 한심하다는 눈빛이었다.

왜, 내가 노는 게 뭐

어때서?

- 구나영(고2), 〈금붕어〉

나는 언제나 밥을 풀 때

조금 덜 푼다.

혹시 맛없는 반찬이 나와

밥을 많이 남길까 봐.

머언 곳의 아이들에게

미안할까 봐.

- 권이란(고2), 〈급식〉

1행에서 6행에 이르는 짧은 시들이지만 모두 의미와 리듬을 실어 명징한 느낌을 주고 있다. '리듬이 있는 구'의 형태를 띠어도 시가 될 수 있다는 것을 보여주기도 하지만((인생은)) 주로 한두 개의 문장을 이루는 시가 많다. 이 시들이 산뜻하고 개성적으로 느껴지는 것은 어른들 시를 흉내 내지 않고 자신이 겪고 있거나 관찰하고 있는 생활의 한 단면이나 상황을, 청소년다운 참신한 발상과 시어를 사용하여 독특한 이미지 또는 의미망을 구성하면서 형상화하는 데 성공하고 있기 때문이다.

짧은 시 안에는 구체적인 서사를 담기 어렵기 때문에 읽는 이의 마음속으로 곧장 파고드는 날카로움이나 산뜻함, 그리고 명징함이 있어야 한다. 이때 시의 제목은 시행을 보완하고 포괄하는 중요한 역할을 한다. 위의 시들은 모두 그 안에 학생 자신의 삶의 한 순간에 떠오른 생각이나 느낌을 진술하면서도 함축적으로 보여주고 있어서 짧은 시의 묘미가 한껏 살아나고 있다.

삶, 일상, 사유 혹은 나의 재발견

시는 삶의 일상에서 출발한다. 그리고 시의 알맹이라 할 수 있는 시상 또는 영감이 생성되는 것도 일상 속에서이다. 그것이 사유의 힘을 받아 시가 창작된다. 그런 시의 출발점이 시인 자신이 되는 것은 당연하다. 화자가 주로 1인칭 '나'가 많은 것은 시가 시인의 내면을 노래하는 문학이라는 점과 관련이 있다. 그래서 시인이 쓴 자화상이 아니더라도 자신의 사유와 재발견을 노래한 시가 많다는 것은 어쩌면 당연한 일이다.

학생들의 시는 더욱 그러하다. 자기 삶 이야기를 진솔하게 노래하는 것이 학생 시의 특성이기도 하거니와, 복잡한 기법을 익힐 시간이 없기도 하고 굳이 그럴 필요가 없기 때문이다. 학생 자신의 '진실'이 어떻게 학생들의 어법(목소리)으로 표현되느냐가 문제인 것이다. 따라서 이런 시들을 통해서 우리는 학생들의 삶과 내면 풍경을 더욱 잘 들여다볼 수 있고, 깊이 공감할 수 있는 기회를 얻게 된다.

학생들이 쓴 좋은 시 몇 편을 읽어보자.

떠나보내야 하는 것들이

이 세상엔 너무 많다

나의 보물 가족들,

이 세상에 없어서 안 되는 사람들

정말 말 그대로 보물

이 세상엔 떠나보내야 하는 것들이 너무 많다

내 삶의 원동력

방탄소년단 그리고 치킨

이것들이 없으면 어떻게 살까?

가장 중요한 게 남아 있다

시간

시간은 돈 주고도 살 수 없다

되돌릴 수도 없고 앞질러 갈 수도 없다

지금 와서 보니

떠나보내야 하는 것들이 참 많다

– 이주희(중3), 〈떠나보내야 하는 것들〉

나에게 잊혀진 지 오래인 시간, 아침

허둥지둥 학교 갈 준비를 하다 보면

그 좋은 참새 우는 소리를 못 듣고

아침밥 제대로 못 먹고

그렇게 아침을 보내 버렸다

나에게 아침은 그저,

잡아도 흘러내리는 모래 같다

– 이유빈(고1), 〈아침〉

우리가
제 몸만 한 우리에 갇힌 돼지와
뭐가 다를까

우리가
공장에서 표정 없이 물건을 뱉어내는 기계와
뭐가 다를까

이렇게
꾸역꾸역 살아
뭐가 될 수나 있을까

– 김현지(고2), 〈살다 보면〉

가볍게 들고 다니려고
조그마한 지갑을 샀다

쓰다 보니 필요 없는 것들도

자꾸자꾸 집어넣게 되어

보기 흉하게 두툼해졌다

한번 넣고 나니 다시 비우기가

그렇게 힘들다

집어넣는 것보다

다시 꺼내놓는 게

더 힘들다

- 최수빈(고2), 〈욕심〉

이 세상은

단 한 곳도

말랑한 곳이 없이

딱딱하다

이 세상을

살기에

나는 아직 너무

말랑하다

- 정은지(중2), 〈다른 세상〉

너를 살길

원래 평범한 게 제일 쉽다가도

어려운 거래

평범하길 원하면 결국

다 같은 삶을 살게 될 거야

그러니까 평범한 게 아닌

그냥 너를 살길 바라

잊지 마

세상에 당연한 건 없다는 걸 잊지 마

그 어떤 것도 당연한 건 없어

언제든 나는 먼지가 될 수 있고

니가 사랑한 모든 걸 잃을 수 있다는 걸 기억해

너의 순수함을 잃지 마

좋은 건 좋은 거고

나쁜 건 나쁜 거고

슬픈 건 슬픈 거고

아픈 건 아픈 거야

그런 걸 숨기면서까지

어른이 될 필요는 없어

물질적으로 움직이지 마
한순간 달콤한 행복일지 몰라도
물질을 얻는 대신
물질로 살 수 없는 무언갈
잃게 될 거야

주인공

너를 뒤덮은 그 수억 개의
말보다 너가 더 중요한 걸 잊지 마
너의 선택들은 전부 너여야만 해
무엇보다 빛나는
지금의 주인공은 너니까

행복

웃고 싶을 때 웃고
울고 싶을 때 울고
먹고 싶을 때 먹는

그런 작고 소소한

행복들 왜 몰랐나 몰라

웃음의 조건

웃음은 조건 없이 모두가

가질 수 있는 것이라고 생각했는데

웃음에는 많은 조건들이 필요했어

생각과 걱정이 없어야 했고

행복이 필요했어

그래서 어느샌가 내 웃음이

사라졌나 봐

– 백미화(고3), 〈나를 사랑하는 나〉

'나의 보물 가족들', '방탄소년단'이나 '치킨'처럼 너무 소중한데도 결국 언젠가는 떠나갈 것들에 대한 안타까움(〈떠나보내야 하는 것들〉), 학교 갈 준비 하느라 그냥 달아나 버리는 너무 아까운 아침 시간(〈아침〉), 현실에 갇혀 살면서 주어진 대로 하루하루를 살아가는 일상에 대한 아픈 성찰(〈살다 보면〉), 마음 비우기가 힘듦에 대한 반성적인 고민(〈욕심〉), 아직도 말랑하기만 한 자신이 딱딱한 세상을 어떻게 살아갈까 걱정하는 소녀의 해맑은 심성(〈다른 세상〉), 그리고 '나'다운 삶을 사는 것이 행복이라는 삶의 철학과 지표에 대한 명상(〈나를 사랑하는 나〉)까지……. 일상 삶 속에서 문득문득 영감(靈感)으로 떠오른 느낌을 중심으로 가지와 잎을 달고 벋어나가며 쓴 시들이다. 감정에 치우치지 않고 차분하게 심상(心象)을 다듬어 가는 가운데, 청소년다운 사유와 발랄함, 진정성을 반복되는 종결어미와 시어들의 편안한 리듬에 담아낸 시여서 모두 귀하고 아름답다.

성장의 기억

누구나 지난날을 소중히 갈무리하여 간직한다. 그것이 아름다운 추억이든 어두운 날들의 기억이든 지금까지 기억에 남아 있다는 것은 곧 그때의 나에게는 엄청 중요한 일이었을 뿐 아니라, 오늘의 나를 있게 한 자양분이 되었다는 것을 말해 준다. 오래오래 기억하고 싶은 아름다운 이야기라면 그 자체가 내 삶의 귀한 자산이면서 삶을 지탱하는 힘이 될 것이고, 상처로 남아 있다 해도 지금까지 살아오는 동안 많은 선택의 순간에 깊이 작용했을 것이다. 또 앞길을 걸어가는 데 등불이 될 수도 있다. 그래서 아이들의 시 가운데 성장의 기억을 담은 작품이 많다.

좋은 시 몇 편을 함께 읽어보자.

책상 앞에서 연필만 굴리고 있다가
문득 내 기억이 닿은 곳은
서랍 세 번째 칸 깊숙이 자리한 어릴 적 일기장

꼬장꼬장 손때가 묻어버린
나의 일기 속엔

지렁이 같은 글씨들과 유치한 일상 이야기들

– 오늘은 준혁이와 싸우다가 엄마한테 혼이 났다.

– 아침에 눈을 떠 보니 머리 위에 선물이 있었다.

– 바다에 가서 조개를 주웠다.

온통 진부한 표현들인데도

베스트셀러에 있는 그 어떤 화려한 표현보다

나를 찡하게 하는

이제는 빛조차 바래버린

돌아갈 수 없는 그때의

낡은 일기장

– 최은영(고2), 〈낡은 일기장〉

엄마 손 잡으려면

까치발을 들어야 했을 땐

집으로 돌아가기 싫었던

놀이터

엄마 손보다도

내 손이 더 커졌을 땐

집으로 들어가기 싫으면

놀이터

해가 지고
함께 놀던 친구들은
다들
집으로 돌아간 지
오래

난 아직 놀이터

- 정연주(고2), 〈놀이터〉

....

내가 왜 좋아?
라고 묻는다면
나는 항상 이렇게 대답했지
좋아하는 데 이유가 어딨냐?
너라서 그냥 너라서
너니깐 좋은 거지

그럼 너는 보조개 띤 웃음 지으며
내 머리를 헝클어놓곤 했다
네 웃음은 너무 예뻐서
다른 사람이 반하면 어쩌나
걱정도 했지만 그럴 때마다

89

너는

난 너 하나밖에 없어

달콤한 말로 날 안심시켰다.

남들처럼 같이 여행을 가거나

시내 가는 코스 짜여진 데이트가 아니라

순박하게 동네를 같이 걷는 데이트도

너와 함께 했기에

너이기에 좋았다

글솜씨도 꽝이고

요리에 재능도 없고

손재주도 없는 나인데

너이기에

밤늦게까지 편지도 써보았고

도시락을 싸보기도 했다.

단지 네가 좋아서

그냥 네가 좋아서

울기도 하고 웃기도 하고

설레기도 하였다

우리 영화의 끝은 새드 엔딩이지만

그 시간을 후회하지 않는다

그때 널 좋아했던 내가 좋다

너이기에 용서할 수 있었고

너이기에 사랑했다.

- 박민지(고1), 〈너이기에〉

- -

널 그리워한다면 이기적이겠지만

내가 조금 더 이기적일게

아직 널 좋아한다면 바보겠지만

내가 조금 더 바보 할게

널 잊지 못한다면 나쁘겠지만

그냥 내가 나쁜 사람 할게

'나 너 지우기 싫어.'

꾹꾹 눌러 담던 진심을

폭우와 함께 쏟아냅니다.

- 김은하(중2), 〈폭우〉

어릴 적에 쓴 일기장을 보면서 찡해져서 혼자 그 시절로 달려간다.
특별하지 않은 투박한 일기의 구절이 구체적으로 표현되어 웃음이 나지만, 시간에 빛이 바랜 것이라 더 아름답고 소중하다(〈낡은 일기장〉). 개인적인 경험도 진솔하게 드러낼 때 공감의 폭이 커진다는 것을 이 시는 잘 보여주고 있다.

어린 시절 친구들과 놀던 놀이터, 이미 다 커버린 다음에도 놀이터는 나의 공간이다(〈놀이터〉). 친구들이 집으로 들어간 다음에도 혼자 남아 있곤 하던 놀이터. "…… 놀이터", "난 아직 놀이터"로 반복되는 리듬의 점층 구조가 강력한 공감력을 갖는다. 추억이 담긴 놀이터를 노래 같은 짧은 시행으로 되살려 내는 힘이 놀랍다.

'너이기에' 나를 떠나가도 진심으로 용서할 수 있는 사랑은 자신의 생에 어떤 후회도 남기지 않는 값진 선물이다(〈너이기에〉). '너이기에'를 반복하면서 '너'의 존재와 함께 시의 리듬을 강렬하게 살려내고 있다. "그때 널 좋아했던 내가 좋다"라는 표현은 순수하면서도 치열하게 사랑을 겪어낸 사람만이 도달할 수 있는 자기 긍정이라 할 수 있다.

그런 사랑의 한가운데 서 있을 때는 차라리 '이기적'인 사람, '바보', '나쁜 사람'이 되어도 좋을 진심이 '폭우'처럼 마음 가득 들이칠 수밖에 없다(〈폭우〉). 사랑의 감정이 얼마나 큰 에너지인가를 보여주는 역설이라 할 수 있다.

진실과 역설이 시의 리듬을 얻으면 공감의 힘이 이처럼 커진다. 참 아름다운 시들이다.

집, 가족, 그리움

집은 아이의 둥지다. 아이가 언어를 통해 사물을 익히고 자신을 둘러싼 세상이 어떤 관계를 맺고 있음을 인지하기 시작하며, 원초적인 감정과 생각이 자라고, 사랑과 미움을 경험하는 가장 작은 공동체이다. 이 태생적인 관계로 맺어진 가족은 아이가 선택할 수 있는 것이 아니란 점에서 운명적이라 할 수 있지만, 아이가 장차 성장하여 자립하기까지, 아니 죽는 그날까지 떠나고 돌아오기를 반복하면서 변함없이 삶의 중심축이 되고 그리움의 대상이 될 수밖에 없다. 청소년기에 아이들이 쓰는 시의 일차적인 관심 제재는 당연히 자기 자신과 가족이 될 수밖에 없다.

하지만 가족이 언제나 사랑 가득한 울타리가 되어주는 건 아니다. 때로는 상실의 쓰라림과 아픔을 맛보게도 하고, 이별에 대한 예감에 떨게 하기도 한다. 그럴수록 사랑 가득한 삶에 대한 그리움은 더욱 간절해질 수밖에 없다.

아이들이 쓴 좋은 시 몇 편을 읽어보자.

알람 소리에 구애받지 않고
자연스레 아침이 밝아오는 소리에 눈을 떴다

나 빼고는 다 잠든 고요한 주말 아침
거실 바닥에 누워 티비를 튼다

마침 햇살이 따스히 바닥을 데우고 있었다
나는 바닥의 온기에 행복을 느꼈다

슬슬 배가 고파지면 엄마를 깨워 부추긴다
"유빈아, 아직 열 시도 안 됐네. 조금만 더 잘게."

엄마는 깨기 싫은 좋은 꿈을 꾸고 있나 보다

재밌는 일도, 새로운 일도 없었지만

나는 그 주말이 행복했다

그때의 느낌, 공간, 생각, 그리고 '나'

지금의 내가 가질 수 없는 가장 어려운 행복

지금의 내가 꿀 수 없는 꿈, 어린이

– 이유빈(고1), 〈어린이〉

여보세요?

밥 먹었어?

아니야, 무슨 일은…… 그런 거 없어

그냥 해본 거야

어린이날이면

아빠 손잡고 먹으러 갔던

짜장면 집이 그리워져서

학교 가기 싫으면

아빠랑 같이 도망가서 봤던

영화가 생각이 나서

그래서……
그래서……

그냥 문득 그리워져서
그냥 문득 생각이 나서

– 한수아(고1), 〈그냥 해봤어〉

엄마
오늘은
행복해?

엄마
세상에서가장
좋아하는걸로
밥챙겨먹었어?

엄마
아픈곳은
없는거지?

엄마

강한척하겠다면서

스스로속썩이는건

바보같은짓이란거

엄마도잘알고있지?

엄마

매년내가엄마를위해

적었던손편지의내용

전부다진심이라는거

엄마는다알기때문에

매번그렇게우는거지?

엄마

내가정말많이

사랑한다는거

알고있는거지?

엄마

다음생에도

우리엄마로

태어나줄래?

- 조민현(고1), 〈엄마에게〉

동생이 죽었다

한 줌 재가 된 동생을 땅에 묻었다

엄마는 동생을 가슴에 묻었다

묻힌 자리에 생긴 무덤 하나

엄마의 씻을 수 없는 상처가 되었다

10년이 지난 지금도

엄마는 가슴이 따끔하다 하신다

이제 좀 웃을 만하면

무덤에 잡초가 쑥쑥 자란다

엄마의 마음 한켠을 쿡쿡 찌른다 하신다

10년 전 생긴 무덤이

엄마의 아물지 않는 상처라고 하신다

– 백지원(중3), 〈잡초〉

엄마와 함께한 주말은 배가 고파도 행복하던 그 아침의 풍경을 선명한 이미지로 그려냈다. 그 시절은 "지금의 내가 꿀 수 없는 꿈"(〈어린이〉)이 되었지만, 나는 성장했고 그 기억은 세상의 아픔과 외로움을 이겨내는 큰 힘이 될 것이다. 마지막 부분에 한 행을 한 연으로 처리한 것은 그만큼 내용의 무게가 무겁다는 것을 의미한다.

아빠가 보고 싶어서 전화를 하면서도 "그냥 해봤어" 능청 떨지만 아빠도 나처럼 그리워하고 있음을 알고 있다. 어떤 날은 학교 가기 싫

어하는 딸을 데리고 같이 도망 나와 영화관에도 함께 가주었던 아빠
니까(〈그냥 해봤어〉). "그리워져서", "생각이 나서", "그래서……", "그래
서……"로 이어지는 반복되는 리듬(~서)이 옛 기억을 차례로 떠올려
그리움을 더 강렬하게 전달하는 힘으로 작용한다.

떨어져 사는 엄마에게 보내는 딸의 진심이 눈물겨운 편지의 감동
으로 형상화되어 전해 온다(〈엄마에게〉). 다음 생에도 우리 엄마와 딸의
관계로 태어나 살고 싶다는 말이, 호흡을 고르며 읽는 이의 가슴을 먹
먹하게 만든다. 또한 띄어쓰기를 생략한 표현법이 내면의 절실함을 크
게 증폭시키고 있다.

10년 전 먼저 간 동생을 가슴에 묻고 사는 엄마의 상처를 바늘처럼
쿡쿡 찌르는 '잡초'들이 무덤에 돋아나 있다. 눈물겨운 시다(〈잡초〉). 차
분한 어조를 띤 종결어미(-다)의 반복이 엄마의 아픔을 형상화하는 데
기여하고 있다.

이처럼 아이들의 마음속에 살아 있는 가족에 대한 믿음 또는 그리
움이 절제된 시 형식의 옷을 입어 이토록 강한 메시지로 생생하게 살아
있다.

학교, 친구들

학교는 아이들에게 제2의 집이자 생활 터전이다. 아이들에게 학교는 입
시 전장이면서 한편으론 친구들과 함께 세상을 익히는 배움 공동체이
기도 하다. 고학년으로 올라갈수록 집에서 생활하는 시간보다 학교에
서 보내는 시간이 많아지니, 학교생활은 그 자체로 중요한 일상이 되는
것이다. 당연히 애증도 많고 하고 싶은 이야기도 많다. 그들만의 내밀한

이야기도 시에 등장하고, 청소년기의 정신적인 고민이나 아픔도 털어
놓는다. 학교와 친구들을 소재로 한 시를 통해 우리는 그들만의 내면을
엿보고 공감을 나눌 수 있는 기회를 가질 수 있다.

아이들이 쓴 좋은 시 몇 편을 읽어보자.

출발!

달려라더빠르게벗겨진신발을뒤돌아볼시간은없다

도장은일등에게만찍어줄거야쉬지마라

뒤돌아보아도출발점이보이지않고고갤들어도도착점이보이지 않아

그래도눈감지마네가서있는곳도보이지않을테니

숨이턱까지차올라도내뱉지마고통의시간을삼켜숨쉬지마

넘어졌다

이제야 하늘이 보인다

숨을 쉴 수 있다

– 정연주(고2), 〈달리기〉

학원 수업 마치고

집까지 터벅터벅 걸어간다.

나 때문에 잠가 놓지 않은

대문을 여니 불이 환하다.

먼저 안방으로 간다.

기다리다 지치신 어머니는

리모컨을 손에 쥔 채 주무신다.

텔레비전을 끄고

살포시 문을 닫고 나왔다.

옷 갈아입고 세수하고 나니

시계는 한 시 반

핸드폰을 보니 26일 수요일이라 되어 있다.

좀 전만 해도 25일 화요일이었는데

하루를 마친 시각이 오늘이 아니고 내일이다.

- 김진휘(고2),〈학원 수업을 마치고〉

물리 시간에는 어려운 시공간 휘어짐이

평소의 나에게는 쉽다

월요일 아침 눈을 한번 감았다 뜰 때

나에게 행복을 주는 주말

수업이 끝나고 오는 꿀 같은 쉬는 시간

나에게 시간은 휘어질 수도 있나 보다

- 최혜리,〈휘어짐에 대하여〉

토요일 점심때쯤 오랜만에 만난 친구들과

그 이름도 다정한 뽀뽀뽀 분식으로 갔다.

즉석 떡볶이 1인분 먹고 남은 국물에 밥 볶아 먹고

서로 더 먹으려고 박박 긁는 소리가 냄비에 구멍이 날 것 같았다.

그럼 나는 그 소리만큼이나 행복했었다.

밤 10시, 야자가 끝나고 집에 가는 길

살찐다며 10분을 망설이다 들어가는 김밥천국

떡볶이를 시키고 기다리면서 늘어나는 한숨소리

하지만 음식이 나오고 배가 불러지면

무한대로 리필 되는 국물만큼이나 나는 행복했었다.

떡볶이는 맛있다.

남들한테는 그냥 매콤한 양념이 일품인 간식거리지만

나한테 떡볶이는 추억이고 그리움이고 행복이다.

그래서

떡볶이는 맛있다.

– 손수지(고2), 〈떡볶이는 맛있다〉

친구가 좋아

놀고 싶고

공부가 싫어

딴짓하고

생각이 많아
힘들고

말하다 보니
짜증나고

예민하다 보니
중2병

- 권아영(중2), 〈중2병〉

학생들의 삶을 그린 시 중에 〈달리기〉와 〈학원 수업을 마치고〉는 아이들을 극한으로 몰고 가는 경쟁 교육의 폭력성을 선명하게 드러내고 있는 수작(秀作)이다. 아이들에게 입시 공부는 숨 막히는 전쟁이나 다름없다. '출발'이란 한 단어로 된 1연의 무거움 뒤로 2연은 띄어쓰기 없는 문장으로 아예 숨 쉴 여지조차 없는 상황을 그려내고 있다. 그런데 3연에서 넘어져서야 비로소 정상 어법으로 돌아오고 4연에서 "하늘이 보이"면서 겨우 숨을 쉬게 된다(〈달리기〉). 이 시는 창의적인 발상뿐 아니라 주제를 전달하기 위해 독특한 표현법을 써서 독자들의 공감을 얻고 있다.

학원 수업을 마치고 돌아온 아이 앞에 펼쳐진 풍경은 평소와 같다. 아이를 맞으려고 대문은 열어놓은 채, 안방에서는 기다리다 지쳐 떨어진 어머니의 모습이 눈에 들어온다. 그러나 세수를 마친 아이는 오늘을 오늘 안에 마치지 못하고 내일이 되어서야 겨우 마쳤다는 것을 깨닫고 놀란다(〈학원 수업을 마치고〉). 날마다 25시를 살아야 하는 아이들의 현실을 이보다 더 절실하게 그려낼 수 있을까.

한편, 학교는 아이들에게 사물을 보는 눈을 틔우고 성장시키는 배움터이기도 하다. 물리 시간에 배운 자연과 우주의 법칙을 현재의 생활 속에서 깨우치는 일도 생생한 기쁨이 된다(〈휘어짐에 대하여〉). 시간은 소우주인 자신의 일상에서도 휘어지고 있다는 것을…….

아이들은 야간 자습 끝나고 떡볶이집을 친구들과 '순례'하는 재미에 몸에 좋을 리 없는 야식을 즐긴다. 아이는 "떡볶이는 추억이고 그리움이고 행복"이라고 강한 리듬으로 반복해서 노래한다(〈떡볶이는 맛있다〉). 이 시간만큼은 하루를 견뎌낸 친구들과 우정을 쌓아가는 특별한 순간이지만, 힘겨운 생활을 견디는 숨구멍을 찾는 몸짓으로 읽어도 틀리지 않을 것 같다.

'중학교 2학년은 못 말린다'는 농담이 세간에 퍼져 있지만, 의욕이 넘치고 생기발랄해야 할 아이들이 친구들과 마음대로 놀지 못해 "딴짓하고", "힘들고", "짜증나고"…… 스트레스에 "예민한" 아이들이 스스로를 '중2병'이라 자조하고 있는 현실이 안타깝다(〈중2병〉). 솔직하고 직설적인 표현이 연결어미 '-고'의 반복으로 리듬을 얻어 단숨에 읽힌다.

이웃, 마을, 역사, 문화 공동체

학생들은 집과 학교 밖 세계에도 관심을 갖는다. 학생들의 시에는 관찰을 통해 새로 발견한 이웃 사람들과 그들이 사는 공간, 시장의 풍경이나 살아가는 구체적인 모습이 담긴다. 거기에는 어른들의 모순된 모습에 실망하는 아이들의 솔직한 심정이 담긴 시도 있고, 아이들 특유의 따뜻함에 대한 갈망을 경험과 관찰을 통해 담은 시들도 많다. 그 속에서 세상에 대한 인식이 넓어지고 성장한다. 사회적 약자, 소수자에 대한 연민을 표현한 시나 유형·무형의 전통이나 문화, 현실과 역사적인 사유를 담은 시에서는 아픔을 직시하고 함께하려는 연대 의식과 민주시민으로서의 소양이 드러나기도 한다. 분단 겨레의 현실을 안타까워하면서 서로를 막고 있는 장벽을 무너뜨리고 싶은 소망을 표현하기도 한다.

아이들의 좋은 시 몇 편을 함께 읽어보자.

밑으로는 바다
위로는 고물상이 쭉 늘어선 우리 동네

그것도 담이라고 양철판으로 쌓아올린 담벼락
금방이라도 녹이 슬어 무너질 것만 같은 담벼락
플라스틱 고물, 종이 고물
온갖 고물이 산더미처럼 쌓여 있는 고물상
구루마로 고물을 한 수레 해 온 아저씨와
고물상 주인의 입씨름이 여기서 벌어진다.
박상 장수 아줌마도 여기서 한몫한다.
어디서 매일 고물은 생겨나는지
매일매일 쌓여가기만 하는 고물
우리 동네는 고물 동네다.

바다에서 짐을 나르시는 아저씨들

옷을 벗어버린 몸에서는 송글송글 땀방울이 맺혀 있다.

어깨에는 퍼런 못이 박혀 있다.

먹고 살기 위해 바쁜 우리 동네는 하루라도 쉴 날이 없다.

– 정홍주(중3), 〈우리 동네〉

오래될수록

숙성되는 게 있고

쉬어버리는 게 있다

끼니마다 찾게 되는

없으면 괜스레 허전해지는

엄마의 김치

스물하나에 여덟 시간이나 날아와

감타래 할배 만나 살고 있는

필리핀 새색시 안젤라네

락앤락에 실어 보낸

엄마의 김치

"아줌마,

김치 너무 마시쏘요, 뭐 넣었쏘요?"

빈 락앤락 들고 온 안젤라

엄마는 갓 담근 김치처럼 시큼하게 웃으며

김치통 한가득 채워 보낸다

– 신효림(고2), 〈마시쏘요〉

언니의 고등학교 졸업식 날

주머니 속에 달랑 5000원짜리 하나

졸업 선물로 밥 사 준다며

집 근처 짬뽕집으로 끌고 들어가

주문한 짬뽕 한 그릇

부엌 너머로 아주머니의 화난 목소리가 들렸다

– 아니, 뭣 하러 두 그릇을 만들어 줘!

슬며시 웃으며 나타난 아저씨의

주름지고 단단한 손

앞에 놓인

따스한 짬뽕 두 그릇

– 최은경(고2), 〈짬뽕 두 그릇〉

파랗기만 한 하늘

넘실대기만 한 바다

둥둥 뜬 뽀얀 배

4월 16일 아침
바다와 배, 그리고
아이들은
한 몸이 됐다

바다가 분이 덜 풀렸나
두둑두둑 땅에 더 꽂힌다
눈물인가 빗물인가

아이들이 있던 자리에
아이들의 소리가 없다

아이들의 음성을 들으려
허공에 대고 소리쳐 본들
부딪히는 파도 소리뿐

바닷속에 갇혀 울부짖던 아이들은
액자를 보금자리 삼아
환히 미소 짓는다

세상은 아이들은 잊지 못한다

노란 리본은 늘 그곳에 있다

- 박세은(고1), 〈기억〉

할머니네 집 마루에 앉아

우뚝 세워진 돌담을 바라보면

그 건너편엔 예쁜 꽃들이 살짝 보이고

돌담 위로는 이름 모를 넝쿨이

힘겹게 올라옵니다

같은 땅인데도

서로 넘어오겠다고

줄기마다 꼬불꼬불 힘들어하는 게

너무 안쓰럽습니다

돌담 하나 사라지면

저 넝쿨도 낑낑대지 않을 테고

건너편 예쁜 꽃들도 잘 보일 텐데

돌담은

꿋꿋이 자리를 버티고 있습니다

"할머니, 내년엔 담 없애요.

그러면 할머니 집 마당이

더 아름다워지고

건너편 예쁜 꽃을 잘 볼 수 있을 거예요."

- 이소혜(중3), 〈돌담〉

어렸을 때, 어른들이 물었다.

"꿈이 뭐니?"

"음악 하는 사람요."

"돈 안 돼."

"아무나 하나?"

"바보 된대여."

"더 안정적 직업 없어?"

"꼭 음악 해야 해?"

"일단 공부부터 해라."

요새, 어른들이 묻는다.

"꿈이 뭐니?"

"없어요,"

"아직도 없어?"

"빨리 정해라."

"하고 싶은 거 해야지."

어른들은 참 똑같다.

어른들은 참 안 변한다.

- 양하은(중2), 〈꿈이 뭐니?〉

　"온갖 고물이 산더미처럼 쌓여 있는 고물상"에 고물이 쌓이는 우리 동네는 바닷가에 있는 '고물 동네'이다. 아줌마와 아저씨들의 생존의 땀내가 손에 잡힐 듯 생생하게 묘사되어 있다(〈우리 동네〉). "우리 동네는 하루라도 쉴 날이 없"지만, 그래서 더 활기 넘치고 건강한 동네라고 은근히 자랑하는 듯하다.

　한국으로 날아온 '필리핀 새색시 안젤라네'와 엄마가 만들어 내는 이야기를 구수하게 풀어냈다(〈마시쏘요〉). 이웃이 된 이민자에 대한 연민이 "마시쏘요" 하는 어눌한 한국어에서 실감으로 전해진다. 그 응답으로 '시큼한 웃음' 지으며 김치통 한가득 채워 보내는 엄마의 따뜻함을 섬세하게 드러냈다. 제목도 잘 선택했다.

　언니 졸업 선물로 짬뽕 사 주려고 갔는데, 모아둔 돈이 한 그릇 값밖에 안 되는 걸, 아주머니의 반대를 무릅쓰고 가게 주인아저씨가 선한 웃음으로 마저 채워주었다(〈짬뽕 두 그릇〉). 아이와 아저씨, 두 사람의 진심이 감동으로 다가온다. 사람 사는 세상에서 소중한 것이 무엇인지를 이야기시로 잘 그려냈다.

　4·16은 우리 가슴에 크나큰 비극으로 새겨진 아픈 날이다. 그 기억은 상처가 완전히 아물 때까지 계속 소환될 수밖에 없다(〈기억〉). 아픔을 노래하는 시는 '아프다'는 말이 없어도, 아파하는 진심이 전달되는 것으로 공감을 불러올 수 있다. 모두의 아픔이 된 아이들을 잊지 못하는 남은 아이들의 가슴에 아직도 '노란 리본'이 펄럭이고 있다.

　이웃 사이에 놓인 돌담은 불신과 두려움이 만든 단절의 상징이다. 예쁜 꽃도 "꿋꿋이 자리를 버티"고 있어서 넘어가기 힘들고 보기에도 안쓰럽다. "같은 땅인데도", "돌담 하나 사라지면"과 같은 표현은 남북의 분단 현실을 유추하고 있는 듯이 느껴진다(〈돌담〉). 그런 느낌을 "할머니, 내년엔 담 없애요." 같은 대화가 뒷받침하고 있다.

〈꿈이 뭐니?〉는 아이들과 어른들 사이에 놓인 세대 단절을 풍자하고 있다. 가치 기준이 다른 어른들이 아이의 꿈을 꺾기도 한다는 것을 짤막한 대화로 선명히 드러내 준다. "어른들은 참 안 변한다"는 구절도 인상적이다. 하지만 어른들도 변하지 않는 것은 아니다. 던진 말을 곧 잊어버리거나 책임질 수가 없는 것이다. 결국 아이들은 자기 앞길을 스스로 선택해야 한다는 메시지다. 제목도 적절하다.

자연, 생태, 생명

인간은 자연에서 생존을 위한 에너지를 얻으며, 자연으로 돌아가기 전까지 자연의 일부로 살아간다. 지구의 모든 생명체는 태양 에너지와 자연계의 많은 존재들의 희생 없이는 한순간도 살아갈 수 없다.

자연계의 일부인 인간은 진화 과정에서 다른 종과는 차원이 다른 언어를 발명하여 우월하고 배타적인 문명을 만들었다. 그러나 인간은 다른 종을 지배하고 생태계의 조화를 파괴해 왔으며, 그 결과 자연계의 거대한 '역습'에 직면하여 생존마저 걱정해야 하는 처지에 놓였다. 이제 인간은 모든 생명체가 귀하고 아름다우며 함께 살아가야 할 존재임을 다시금 인식해 나가고 있다.

자연계의 생명체를 노래하는 학생들의 시에서 흔하게 발견되는 감정이 '사랑'과 '연민'인데, 이는 인간도 결국 자연의 일부라는 인식, 자연과의 평화와 공존을 바라는 마음 때문일 것이다.

아이들이 쓴 좋은 생태·생명시 몇 편을 읽어보자.

눈에 눈보다 큰 눈곱이 끼었다.

얼마나 울었길래,

닦아주지 못한 눈물이 모여서 그의 눈을

꾹, 막아버렸을까

– 이다은(고2), 〈떠돌이 개〉

앵앵거리며 짖는

우리 집 강아지 노마

귀가 찢어질 것 같다.

"조용히 해!"라고

소리 한 번 질렀더니

나를 문다.

피가 철철철

미안했는지 날 핥아준다.

나도 괜히 미안해져서 간식을 준다.

말 못 하는 노마

너무 많이 혼내면

절대 안 된다.

– 김나현(중1), 〈유치한 싸움〉

하늘은 청명했다

어미 돼지의 사랑은
젖꼭지 하나
쪽쪽 빨던 그 순간뿐이다
시퍼런 날이 선 가위에
발톱과 꼬리가 잘려나갔다
아픔을 처음 알았다

1.1미터의 좁은 공간은
살찌기에 충분했다
더러운 오물에 발목이 빠지고
이쑤시개 섞인 음식 찌꺼기가
식도와 창자를 관통했다
소름 끼치는 고통을 느꼈다
이후론
어쩔 수 없이
항생제 섞인 푸석푸석한
사료에 만족했다

흐린 날
흙탕물투성이 트럭 한 대
긴 장화 신은 남정네들이

휘두르는 몽둥이에

시퍼렇게 멍든 엉덩이들이

트럭에 일렬로 올라섰다.

꽤애액

토해낸 마지막 것까지

먹어치우려는 습성

이 길들여진 탐식은

더 이상 이어질 희망조차 거부한다.

비가 내린다

난생처음 보는

하늘에 먹구름만 가득하다

돼지는

돼지라서 서러운 것이

아니라

돼지처럼 사는 것이 서러웠을 것이다

- 김예나(고2), 〈돼지의 하루〉

1

뼛속까지 파고드는 서글픈 바람만 흩날리던 그해 겨울, 우리 마을 지켜주던 숲이, 이백 살은 족히 먹은 노송들이, 아버지의 할아버지께서 심으셨다는 가보들이, 사라졌다. 자기 대에선 절대 건드리지 않겠다던 아버지의 어두운 얼굴 앞에, 푸르렀던 노송 열두 그루, 자그마한 숲이 뿌리째 뽑혀갔다.

증조할머니 누워 계신, 겨우 나무 열세 그루 있는 작은 솔밭골. "저 솔밭골에 가서 놀다 와라." 하시던 엄마도 사라졌다. 어릴 적 소나무 타고 놀던 추억도 머물 자리를 잃었다. 눈 오면 비료 포대 들고 신나서 달려가 동생과 썰매 타던 소나무 언덕배기도, "점쟁이가 그랬다는데, 저 소나무들이 우리 마을 수호신이래." 친구에게 자랑하던 흐뭇한 미소도, 놉 하러 온 할머니들 햇볕 피해, 바람 찾아, 앉아 쉬던 초록 그늘도 사라졌다.

2

오늘 그들이 온다는 말에 눈뜨자마자 솔밭골로 달려갔다. 고요한 아침, 상쾌한 바람에 흔들리는 노송들의 서글픈 파도 소리. 잘 있으라고, 우린 괜찮다고, 걱정하지 말라고……. 파란 하늘 반을 덮은 소나무 가지, 이제 없을 그 모습, 나는 목이 아파라 쳐다보며 잘 가라고, 잘 가라고…….

우리 마을 지켜주던 소나무들, 거대한 트럭에 실려 그렇게 떠나갔다. 솔가지 한 덩이씩 떨어뜨리고, 우리 가족 눈물도 떨어뜨리고 갔다.

3

현관문 열면 바로 내다보이는 솔밭골. 신선들도 탐낼, 산수화 한 폭 그 모습 잊지 않으려 나는 무엇엔가 홀린 양 자꾸자꾸 바라봤다. 마음속에 사진 찍어 담아두었다. 집으로 오는 길, 고개 들면 바로 보이는 솔밭골.

마음속에 찍어둔 사진 잃어버리지 않기 위해, 죽는 날까지 가슴속에 그
모습 간직하기 위해, 나는 고개 숙이고 집으로 걸어간다. 텅 빈 솔밭골
보기 싫어 나는 고개 숙이고 걸어간다.

증조할머니 지켜주던 노송들 모두 사라지고, 한 그루만 외로이 서 있다.
혼자 남은 그는 푸르름을 잃었다. 누렇게 죽어버렸다.

- 정수아(고2), 〈솔밭골〉

가지를 앞으로 쭉 뻗은 벚꽃나무는
당감동 우리 동네를 가리키고 서 있다.
바람이 불면
잡고 있다가 놓아준 나비처럼
꽃잎이 우리 동네로 날아간다.

- 김우형(고1), 〈나비 같은 벚꽃〉

'떠돌이 개'도 나면서 이름을 가졌을 것이나, 지금은 버려져서 알
수 없다. 오직 '눈'과 눈보다 큰 '눈곱'만 그려놓았을 뿐, 그 눈에 고인
"닦아주지 못한 눈물"이 시의 전부이다(〈떠돌이 개〉). 저렇게 퉁퉁 부은
눈에서 "눈보다 큰 눈곱"을 읽어내는 사람은 연민의 큰 눈을 가졌을 것
이다. "꾹,"이란 시어는 이 시에서 화룡점정(畵龍點睛)에 해당한다. 한
단어와 쉼표 하나가 이 시를 정점에 올려놓고 있다. 생태·생명시의 정
수를 보여주는 시다.

반려견 노마가 앵앵거리길래 "조용히 해!"라고 소리 지르니 노마는
'나'를 물었고 피가 났다. 그러자 노마가 "미안했는지 날 핥아주"고 나도

미안해서 "간식을 주"는 것으로 화해했지만(〈유치한 싸움〉), 그 압권은 마지막 연에 있다. "말 못 하는 노마 / 너무 많이 혼내면 / 절대 안 된다"는 것이다. '절대'라는 말 속에 생명체를 대하는 진심이 진하게 농축되어 있다. 제목도 멋지고 절제된 표현 속에 아이의 심성이 참 투명하고 고와서 빛난다.

〈돼지의 하루〉는 새끼 돼지의 일생 이야기다. 돼지는 공장에서 '비육돈(肥育豚)'으로 사육된다. 좁은 공간에서 부대끼며 상처 나지 않도록 "발톱과 꼬리가 잘려나가"고, 더러운 오물 환경에 항생제 사료로 길러지다가 도살장으로 팔려 간다. 그 마지막 순간에도 '먹이'를 구해야 하는 축생(畜生)의 슬픈 운명 앞에 화자는 절망하고 만다. "돼지는 / 돼지라서 서러운 것이 아니라 / 돼지처럼 사는 것이 서러웠을 것이"라고. 눈앞에서 일어나고 있는 듯 생생하고 잘 짜인 이야기 구조, 담담한 어조와 절제된 시어들이 만들어 내는 리듬, 그리고 메시지의 조화가 흠잡을 데 없다. 다 읽고 눈을 감으면 가슴에 밀려오는 것이 있고 그것이 오래 잊히지 않고 질문을 던지는 시, 좋은 시는 이런 시가 아닐까.

그해 겨울, 노송 열두 그루, 자그마한 숲이 뿌리째 뽑혀갔다. 솔밭골은 아이들의 놀이터이고 마을의 역사요 노송은 산 증인이다. "그들이 온다"는 말은 아이에게서 가장 소중한 것을 빼앗아 간다는 뜻이다. "고요한 아침, 상쾌한 바람에 흔들리는 노송들의 서글픈 파도 소리"(〈솔밭골〉)와 함께 솔밭골은 그렇게 죽어버렸다. 생명은 크고 자연은 생명들을 키우는 더 큰 집인데, 그 집을 사고 팔 때 사람에게 무엇이 남을까. 슬픈 감동의 서사를 담은 아름다운 산문시다.

〈나비 같은 벚꽃〉은 아름다운 비유 하나가 시를 살린다는 걸 보여주는 좋은 시다. 읽어보면 언제나 마음이 편안해지고 웃음도 나는 것은, 날아가는 꽃잎을 "잡고 있다가 놓아준 나비"로 비유한 데 있다. 이런 독특한 비유는 쓴 이의 깊은 관찰과 애정에서 나온다. 이 벚꽃이 당감동 우리 동네, 곧 인간의 마을 부근에서 살고 있는 존재이고, 꽃잎 같은 나비들이 여기를 찾아와 같이 놀고 있는 듯 더 정겹게 느껴지는 예쁜 시다.

학생들이 좋아하는 학생 시 – 목록

2장

시 수업 프로그램

1. 시 읽기 자료집을 활용한 활동 중심의 수업

시 수업을 시작하려면 먼저, 한 학년 안에서 전개할 수 있는 시 수업의 흐름을 그려보아야 한다. 이를 바탕으로 학교와 학년, 그리고 교사의 상황이나 현실 조건에 맞게 선택하여 활용하고 응용해서 수업 계획을 세워 전개하면 된다.

좋은 시를 천천히 즐기면서 읽고 친구들과 시에 관한 생각을 나누면서 토의하여 발표하고, 친구들 앞에서 애송시를 낭독하거나 암송(낭송)하고, 애송시를 시화로 그려보는 것이 '시 읽기 수업'에 해당한다. '시 쓰기 수업'은 이런 감상 발표 체험을 바탕으로 자신의 삶을 시로 쓰는 활동, 그리고 시를 활용한 다양한 창작과 발표, 체험 활동까지 하면서 '나의 문집 만들기'로 마무리한다.

'시 읽기·쓰기 수업' 전체 프로그램을 정리하면 다음과 같다.

활동	활동 내용	수업 시간
문 열기	• 영상 감상한 후 시 읽고 감상글 쓰기, 토의와 발표	1
	• 시 읽기 자료집을 배부하고 시 수업에 대한 안내(강의)	1
시 감상, 토의	• 시 읽기, 감상 쓰기 1, 모둠별로 감상 토의해서 발표하기	4~5
	• 시 감상 쓰기 2 – 분량 늘여서 쓰기	1
시 감상, 심화 표현	• 시 엮어 읽고 토의, 발표 후 감상 쓰기	2
	• 시(동시), 시집(동시집) 읽고 시평 또는 시집평 쓰기	시평: 2 시집평: 4
	• 애송시 시화 그리기	1

	• 시 암송하기(평가하기)	1~2
	• 개인별 애송시 낭송하기	5~6
	• 모둠별 시 낭송 공연	2
시 쓰기	• 시 제목 붙이기, 시(민요, 동요, 시조)나 대중가요에서 시적인 표현 찾기	2
	• 모방시 쓰기	1~2
	• 짧은 시 쓰기	2
	• 자연·생태시 쓰기	1~2
	• 이야기가 있는 생활시 쓰기 – 평가 기준 제시, 시 쓰기 방법 강의 (1) – 시 쓰기 (2) – 창작시 그려서 발표·전시하기 (1)	4
마무리 활동	• '나의 문집' 만들기	4
	• 한 학기 수업 평가 토의, 정리하기	1
시 체험 넓히기	• 다양한 시 체험 활동	

　이 수업 프로그램은 시 읽기 자료집을 학교에서 텍스트로 제작하여 학생들에게 배부하고 그것을 중심으로 읽고 감상하고 토의하는 활동을 거친 다음 쓰기를 하고 개인 문집을 만들어서 정리하는 형식이다. 국어 교사들이 교과서에 얽매이지 않고 자유롭게 학생들과 각자의 여건에 맞게 시 감상과 창작 수업을 해나가는 데 참조가 될 만한 하나의 틀을 제공하고자 한다. 각 학기별 시 단원을 최대한 활용하고 '한 학기 한 권 읽기'를 적용하여 시수를 학기별로 20~25시간 정도로 배정하여 활동하면 수업과 연관성 있는 수행평가까지 해낼 수 있다. 이 활동에서 시험으로 반영되는 지필평가는 할 필요가 없다.

신학년 초에는 어느 학년이건 수준에 맞는 시 읽기 자료집을 제작하여 배부하며 '시 수업 안내'(1시간)를 배치한다, 그리고 1학년이 아니더라도 그해 학생들이 이전에 시 수업을 하지 않은 학년일 경우에는 첫 수업 때 '영상 감상한 후 시 읽고 글쓰기, 토의와 발표'(1~2시간)와 같이 학생들의 흥미와 관심을 불러일으키면서 시와 문학에 대해 생각해 볼 수 있는 시간을 갖는 것이 필요하다. 시의 성격이나 특징 등의 이해를 위해서는 '시 제목 붙이기, 시(민요, 동요, 시조)와 대중가요에서 시적인 표현 찾기'(2시간)도 해볼 수 있다.

'시 감상, 토의 활동'으로 '시 읽기, 감상 쓰고 모둠별로 토의해서 발표하기'(4~5시간)와 '시 감상 쓰기 2 – 감상 분량 늘여서 쓰기'(1시간) 등은 모든 학년의 수업에 반드시 포함해야 한다. 이미 배운 시와 내용과 깊이가 다른 시를 텍스트로 배치하면 감상과 토의 내용도 달라질 것이다.

'이야기가 있는 생활시 쓰기'(4시간)는 소재나 제재가 정해지지 않은 자유로운 시 쓰기이므로 해마다 당연히 들어가야 하고, '창작시 시화 그려서 전시하기'(1시간)는 시를 쓴 후 그림과 결합하고 '후기(시 창작 메모)'를 적는 활동으로 학기별 시 쓰기의 마무리 활동으로 필요하다. 그리고 '한 학기 한 권 읽기' 수업의 취지에 맞춰 '시집 읽고 시집평 쓰기'(4시간)를 학기마다 최소한 1회 이상 빠짐없이 배치할 필요가 있다.

그 외에도 '시 감상 심화, 표현 활동'과 '시 쓰기'로 소개한 여러 활동 중에 시수와 수업의 흐름에 맞춰 선택적으로 채택하여 배치하고, 각 학기 마지막 시간에는 '한 학기 수업 평가 토의, 정리하기'(1시간)를 넣고, 2학기의 경우 '나의 문집 만들기'(4시간)로 한 해를 마무리하면 된다. 그리고 '시 체험 넓히기'는 학기별로 학교 전시회나 축제, 강연과 문학기행 같은 행사와 결합하여 여건에 맞는 프로그램을 운영하면 될 것이다.

여기 제시한 것 외에도 얼마든지 추가할 수 있다. 하지만 이 활동도 한해에 다 할 수는 없고, 각 학교의 현실에 맞게 학년별로 선택하여 계획을 수립하는 것이 좋다.

수업 프로그램 예시

1년 차 1학기

시수	활동 내용
2	시와 영상(노래 포함) 들려주고 대화하기, 시 읽기 자료집 제작 배부, 시 수업 안내
4	자료 시 함께 읽고 감상 쓰기 1
1	시 모둠별 토의하여 발표하기 (학생 시, 시인의 시)
1	시 감상 쓰기 2 (감상 분량 늘여서 쓰기)
1	애송시 시화 그리기
1	시 암송하기 (평가하기)
2	시 제목 붙이기, 시(민요, 동요, 시조), 대중가요에서 시적인 표현 찾기
1	모방시 쓰기
2	짧은 시 쓰기
1	시 쓰기 방법 강의
2	마인드맵을 활용한 생활시 쓰기 (제재: 나, 가족, 학교, 친구들)
1	창작시 시화 그려서 전시하기
4	시집 읽고 감상(시평) 쓰기
1	한 학기 수업 평가 토의, 정리하기
24	

1년 차 2학기

시수	활동 내용
4	자료 시 함께 읽고 감상 쓰기 1
1	시 모둠별 토의하여 발표하기
1	시 감상 쓰기 2 (감상 분량 늘여서 쓰기)
1	애송시 시화 그리기
1	시 암송하기 (평가하기)
1	자연·생태를 관찰하여 시 쓰기 (야외 수업)
2	마인드맵을 활용한 생활시 쓰기 (제재: 이웃과 사회, 자연·생태)
1	창작시 시화 그려서 전시하기
4	시집 읽고 감상(시집평) 쓰기
2	모둠별 시 낭송 공연하고 평가하기 (모둠 상호평가)
4	나의 문집 만들기 (애송시, 창작시, 시 감상, 시화 등)
1	한 학기 수업 평가 토의, 정리하기
23	

2년 차 1학기

시수	활동 내용
4	시 읽기 자료집 제작 배부, 시 수업 안내, 자료 시 읽고 감상 쓰기 1
1	시 모둠별 토의하여 발표하기
1	시 감상 쓰기 2 (감상 분량 늘여서 쓰기)
1	애송시 시화 그리기
1	시 암송하기 (평가하기)
2	시 엮어 읽고 토의, 발표 후 감상 쓰기
1	인물 시 쓰기 방법 강의, 평가 기준 제시
2	마인드맵을 활용한 생활시 쓰기 (지역민의 삶의 모습이나 인물에서 얻은 글감으로 시 쓰기)

시수	활동 내용
1	창작시 시화 그려서 전시하기
4	시집 읽고 감상(시집평) 쓰기
4	동시집 읽고 감상(시집평) 쓰기
1	한 학기 수업 평가 토의, 정리하기
23	

2년 차 2학기

시수	활동 내용
4	자료 시 함께 읽고 감상 쓰기 1
1	시 모둠별 토의하여 발표하기
1	시 감상 쓰기 2 (감상 분량 늘여서 쓰기)
1	애송시 시화 그리기
2	〈나는 오늘〉(오은) 모방시 쓰기, 발표
2	마인드맵을 활용한 생활시 쓰기 (사물·자연·생태를 대상으로 하는 시 쓰기)
1	창작시 시화 그려서 전시하기
4	시집 읽고 감상(시집평) 쓰기
2	모둠별 시 낭송 공연하기 (모둠 상호평가)
4	나의 문집 만들기 (애송시, 창작시, 시 감상, 시화 등)
1	한 학기 수업 평가 토의, 정리하기
23	

3년 차 1학기

시수	활동 내용
4	시 읽기 자료집 제작 배부, 시 수업 안내, 자료 시 함께 읽고 감상 쓰기 1
1	시 모둠별 토의하여 발표하기
1	시 감상 쓰기 2 (감상 분량 늘여서 쓰기)
2	〈일곱 개의 단어로 된 사진〉(진은영) 모방시 쓰기

시수	활동 내용
1	시 암송하기 (평가하기)
1	창작시 평가 기준 제시, 시 구상
2	마인드맵을 활용한 생활시 쓰기 (인물을 제재로 은유, 풍자, 해학, 역설 중 하나 이상을 활용하여 시 쓰기)
1	창작시 시화 그려서 전시하기
4	시집 읽고 감상(시집평) 쓰기
5	개인별 시 낭송
1	한 학기 수업 평가 토의, 정리하기
23	

3년 차 2학기

시수	활동 내용
5	자료 시 함께 읽고 감상 쓰기 1
1	시 모둠별 토의하여 발표하기
1	시 감상 쓰기 2 (감상 분량 늘여서 쓰기)
2	〈그 아이의 연대기〉(박철) 모방시 쓰기
2	마인드맵을 활용한 생활시 쓰기 (사회, 자연을 제재로 은유, 풍자, 해학, 역설 중 하나 이상을 활용한 시 쓰기)
1	창작시 시화 그려서 전시하기
2	동시 읽고 시평 쓰기
4	시집 읽고 감상(시집평) 쓰기
4	나의 문집 만들기 (애송시, 창작시, 시 감상, 시화 등)
1	한 학기 수업 평가 토의, 정리하기
23	

2. 교과서 시 단원과 연계한 시 쓰기 수업

'한 학기 한 권 읽기' 수업을 전제로 시 읽기 자료집을 제작하여 그 자료집을 중심으로 읽기와 감상, 쓰기 등 다양한 활동을 진행하는 방법과는 조금 다른 방향으로 시 쓰기 수업을 진행한 사례를 하나 소개하고자 한다.

중학교 2학년 학생들의 시 단원 수업과 연계하여 시의 핵심적인 요소를 학생들이 충분히 체득하게 한 다음, 시 읽기와 쓰기를 진행하여 좋은 결과를 얻은 대구 박정임 선생님의 실천 사례이다.

그가 하고 싶은 수업이 어떤 것이었는지는 아래 글 속에 고민한 흔적이 나타나 있다. 그냥 떠오르는 대로 마구 뱉어내는 시 쓰기가 아니라, 시의 핵심에 근접하여 시의 맛을 아이들이 느끼고 즐겁게 시를 쓰면서 마무리하게 하고 싶었던 것이다.

좋은 시를 읽기만 해도 아이들 눈빛이 다르다. 그런데 다른 문학과 달리 시는 쓰는 맛이 있다. 뭐라도 끄적거리면 시가 되는 마법의 문학이다. 시는 잘난 아이는 잘난 대로, 못난 아이는 못난 대로 자기 깜냥의 열매를 맺고 저마다 오묘한 맛을 내는 매력을 지녔다. 아이들이 시의 오묘한 맛을 느끼고, 그 맛을 평생 기억하게 하고 싶었다.

그럴 수 있도록 던지듯이 종이 한 장 내밀고 '써 봐라!'가 아닌 수업을 해내고 싶었다. 가슴 저 밑에서 차오른 생각과 감정을 끄집어 내 삶과 마음이 담긴 시를 쓸 수 있도록 차근차근 안내하는 수업을 하고 싶었다. 이런 마음으로 나름대로 고민하고 이끌어 간 수업에 다행히 아이들도 즐거워하며 함께 해주었기에 세상에 나온 시들이다.

– 박정임, 〈왜 시 수업인가?〉, 《나는 아직 너무 말랑하다》에서

시에 언어유희적인 요소가 분명 있지만, 그렇다고 시를 가르칠 때 장난스럽게 가르쳐선 안 된다. 시 쓰기를 싫어하는 아이들에게 그냥 써 보라고 하면 대부분 장난삼아 끼적여 놓고는 시라고 내놓는다. "시 쓰기는 요즘 아이들 표현으로 '웩'이고, 시를 쓰라 하면 이내 포기하거나 점수가 무서워 마지못해 몇 줄 끍적거리고"마는 아이들을 시의 세계로 안내하는 것은 쉬운 일이 아니다. 그래서 그는 아주 철저하고 충실하게 수업을 구상하고 준비하여 아이들을 시의 세계 깊숙한 곳까지 안내했다. 시를 읽는 가운데 아이들 스스로 시란 어떤 것인지 어렴풋이 느끼게 하는 대신, 먼저 시의 핵심 개념과 요소 몇 개를 시와 노래, 고사성어, 일상어 등 다양한 자료를 통해 분명하게 이해하도록 했다. 물론 시 읽기 자료집도 만들어 활용했고, 학생 개인당 열 권 이상 읽도록 했다. 그렇게 반복적으로 학습하여 시의 핵심 원리들을 몸에 익히면서 마지막 단계로 시를 쓰는 과정에 들어갔다.

그 내용을 살펴보면, 중학교 국어 2학년 수업이고 단원은 '1. 경험의 발견과 공감', 성취기준은 '[9국05-09] 자신의 가치 있는 경험을 개성적인 발상과 표현으로 형상화한다.'라는 내용이다. 개성적인 발상과 표현의 내용으로 '운율, 역설, 반어, 풍자를 활용한 시 쓰기'를 수행하는데 총 28시간을 투여했다. 이 중 '운율'은 1학년 단원에서 배운 것이며, 2학년 과정에서는 '역설, 반어, 풍자'라는 개념이 새로 제시됐다.

첫 번째 활동으로 이 개념들을 익히는 데 '운율' 2시간(복습), '반어' 5시간, '풍자' 4시간, '역설' 5시간까지 모두 16시간 동안을 각종 자료를 바탕으로 반복해서 개념을 익히고 실습하는 데 투여했다. 평가는 '역설, 반어, 풍자, 운율의 개념을 정확하게 이해하고, 작품에서 표현을 찾아내고 해석할 수 있는가?'를 중심으로 진행했다.

두 번째 활동은 '시 쓰기'이다. 여기서는 '시 수집하기' 4시간, '야외 수업' 2시간, '시 창작 수행평가' 4시간, 그리고 마지막으로 시 해설 수행평가 2시간까지 모두 12시간을 진행했다. '시 수집하기' 시간에는 시집을 열 권씩이나 읽고, 읽은 시에 나타난 네 가지 표현법(역설, 반어, 풍자, 운율)을 찾아 기록하기를 수행했고, 야외 수업 시간에는 야외에 나가서 '감성을 채우고(자극하고) 밑그림을 그리는' 활동으로 2시간 연강을 했다. 시 창작 수행평가는 '운율, 반어, 풍자, 역설, 자유시 쓰기'로 총 다섯 편을 쓰도록 하고, 자신의 시에 쓰인 표현 방법을 설명하도록 했다.

평가 기준은 아래와 같이 정했다.

평가 영역	평가 요소	평가 기준	배점
시 해설	시의 표현 방법에 대한 이해력	운율, 역설, 반어, 풍자 중 세 가지 이상 정확히 분석함	25
	분석력 및 글의 완결성	세 편 이상의 글을 분석하였고, 글의 완결성이 있음	25
시 창작	창작시 쓰기	개성적 표현을 살려 다섯 편의 창작시를 쓰고, 설명을 완성함.	50

시 쓰기까지 마친 소감을 그는 이렇게 적고 있다.

학교와 집에서 일어나는 수많은 사건과 그로 인해 유발된 다양한 감정(기쁨, 재미, 두려움, 속상함, 분노, 미안함)을 시를 통해 마주했다. 어디 그뿐이겠는가? 감춰진 보물을 캐내듯 건져 올리는 감동, 시어의 아름다움, 깨닫지 못했던 생의 감춰진 비밀, 사람과 사람 사이의 관계, 뚜벅뚜벅 지치지 않고 살아내야 할 삶의 방향, 지침, 자기 직면, 위로, 격려의 시를 만난 것이다. 이제 시가 좋다고 말하는 아이들로 나는 행복하다.

- 박정임,〈후련히, 아쉬운 수업을 끝내며〉, 앞의 책

시에서 운율(리듬), 역설, 반어, 풍자는 시를 이해하는 데 꼭 필요한 개념이다. 이 활동을 통해 학생들은 운율을 통해 시가 노래라는 점을, 그리고 역설, 반어, 풍자 등을 배우면서 시가 장황한 설명이 아니라 생각과 느낌을 압축적이고 강한 인상으로 형상화해서 전달하는 언어 예술이라는 핵심 원리를 느꼈을 것이다.

하지만 시 쓰기에서는 '무엇을 쓸 것인가?' 하는 알맹이, 곧 내 안에 있는 삶의 진실을 찾아내고 느끼는 것이 무엇보다 중요하다. 표현법은 그 주제(알맹이)를 어떻게 잘 형상화할 것인가 하는 고민에서 나온다. 그러므로 시의 감동이 삶에서 우러나온다는 점을 언제나 염두에 두지 않으면 자칫 시의 형식과 표현법이 중심이 되어 주객전도가 될 가능성이 있다. 그가 학생들에게 좋은 시 자료들을 자료집으로 만들어 함께 읽고, 많은 권장 시집을 읽히면서 좋은 표현법이 결국 주제를 감동으로 형상화하기 위한 것임을 확인하게 한 것은 그 때문이었을 것이다.

이 수업이 성공할 수 있었던 것은 시 쓰기 수업을 위해 28시간을 대담하게 투여하여 시의 핵심 속으로 학생들과 함께 들어갔기 때문이

다. 그리고 '자신의 가치 있는 경험을 개성적인 발상과 표현으로 형상화한다'는 시 단원의 성취기준을 구현하기 위해 '운율, 역설, 반어, 풍자'를 핵심 키워드로 곧장 시의 본질적인 특성에 접근한 점, 그 목표에 도달하기 위해서 '엄청난' 자료들을 준비하고 더 엄청난 양의 '시 읽기 자료'와 10여 권의 시집을 학생들이 골라서 읽게 한 데 있다. 그리고 거기서 끝내지 않고 원래의 목표대로 시 쓰기를 역동적으로 추진하여 학생들에게 그 소담스러운 열매를 맛보게 했다. (이 학생들이 공동으로 낸 창작시집은 근래 보기 드문 성취라 할 수 있고 좋은 작품들이 별처럼 많다.) 그리고 마침내 "이제 시가 좋다."라는 말이 학생들 입에서 쏟아진 것이다. 그는 이 수업 사례를 통해 대도시의 중학생들도 교사가 철저하게 준비하고 시간을 집중적으로 투여하여 공부하면 좋은 시를 얼마든지 창작할 수 있음을 보여주었다. 그때 창작된 시들은 대구광역시교육청의 공모에 당선되어 시집 《나는 아직 너무 말랑하다》(브로콜리숲, 2024)로 출간되었다.

시간이 지나면 학생들은 그때 배운 이론들을 다 잊어버릴 수 있겠지만, 그들이 읽은 시와 읽을 당시의 느낌과 분위기, 그리고 시를 써내어 완성했을 때의 뿌듯한 성취감에다 예쁜 시집까지 냈던 감동은 오래도록 가슴에 남아 있을 것이다. 그리고 새로 나온 시집을 사기 위해 노란 은행나무 잎이 날리는 늦가을 동네 서점을 찾게 될지도 모른다.

3. 평가, 어떻게 할까?

시 관련 활동을 많이 하면 학생의 내면과 학습 태도 등을 관찰할 기회가 많아진다. 그리고 수행평가는 학생들의 수행을 평가하는 것이므로 수행 결과보다 과정이 핵심이다. 어떻게 하면 학생들이 활동을 수행하는 데 적극적으로 동참하고 더 잘할 수 있을까에 초점을 맞춰야지, 평가에 중점을 두어 차이를 내는 일에 매달리면 낭패를 보게 된다. 읽기(감상)와 발표(토의, 낭송), 쓰기(창작)와 비평 등 다양한 활동을 준비하고, 규정이나 기준대로 다 하는 학생은 만점에 가까운 평점을 주는 것이 바람직하다.

평가는 세부 기준을 학교의 국어과 해당 학년 협의회 등에서 논의하여 정하면 된다. 영역, 배점, 구체적인 활동 내용, 과목 총점 중 반영 비율 등을 정해야 하는데, 세부 평가 계획은 따로 정해 학기 초나 수업을 진행하기 전 적당한 때에 발표하면 된다.

활동 결과에 대한 평가는 학습 계획에 따라 추진하더라도 평가 내용이 다양하고 많을 경우, 특히 학생의 작품에 대한 평가일 경우에는 결과 점수를 즉시 공개하지 않아도 되면 학기별로 최종 발표하는 것이 좋다. 각 영역별 활동을 할 때마다 발표하면 학생들이 점수에 매달려서 수행 활동이 왜곡되는 경우가 종종 있고, 수업 진행에 지장을 초래하는 경우가 많기 때문이다. 다만 공연과 관련된 모둠 상호평가에서, 작품이 남지 않을 때는 이의 신청이 들어올 경우 정정하기가 쉽지 않으므로 즉시 발표하거나 그다음 시간에 할 수도 있다.

다음은 시 관련 활동과 수행평가의 예시이다.

시 관련 수행평가 예시 – 중학교

영역	배점	활동 내용	반영 비율
시 감상 및 토의	100	시 감상(40), 시 토의 모둠 보고서(20), 시 감상 늘여 쓰기(20), 애송시 시화 그리기(20)	
시 창작과 평가	100	시 창작과 창작시 시화 그리기(40), 시 엮어 읽고 감상 쓰기(20), 시평 쓰기(40)	
포트폴리오	100	나의 애송시 시집 만들기(100)	

* 세부 항목 평가 기준은 진행하면서 발표합니다.

시 관련 수행평가 예시 – 고등학교

영역	배점	활동 내용	반영 비율
시 감상 및 토의	100	시 감상(40), 시 토의 모둠 보고서(20), 시 감상 늘여 쓰기(20), 애송시 시화 그리기(20)	
시 창작과 평가	100	시 창작과 창작시 시화 그리기(40), 시 엮어 읽고 감상 쓰기(20), 시집평 쓰기(40)	
포트폴리오	100	나의 문집 만들기(100)	

* 세부 항목 평가 기준은 진행하면서 발표합니다.

3장

시 읽기와 감상, 토의 수업

1. 시 읽기 자료집 만들기

제작 시기, 일정

시 읽기 자료집은 학생들과 함께 한 해 동안 수업할 자료이다. 학생들에게 권할 만한 좋은 시를 체계적으로 모아놓은 시선집이라 생각하면 될 것 같다.

우선 제작 일정 등을 잘 기억해 두는 것이 중요하다. 물론 여러 번 하다 보면 저절로 익숙해지겠지만, 처음 제작할 때는 시행착오가 생길 수가 있다.

① 연간 계획 수립 때 국어과 예산에 '시 읽기 자료집' 제작비를 신청해 둔다.
② 2월 초까지 원고를 완성하여 학교장 결재를 얻어 인쇄소나 출판사에 넘긴다.
③ 3월 초에 자료집을 받을 수 있게 한다.
④ 늦어도 3월 중순에는 배부하여 수업에 활용한다.

만약 자신이 다음 해에 시 수업을 하려면 국어과 협의회에 의사를 밝히고, 연말에 예산을 신청할 때 자료집 예산을 올려서 배정을 받아두어야 한다. 그렇지 않고 시기를 놓치면 예산이 없어서 자료집을 제작하지 못할 수 있다. 출판사나 인쇄소에 대략의 페이지와 체제(표지, 크기, 색상, 권수 등)를 정하여 견적을 받아두면 예산 신청에 어려움이 없다.

2월 초·중순까지 원고를 확정하여 '○○학교 국어과 ○학년 시 읽기 자료집 제작'이란 명목으로 기안을 올려서 학교장의 결재를 얻은 뒤 원고를 넘겨서 제작에 들어간다. (수필 등 산문을 포함할 경우에는 '시와 산문 읽기 자료집'으로 하면 된다.) 학교장과 교사의 인사이동, 학년 배정 등 학교별 일정에 따라 약간 늦어질 수 있지만, 3월 중순까지는 제작을 완료하여 수업에 활용할 수 있어야 한다.

자료집의 체계, 수록할 시 선정

시 읽기 자료집을 만들 때 우선 고려해야 할 점들은 다음과 같다.

- 학생들이 좋아하는 좋은 시를 많이 선정한다.
- 시인의 시와 학생 시를 함께 수록한다.
- 다양한 주제와 제재를 적절하게 나누어 체계적으로 편집한다.
- 학교가 위치한 인근 지역 시인들이나 문학기행 또는 축제에 초청한 시인의 시 중에 좋은 시가 있으면 다음 해에 포함한다.
- 학생들이 늘 간직하고 싶도록 표지, 내용 편집, 제본 등에 신경을 쓴다.

먼저 수록할 시의 분량(편수)을 정한다. 한 시간에 10~15편 정도 읽는다고 생각하고 4~5시간을 배정하면 대략 50~60편 정도가 된다. 시집 한 권 분량이 되는 것이다. 그리고 제재(글감)별로 부(部)를 나누고 시인의 시와 학생 시를 따로 선정하여 수록한다.

부를 나누는 기준은 '나'를 중심으로 하여 넓혀나가는 것이 무난하다. 이를테면 '나와 나(또 다른)', '나의 가족', '나의 친구', 그리고 '나와 이웃·사회(역사·문화)', '나와 자연 생태계(지구와 우주 공간)'처럼.

물론 다른 방식으로 만드는 것도 얼마든지 가능하다. 시인의 시와 학생 시를 나누어 2부로 구성할 수도 있고, 비슷한 제재의 시끼리 모아서 배치할 수도 있다.

학생들이 좋아하는 시는 지역이나 학교의 종류, 학년 등 여러 요인에 따라 달라질 수 있으므로 해마다 상당수를 교체해야 할 수도 있다. 담당할 학교나 학년이 바뀌었을 경우에는 교사가 상황에 맞게 판단하여 자료집을 만들면 된다. 그리고 교사는 시 목록을 체계적으로 분류해서 정리해 놓고, 좋은 시를 발견하면 바로바로 업데이트하는 습관이 필요하다.

시를 선정할 때는 교사가 보유하고 있는 '좋은 시'의 자료 안에서 교사가 꼭 필요하다고 판단하는 시, 수업 시간에 학생들에게 호평을 받은 시 등을 중심으로 고르면 된다. 그리고 학교가 위치한 곳과 가까운 지역에 살거나 살았던 시인들의 시 중에서 좋은 시가 있으면 수록하는 것도 좋다. '우리 지역 시인'이라고 하면 왠지 친근하고 특별하게 느껴 더 관심을 가지기 때문이다.

또한 학교로 시인을 초청해 강연을 들을 때, 사전에 그 시인의 시를 읽고 토의하게 하면 더 깊은 만남이 될 수 있을 뿐 아니라 다음 해 자료집에 수록하기도 좋다.

2. 문 열기

수업을 시작하면서 아이들에게 시 공부에 대해 흥미와 관심을 갖게 해 주는 것이 필요하다. 어렵고 골치 아픈 이론부터 들이대면 아이들은 지레 겁먹고 질려서 고개를 흔들지도 모른다. 그래서 일단 영상을 보여줘 마음의 문을 열게 하는 몸풀기에 들어간다.

내가 자주 사용하던 영상은 EBS '지식채널e'에 나왔던 〈아저씨의 대답〉이다. 거기에는 동생의 죽음을 노래로 만들어 부른 김창완 가수의 아픈 사연이 소개된다. 짧은 영상이지만 감동이 가득하고 삶에 대한 성찰을 이끌어 내는 힘이 있다.

영상을 보고 나서 박우현 시인의 시 〈그때는 그때의 아름다움을 모른다〉에 다음과 같은 '생각해 보기' 물음을 붙인 활동지를 한 장씩 나눠 준다. 시를 다 함께 낭송한 뒤 시간을 주고 각자의 생각을 충실하게 적도록 했다.

영상 감상 후 글쓰기 활동지

그때는 그때의 아름다움을 모른다

이십 대에는
서른이 두려웠다
서른이 되면 죽는 줄 알았다
이윽고 서른이 되었고 싱겁게 난 살아 있었다
마흔이 되니

그때가 그리 아름다운 나이였다

삼십 대에는

마흔이 무서웠다

마흔이 되면 세상 끝나는 줄 알았다

이윽고 마흔이 되었고 난 슬프게 멀쩡했다

쉰이 되니

그때가 그리 아름다운 나이였다

예순이 되면 쉰이 그러리라

일흔이 되면 예순이 그러리라

죽음 앞에서

모든 그때는 절정이다

모든 나이는 아름답다

다만 그때는 그때의 아름다움을 모를 뿐이다

– 박우현(시인)

생각해 보기

- 영상을 보면서 나는 지금이 가장 아름다운 때라고 느꼈나요? 그렇다면(아니라면) 왜 그렇게 생각했나요?

- 내게 가장 아름다운 순간은 어떤 때인지 떠올려 보고 이야기해 봅시다.

- 왜 '인생은 답을 구하는 것이 아니라 질문하는 과정'이라고 했을까요?

- 이 시를 읽고 난 느낌을 쓰고 자유롭게 이야기해 봅시다. 내가 평소에 생각해 온 시에 대한 생각과 이 시를 읽고 느낀 시에 대한 생각이 달라진 점이 있다면 무엇인지 이야기해 봅시다

적은 내용을 개인별로 자유롭게 발표하게 한다. 삶과 죽음, 어떻게 살 것인가에 대한 각자의 생각을 정리해 볼 수 있을 뿐 아니라, 다른 친구들의 생각도 엿보는 좋은 기회가 된다. 작성한 활동지는 각자의 파일이나 공책에 끼워두게 한다.

이미 모둠이 정해져 있으면 각자 적은 내용을 바탕으로 모둠 토의를 하는 것도 의미가 있다. 모둠별로 각자의 생각을 자유롭게 토의하고 그 내용을 모둠 서기가 정리해서 토의 중에 나온 이야기를 발표하도록 하면 된다. 그리고 영상과 시, 자기가 쓴 생각, 발표할 때 느낀 점 등을 바탕으로 짧은 수필 쓰기를 할 수도 있다. 이 경우 한 시간이 더 필요하다.

이어서 '○○학교 ○학년 시 읽기 자료집'을 나눠준 다음, 한 해 동안 진행할 수업을 안내한다. 매주 시 수업 시간, 수업 준비물(공책, 파일 등), 모둠 편성 계획(모둠 대표와 서기 선출 등), 한 해 동안의 시 수업 과정과 내용(시화 전시와 기행 등 시 관련 행사, 수행평가 포함)에 대한 안내서인 '연간 시 수업의 전개 계획' 인쇄물을 나눠주고 간략히 설명한 뒤 질문을 받는다.

3. 시 감상, 토의 활동

시 읽기, 감상 쓰고 모둠별로 토의해서 발표하기

① 강의 – 시 읽기 전에

시를 읽기 전에 강의 자료를 나눠주고, 시와 문학·예술에 대한 기본적인 몇 가지 내용을 공유할 필요가 있다. PPT로 할 수도 있으나 출력해서 나눠주면 학생들이 두고두고 참조할 수 있다. 여기 포함될 내용은 '문학이란 무엇인가?', '시란 무엇인가?', '시와 삶(시를 왜 배우는가?)', '문학(예술) 언어와 과학 언어의 차이', '시인과 독자', '좋은 시란?' 정도가 될 수 있고, 필요에 따라 얼마든지 가감할 수 있다.

학년 수준에 맞춰 공부할 내용과 설명의 난이도, 사용하는 언어를 조정하여 강의 내용에 담는다.

강의록 예시 자료 1

1. 문학이란 무엇일까요?

• **문학은 예술이며, 감동을 추구합니다.**
문학은 언어 예술입니다. 많은 예술 영역 중에서, 언어를 사용하는 문학은 가장 정교하고 치밀하게 사람의 생각(가치관)을 형상화하여 전달하는 예술입니다. 문학이 우리에게 필요한 까닭은 인간다운 삶을 추구하는 데 꼭 필요하기 때문입니다. 그리고 문학은 감동을 향해 나아갑니다. 문학은 인간의 가치 있는 경험(생각과 느낌)을 구체적인 언어로 보여주어 사람의 마음에 큰 울림을 전합니다.

• **문학의 감동은 삶의 진정성에서 나옵니다.**
참다운 문학에는 인간의 진정성, 즉 진실한 마음과 선한 의지가 담겨 있습니다. 그리고 아름다운 언어로 가치 있는 삶이란 무엇인지를 보여줍니다. 문학은 감동의 언어를 통해 우리가 어떻게 사는 것이 자유롭고 가치 있으며 한 번뿐인 우리 삶을 고귀하게 만드는 것인지를 그려내어, 삶을 변화시키고 아름답게 가꾸어 가는 길을 보여줍니다.

• **문학 작품을 읽는 것은 작가와 대화하는 일이며, 세상을 향해 열린 '나의 창'을 갖는 것입니다.**
작가들은 작품으로 세상과 대화합니다. 독자들은 작가가 창작한 작품을 통해 그의 노래(시)와 이야기(산문)를 듣습니다. 작품마다 하나의 창문이 있어서, 그 창문을 통해 우리는 작가와 만날 수 있고, 작품에 담긴 작가의 생각과 이야기를 읽어냄으로써 세상에 감춰진 길을 찾아낼 수 있습니다.

• **문학은 생각하고 느끼는 힘을 길러줍니다.**
문학은 '생각의 힘'을 갖게 합니다. 곧 '지혜의 눈'을 뜨게 합니다. 이 눈이 독자로 하여금 스스로 '걸어온 길'을 되돌아보게 하며, 앞으로 '가야 할 길'을 안내합니다. 또한 문학은 세상과 사물, 사람 사이에서 일어나는 감동을 생생하게 그려냄으로써 공감력을 높여줍니다. 이 공감력은 사람을 사람답게 하는 힘입니다.

• **문학은 사람을 이 땅에 든든하게 세우는 힘이 있습니다.**
'자기 생각'과 '자기 느낌'을 가진 인간, 자존감을 가진 인간, 깨닫고 느끼고 실천하는 사람으로 이끄는 힘을 가진 언어 예술이 문학입니다. 자기 삶의 주인으로 세상에 당당하게 서는 힘을 갖게 하는 것입니다. 그러므로 문학을 사랑하는 일은 자신을 올바르게 사랑하는 일입니다.

2. 시에 대하여

- 시는 우리말(모국어)로 된 가장 아름다운 노래입니다. 시인이 자기 삶과 영혼의 풍경을 리듬이 있는 노래로 만든 것이 시입니다. 산문이 이야기라면 시는 노래이고, 산문이 걸음이라면 시는 춤이며, 산문이 밥이라면 시는 술입니다.
- 시를 통해서 우리는 자신과 세계를 표현하는 미적인 체험을 하게 됩니다. 이를 통해 시는 언어 능력을 향상시키고, 사물과 사물의 관계, 사람과 사물, 사람과 세계의 관계를 이해하고 영감을 얻을 수 있게 하며 상상력을 확대시킵니다.
- 시는 사람의 감성을 길러주고 생명 의식을 높여 생명체를 경외하고 배려하는 가치 있는 삶을 살게 합니다.
- 시는 사랑 노래입니다. 시인은 자신이 가장 사랑하고 아끼는 것, 가치 있는 것, 꼭 말하고 싶고 노래하고 싶은 것을 찾아 노래합니다. 그것은 대상에 대한 사랑에서 비롯됩니다. 참된 사랑은 자신에서 출발하여 가족과 이웃, 인간 사회, 자연 생명체, 지구 공동체 전체로 확대되는 성격을 갖습니다. 자신과 세상을 사랑하는 사람은 다른 사람을 감동시키는 좋은 시를 쓸 수 있습니다.
- 시인은 시로써 자신을 세상에 세우고, 세상을 향해 노래하여 세상을 밝히며, 그런 방식으로 사랑을 실천하는 사람입니다.
- 시를 읽고 쓰는 사람은 시를 가슴에 담고 시의 마음으로 살아가는 사람이므로 누구나 시인입니다. 시인은 열성적인 독자입니다.

3. 좋은 시란?

① 좋은 시의 기준

- **기본 전제**
    - 이해가 되는가?
    - 감동(가슴에 남는 것)이 있는가?

- **내용 면에서**
  - 글쓴이의 삶이 담긴 진솔하고 울림이 있는 시
  - 소박하고 진실한 삶의 자세를 보여주는 시
  - '나(글쓴이)'와 세상, 사람과 사물, 생명체에 대한 따뜻한 사랑을 담은 시
  - 삶과 대상에 대한 관찰을 통해 새로운 발견이나 성찰(깨달음, 지혜)을 보여주는 시
  - 인간과 사물의 본질이나 관계를 찾고 질문을 던지는 시
  - 세상과 자연 '너머'에 감추어진 것에 대한 발견을 담은 시
  - 독자가 스스로 상상하고 답을 생각할 수 있도록 여백을 남겨놓은 시
  - 내가 생각하는 좋은 시: (   )

- **표현과 관련하여**
  - 주제를 형상화하는 시어의 표현이 진부하지 않고 독특한 개성이 느껴지는 시
  - 시의 대상이 눈앞에 살아 있는 듯 생생한 이미지와 느낌을 주는 시
  - 시어가 아름답고 리듬이 살아 있으며, 독특한 맛과 향기가 느껴지는 시
  - 발상이 독특한 시
  - 일상 언어와 사투리 토속어 등을 잘 살려 쓴 시
  - 비유, 역설 등 표현이 적절하며 특유의 맛과 향기가 있는 시
  - 마무리를 인상적으로 해서 감칠맛 나는 시
  - 내가 생각하는 좋은 시: (   )

② **학생이 쓴 좋은 시**
  - 청소년의 현실적 삶이 진솔하게 드러난 시
  - 청소년이 '나도 쓸 수 있겠다.' 또는 '나도 써보고 싶다.'라는 생각이 들게 하는 시
  - 어른(시인) 시를 흉내 낸 시가 아니라, 청소년이 아니고는 쓸 수 없는 청소년다운
    발랄함과 참신함이 엿보이는 시

시를 왜 읽을까요?

좋은 시는 재미있습니다.

좋은 시를 읽으면 내가 갈 길이 보입니다.

좋은 시를 읽으면 세상이 보입니다.

좋은 시를 읽고 쓰면서 내 삶과 세상을 가꾸어 갑니다.

- **나다운 삶을 위하여**

  – 하루하루 반복하는 일상이 곧 삶(생)이다.

  – 삶이 왜 축제가 되어야 할까?

  – 일상의 평화와 가치 있는 삶

  – 죽음을 앞두고 "이게 바로 나야!"라 말할 수 있도록

- **문제는 감동이다**

  – 감동이 없는 삶은 죽은 나무껍질과 같다.

  – 감동은 내가 만드는 것이다.

  – 나의 세상은 내가 만든다. (내가 주인 되는 삶)

  – 삶이 한 편의 시가 될 수 있을까? (생의 과제)

- **예술과 과학**

  – 감동과 인식: 문학(예술) 언어와 과학 언어

  – 형상화: 설명이나 논리 대신 구체적으로 보여주기

- **시란?**

  – 시는 삶의 노래: 나의 재발견, 내 삶 가꾸기 – 시는 '말할 수 없는 것'을 '노래'하
  는 언어 예술

  – 감동이 있는 시가 좋은 시

- 시는 사랑 노래

- **시인과 독자**
  - 좋은 독자는 누구나 시인

- **시에는 정답이 없다**
  - 좋은 시는 나에게 좋은 시
  - 시는 내가 느끼는 것, 정답이 없다.
  - 좋은 시를 찾을 수 있는 눈이 있으면, 좋은 시를 쓸 수 있다.

- **시와 시 아닌 것**
  - 설명하지 말고 노래하라! (압축, 리듬)
  - 말하지 말고 보여주라! (이미지)
  - 일상어로, 말하듯이!

- **좋은 시를 읽고 쓰면 어떤 일이?**
  - 보이지 않는 것을 볼 수 있는 눈(발견, 지혜)이 생긴다.
  - 감각과 느낌의 문이 열린다. 촉촉하고 풍성한 삶
  - 아름다움을 느끼고 감동을 만들 수 있는 여유(사람다운, 나다운 삶=자존감)
  - 지나친 욕망과 불안에서 벗어나 자유, 평화, 나눔을 실천
  - 공동체의 문화 계승과 창조의 주인

② 시 읽고 감상 쓰기

자료집에 수록된 시를 읽기 전에, 마음에 드는 시를 체크한 뒤 감상을 써서 제출해야 한다고 말해 준다. 그러면서 감상 양식을 담은 활동지를 나눠준다. 자료집에 있는 시인의 시와 학생 시 중에 각각 일정 수(각 부 별로 5편 전후)를 고르게 하면 된다. (자료집에 시를 선정하여 배치할 때 시

인의 시와 학생 시를 따로 배치할 수도 있고, 제재별로 부를 나누어 시인과 학생 구별 없이 섞어서 배치할 수도 있다.)

학생들이 읽기 전에 교사가 먼저 읽기 시범을 보인다. 대체로 학생들은 빨리 읽고 넘어가려는 생각 때문에 아무런 감정 없이 대충 읽기 일쑤다. 그래서 '천천히', '감정을 살려서', '행이 바뀌거나 쉼표가 있을 때는 꼭 한 박자 쉬고', '연이 구분될 때는 두 배로 쉬고', '목소리를 또렷하게, 입 모양은 둥글고 분명하게' 읽도록 단단히 일러주어야 한다. 그리고 잘 지키지 않을 때는 그 자리에서 지적하여 고쳐준다. '꽃을'을 '꼬슬'로 읽는 등 시어를 잘못 읽을 때도 고쳐주어야 한다. 그러지 않으면 다른 아이들도 덩달아 그렇게 읽게 되므로, 시 한 편을 다 읽은 다음 꼭 고쳐주고 다음 학생으로 넘어가도록 한다.

학생들에게 읽기를 시킬 때는 학생 명부를 보고 무작위로 지명하면 긴장하게 되어 집중도가 높아진다. 그리고 잘 읽은 학생에게 칭찬해 주면 다른 학생들도 더 잘 읽으려고 애쓰는 경향이 있다. 한 편의 시를 읽고 나면 잠시 학생들이 감상할 수 있도록 20~30초 정도 시간을 주어 좋은 구절에 표시하거나 느낌을 간단히 메모할 수 있게 한다.

이렇게 학생들이 스스로 좋은 시를 고르게 하면 학생들이 시에 대해 서서히 눈을 뜨게 된다. 좋은 시가 눈에 보이기 시작하고, 거기에 매료되면 감상을 쓰는 일이 쉽고 흥미로워진다.

메모는 시에 대한 해설이 아니라 '나의 생각이나 느낌'이어야 한다고 일러주어야 한다. 떠오르는 것은 무엇이든 좋다고 말해 주면 아이들이 덜 부담스러워한다. 잘 써야 하고 그럴듯하게 써야 한다는 부담을 없애주면 오히려 더 진지하게 자신의 생각을 드러낸다. 그러면서 자신도 모르는 사이에 빈칸을 완성하게 되고, 빈칸을 꽉 채운 글을 보면서 뿌듯해한다.

사전에 '5행 이상' 쓰라는 조건을 제시하고, 충족하지 못하면 감점한다는 것을 명확하게 해두었다가 평가에 반영한다. 중학교 저학년은 '3행 이상'으로 조정할 수 있지만, '이상'이라고 못 박아두어야 좀 더 진지하게 쓴다.

'시 감상 쓰기' 활동지 – 예시

시 감상 쓰기

(2)반 (24)번 이름: (임채은)

- 가장 마음에 드는 시를 5편 골라봅시다.
- 마음에 드는 이유를 적어봅시다. (5줄 이상. 넘치면 바깥이나 뒷면에 적어도 됩니다.)
- 토의 수업 자료입니다. 성의 있게 적어주세요.

시인	시 제목	뽑은 이유
손택수	아버지의 등을 밀며	이 시를 읽는 내내 '왜 아버지는 아들을 데리고 목욕탕에 가시지 않는지' 많이 궁금했다. 나는 괜히 화자의 감정에 이입되어 같이 가주지 않는 아버지께 서운해하기도 했었지만, 후에 아버지의 등을 생각하며 울컥할 수밖에 없었다. 자식이 걱정할까 봐 차마 자신의 등을 보여줄 수 없었던 것이다. 자식을 생각하는, 자식을 위한 부모의 마음은 내가 감히 가늠할 수 없는 크기인 것 같다. 부모란 정말 위대한 존재라는 생각이 들었다. 내가 이 시에서 가장 인상 깊었던 구절은 '해 지면 달 지고, 달 지면 해도 지고 걸어서 온 길 끝'이다. 언어유희로 지게를 지고 온종일 일하는 아버지의 모습을 잘 표현한 것 같아서 좋았다.
		나는 이 시를 읽고 자연스레 우리 아빠를 떠올리게 되었다. 바깥에서 아빠는 힘세고 굳건한 경찰이시겠지만, 집에 돌아오면 두 딸을 둔 아버지가 된다. 이 시의 한 구절인 '어린것들은 아

김현승	아버지의 마음	버지의 나라다 아버지의 공포다'를 읽고 아빠가 항상 하시던 말씀이 떠올랐다. 아빠는 항상 내게 "나는 너희를 위해 살아. 너흰 아빠가 살아가는 이유야."라고 말씀하신다. 나는 이 말씀을 들을 때마다 아빠를 행복하게 해드릴 수 있는 딸이 되어야겠다는 다짐을 한다. 나는 우리 아빠의 나라이기 때문에. 나는 이 시를 읽고 우리 아빠의 마음을 좀 더 깊게 헤아릴 수 있었고, 딸로서 반성도 많이 하게 되었다.
김춘수	꽃	이름은 모두가 가지고 있는 것이기에 별 의미 없고 특별하지 않은 것이라고 여길 수 있다. 하지만 누군가와 서로의 이름을 부르며 관계를 맺기 시작하면, 서로는 서로에게 가치 있는 존재가 된다. 그래서 나는 이 시의 '내가 그의 이름을 불러주었을 때 그는 나에게로 와서 꽃이 되었다.'라는 구절을 제일 좋아한다. 이 말이 너무 예쁜 것 같다. 그는 나에게로 와서 꽃이 되었다니. 내가 좋아하는 또 다른 구절은 '나는 너에게 너는 나에게 잊혀지지 않는 하나의 의미가 되고 싶다.'이다. 우리는 혼자서 살아갈 수 없는 존재이고, 여러 관계 속에서 살아가기 때문에 서로가 서로에게 잊혀지지 않는 의미 있는 존재가 되고 싶다는 말에 깊이 공감이 갔기 때문이다.
김사인	바짝 붙어서다	이 시를 읽으면서 내 머릿속에는 흔히 볼 수 있는, 길가에서 폐지를 줍는 할머니들의 모습이 그려졌다. 이 할머니들의 삶은 왜 이토록 고독하고 고달플까. 이 시의 모든 구절이 할머니의 고독한 삶을 나타내고 있어 더욱 와닿았고 가슴이 아팠던 시였다. 한겨울의 칼바람을 맞으며 폐지를 주워야 하는 그 시린 발걸음을 떠올리며, 할머니들을 위해 우리가 할 수 있는 건 없을까 하는 생각을 하게 되었다. 할머니들의 더 나은 삶을 위해 우리는 더욱더 관심을 가져야 하고 국가적 차원의 지원도 필요할 것 같다.
도종환	귀가	이 시는 오늘날 우리 현대인들의 일상을 담담하게 노래하고 있는 것 같아 많이 공감됐고 마음에 와닿았다. 바빠서 인사도 제대로 못 하고, 밤늦게 집에 돌아가고……. 인간답게 살기 위해서라지만, 정작 지금 인간다운 삶을 살고 있긴 한 건지 의아한 마음이 들었다. 내가 제일 공감이 갔던 구절은 '오늘 하지 않고 생각 속으로 미루어 둔 따뜻한 말 한마디는 결국 생각과 함께 잊혀지고'이다. 우리는 오늘 내 주변에 있는 사람에게 살가운 말 한마디 하지 못한 채 항상 내일을 기약한다. '사랑한다', '요즘 어떻게 지내냐'와 같은 말 한마디면 되는데, 무엇을 위하여

이렇게 바쁘게 사는 건지, 안타까운 마음이 든다. 지금이라도, 사람 냄새가 사라지기 전에, 따뜻한 말 한마디 건넬 수 있는 하루가 되었으면 좋겠다. 나도 얼른 내 주변 사람들에게 따뜻해지러 가야겠다.

(2)반 (　)번 이름: (한해솔)

- 다음과 같은 '좋은 시의 기준'을 생각하면서 읽어봅시다.
  ① 아름다움(시의 멋과 맛)　② 새로운 발견　③ 삶의 진실(마음에 남는 것)
- 시인의 시를 읽고 마음에 드는 시를 6편 골라 그 이유(감상)를 적어봅시다.

시인	시 제목	뽑은 이유
나태주	풀꽃	우리가 흔히 볼 수 있는 작은 풀꽃을 소재로 한 점이 좋았다. 주변에 흔하게 있는 풀꽃이지만, 바쁜 걸음을 멈추고 한참 보았을 때 그제야 볼 수 있는 아름다움이 있듯이, 그냥 스쳐 지나가는 인연이 아니라 한 사람을 오랫동안 알아야 그 사람의 아름다움을 알 수 있음을 깨달을 수 있었다.
안도현	너에게 묻는다	단지 세 줄, 두 문장의 짧은 글로도 큰 의미를 전달할 수 있음에 놀랐다. 아무 생각 없이 버리고, 아무 생각 없이 발로 차는 연탄재가 사실은 누군가의 방을 따뜻하게 데워주고 누군가의 밥을 지어주었다는 것을 생각하면, 다른 사람에게 따뜻한 손길 한 번 내밀지 못하는 나는 작은 연탄재 한 줌보다 못하다는 것을 느꼈다.
김용택	시인	한 줄의 시지만, 다른 어떤 시보다 크게 공감할 수 있었다. 배고플 때, 무언가를 급히 해야 할 때는 그 일을 하는 손이 빨라지고, 더욱 열심히 하기 마련이다. 하지만 배부를 때엔 여유를 부리게 되고 나태해진다. 생각해 보면, 옛날에 비해 삶이 풍요로워진 현대인들은 부지런히 일하던 옛 모습에 비해 나태해졌는지도 모른다.
		하관은 죽은 사람의 관을 뜻한다. 이 시의 화자는 어머니의 관을 심고(묻고) 나서 다시는 그 무엇으로도 피어나지 말라

문인수	하관	고 한다. 이것으로 화자 어머니의 삶이 평탄하지만은 않았음을 알 수 있다. 하지만 이 화자의 어머니만이 그런 삶을 살았는지 생각해 본다. 언제나 우리 남매의 뒷바라지만 해주시는 우리 어머니. 나중에 이 시와는 달리 '다시 피어나도록'이라는 말이 나올 수 있게 어머니께 행복한 삶을 드리고 싶다.
함민복	가을	'당신만을 생각하다가 잠이 든다'라는 말은 멋진 고백이 아닐 수 없다. 이 시를 읽으며 나는 '당신'을 향한 화자의 사랑을 느낄 수 있었다. 어느 가을날, 누군가를 생각하며 잠이 들 수 있다면, 그게 진짜 행복이 아닐까 생각해 본다.
이원진	추억	지금 이 순간에 힘든, 돌덩이 같은 일들도 나중에 돌아보면 아름다운 추억이 되어 있을지도 모른다. 비록 지금은 돌덩이 같을지라도, 나중엔 언젠가 금덩이가 되어 나에게 비춰질 때가 올 것이다. 그 금덩이가 더 빛나도록, 정말 생각만 해도 기분 좋은 행복한 추억이 될 수 있도록 지금 열심히 해야 한다는 것을 느꼈다.

* 독서공책(문집)에 붙일 자료입니다.

③ 시 감상 토의·발표하기

모둠별로 대표와 서기 학생을 뽑는다. 평가에 반영되므로 서로 미루지 말고 하고 싶어 하고 토의를 잘 진행할 학생을 뽑아야 한다고 일러둔다. 서기는 글씨를 빨리 쓰는 사람을 뽑도록 한다. 그런 다음 모둠별로 각자 '시 감상 쓰기' 작성한 자료를 내놓고 토의·발표하는 시간을 갖는다.

먼저, '모둠 시 토의 방법'이 담긴 자료를 스크린으로 보여주면서 설명한다. 그리고 나서 많은 모둠원이 뽑은 시 순서로 세 편 골라서 모둠원이 함께 읽고 20~25분 정도 주어 활발하게 토의하게 하며, 모자라면 5분 정도 더 준다. 대표 학생은 사회를 보면서 모둠원이 골고루 발표할 수 있도록 하며, 서기는 모둠원이 발표하는 내용을 빠른 속도로 '모둠 시 토의·발표 양식'에 충실하게 받아 적는다. 억지로 정리할 필요 없이 발표하는 대로 적으면 된다. 대표나 서기 중 한 학생이 모둠 토론에서 나온 내용들을 보면서 조리 있게 발표한다.

이때 학생들이 진지하게 토의를 시작하면 시간이 부족하기 마련이다. 발표가 수행평가에 포함되기 때문에 일단 시작하면 모든 모둠이 다 발표하는 것이 원칙이다.

교사는 각 모둠 발표 시간을 잘 확인하고 시간 안에 마칠 수 있도록 하고, 발표 양식은 수업이 끝난 뒤에 모둠 수만큼 복사하여 각 모둠에 나눠주고 원본은 모둠 평가 대상으로 교사가 보관한다.

(앞면)

시 감상 토의·발표 자료

모둠원(번호순으로):

- 사회자(대표):   - 서기(기록자):

시	뽑은 사람 수	시	뽑은 사람 수

- 가장 많은 모둠원이 선택한 시 3편을 골라서 각각 토의하여 결과를 충실히 기록하세요. (좋은 점, 시의 특징, 공감 내용 등)

(　　)반 (　　)모둠

시 1 – 시인:　　　　　　**제목:**

시 2 – 시인:　　　　　　**제목:**

시 3 – 시인:　　　　　　**제목:**

시 감상·토의 자료 (1차)

모둠원(번호순으로): 고○○(1), 권○○(2), 김○○(5), 김○○(9), 박○○(17), 황○○(30)

- 사회자(대표):   · 서기(기록자): 고○○(1)

시	뽑은 사람 수	시	뽑은 사람 수
너에게 묻는다	/	그리움	///
흔들리며 피는 꽃	//	낙엽	/
귀가	/////	흰 바람벽이 있어	/
가을	/	그 꽃	////
아름다운 사람	//////	길	///
아버지의 등을 밀며	//	꽃	////
풀에게	/	너를 기다리는 동안	//
쌀밥	//	그때는 그때의 아름다움을 모른다	//
오줌싸개 지도	//	그랬다지요	///
자화상	//	참 좋은 당신	//
그리움	/	시인	/
달 있는 제사	///	흰죽 한 그릇	/
복종	///	무꽃	/
프란츠 카프카	////	꽃잔디	//
즐거운 편지	/		
시월	///		
행복	/		

- 가장 많은 모둠원이 선택한 시 3편을 골라서 각각 토의하여 결과를 충실히 기록하세요. (좋은 점, 시의 특징, 공감 내용 등)

(6)반 (3)모둠

시 1 – 도종환, 〈귀가〉

평일도 주말도 없는 지금의 상황이랑 이 시의 장면이랑 겹쳐서 씁쓸하기도 하고 공감도 되었다. 1학년 때는 그렇게 힘들다고 못 느꼈는데, 2학년이 되어서의 생활과 시의 표현이 나를 나타내는 것 같았다. 따뜻한 말을 주변에 많이 해주어야겠다고 생각했다. 우리의 현실이 쉽게 바뀌질 않는다는 것을 아니까, 앞으로는 더 노력해서 이런 생활을 바꿀 수 있게 해야겠다고 생각했다. 아직 나에게는 이 시의 '언제부턴가'가 오진 않았지만, 피할 수는 없을 것 같으니 사람의 냄새를 잊지 않겠다고 다짐했다. 이 시의 전반적인 내용이 나의 생활과 비슷하다고 생각했고, 이 시의 배경은 직장 생활 같은데, 이것이 나의 미래가 될 것이라고 생각했다.

시 2 – 조재도, 〈아름다운 사람〉

'이들'이 나의 입장에서는 부모님이라고 느껴졌다. 특히 1, 2연에서 크게 느껴졌다. 이런 아름다운 사람들이 되고 싶었다. '이들' 같은 사람이 되고 싶었다. 모두에게는 그런 사람이 될 수 없겠지만, 단 한 사람에게만이라도 그런 사람이 되고 싶었다. 아름다운 사람들을 자연에 비유한 것이 좋았다. 작은 사람들이 얼마나 큰 역할을 하는지 알았다. 앞으로 나이를 먹어갈수록 아름다운 사람이 더 줄어들 것이라는 생각에 허무함이 조금 느껴졌다. 나에게 소중한 사람들, 평소엔 잘 모르지만 없으면 힘들어지는 사람들이 진정으로 소중한 사람이라 생각한다.

시 3 – 고은, 〈그 꽃〉

잘나갔을 때보다 미끄러질 때 주변 사람의 소중함을 느끼는 것이 원래 사람의 특성이라고 생각하게 되었다. 지금 놓치고 올라가는 것이 많은 것 같으니, 나중에 내려갈 땐 천천히 주위를 돌아보며 가야겠다고 생각했다. 올라가고 있으면서 놓치는 것에 대해서 아쉬운 느낌을 받았지만, 내려갈 땐 아름다운 것들을 놓치지 말아야겠다고 생각했다. 뭐든지 한번에 다 알 수는 없다 생각했다. 하루하루가 새롭다고 생각했다. 예전에 이 시를 읽어본 적이 있어서 주변을 둘러보는 습관이 생겼다. 이 시를 인생으로 보기보다는 사랑으로 보고, 올라갈 땐 그냥 흘렀던 시간이 헤어지고(내려가고) 나서는 행복했던 기억이 떠오르는 것 같다고 생각했다.

(4)모둠 좋은 시 선정, 발표

시인	시 제목	뽑은 수	학생	시 제목	뽑은 수
박우현	그때는 그때의 아름다움을 모른다	///	박수진	복도	/
배창환	하산	//	이소현	나를 위해	/
나희덕	못 위의 잠	//	강지혜	야자시간	//
황지우	너를 기다리는 동안	///	손숙현	콩	///
도종환	귀가	//	김지혜	아바의 투망	/
함민복	눈물은 왜 짠가	/	이경희	덕구	///
			정수아	솔밭골	/
			김미진	베트남 아가씨	/
			김효욱	어린아이	//
			진효주	단술	/
			허성욱	달빛	/

대표 시 각 한 편에 대한 감상

(1) 시인의 시: 황지우, 〈너를 기다리는 동안〉

이 시를 읽고 모두 예전의 연애 감정이 되살아나서 마음이 짠해졌다고 했다. 연애를 했던 사람이라면 누구나 느껴보았을 일상적인 감정을 콕 짚어주어 새롭게 느낄 수 있게 했다. 또 기다림의 자세가 수동적이지 않고 적극적이라는 점에서 새롭다. 그리고 '너'를 연인으로만 한정하지 않고 꿈이나 이상 등 여러 의미로 해석해서 꿈을 기다리며 그 꿈에 다가가기 위해 노력하는 모습도 그려볼 수 있었다.

(2) 학생 시: 손숙현, 〈콩〉

학생의 수준에서 자신의 경험과 그때의 상황을 구체적으로 잘 그려낸 시다. 티격태격하는 엄마와 딸의 모습에서 모녀 사이의 정이 잘 느껴졌다. 일상적인 모습을 생생하게 잘 나타낸 시인 것 같다.

이렇게 하여 많은 시를 읽고 학생들이 스스로 적극적으로 참여하여 좋은 시를 선택하고, 선택한 시의 감상을 쓰고, 다시 모둠별로 모여서 비교하고 토의하여 좋은 시를 뽑았다. 그런 다음 모둠 토의한 내용을 정리하여 전체 앞에서 발표하는 일련의 과정을 거쳤다. 이제 학생들은 자신이 좋아하는 시를 갖게 된다. 그다음에 할 수 있는 활동은 무궁무진하다. 시를 읽고 좋아하는 시를 갖는 일이야말로 온전한 시 교육의 출발이기 때문이다.

시 감상 늘여서 쓰기

시에 대한 자신의 생각을 좀 더 깊고 넓게 표현할 수 있도록 학생들에게 분량을 늘여서 쓰도록 했다. 본격적인 비평이나 감상은 아닐지라도, '짧은 수필'이나 '감상문' 쓰듯 쓰고 싶은 대로 자기의 생각과 느낌을 표현할 수 있는 기회가 주어지는 셈이므로, 시를 이해하고 감상하는 활동에 자신감을 갖게 된다.

대상 시는 모둠원 각자가 시 감상 쓰기와 모둠 토의 과정에서 자신이 선택했던 시 2편으로 했다. 모둠에서 다시 읽고 서로 감상을 나눈 뒤(20분 정도 시간 배정), 25~30분 정도 시간을 주어서 각자(중학생의 경우 최소 5행 이상, 고등학생의 경우 7행 이상) 수필처럼 써서 제출하게 한다. 이 글을 시 감상 쓰기 혹은 수필 쓰기 평가 대상으로 하면 된다.

제출한 글 가운데 우수한 것을 모둠별로 두세 편 뽑아서 학생의 동의를 얻은 다음에 이어지는 시간에 학급에서 발표하도록 한다. 또 좋은 글은 학교의 여러 매체(방송, 신문, 교지, SNS 등)에 발표할 기회를 주거나 학교 문예 공모가 있을 때 시상할 수 있다.

정연주, 〈스마트한 세상〉

나는 스마트폰을 중학교 3학년 때 샀다. 다른 친구들에 비하면 매우 늦게 산 편이었다. 중3까지 친구 것을 빌리거나 주위에 아무도 없을 땐 공중전화를 사용했다. 그때까진 사실 휴대폰에 대한 정보도 별로 없었고, 사고 싶긴 했지만 부모님과의 약속과 양심 때문에 차마 사달라고 말하지 못했었다. 중3이 되던 해 2월, 아버지가 휴대폰을 사 주신다고 했을 때 너무 기뻤고, 무슨 폰을 살지 골라 그다음 날 바로 구매했다. 그때부터 내 눈은 급속도로 나빠지기 시작했다. 중2 때까지 안경 안 쓰고도 칠판 글씨가 다 보였는데, 휴대폰을 사고 밤새 폰을 하다 보니까 중3 말이 되었을 때는 눈이 너무 나빠져 안경을 쓰게 되었다.

이 시에서 말하듯이 나는 휴대폰을 사고 난 후 '손바닥 위 빛나는 세상'만을 보느라 '내 옆에서 자라나는 민들레'를 보지 못한 것 같다. 휴대폰을 막 사고 난 후 나는 정말 폰만 바라보고 살았다. 평소에 하던 취미는 다 사라졌고, 폰을 보며 잠들곤 했다. 이 시처럼, 차갑게 식어버리면 나에게 어둠만을 가져다주었다. 그 어둠을 괴로워하던 차에 이 시에 나오는 '여름날의 뜨거운 바람, 빛나는 별'이 내 주변에 맴돌며 '나도 여기 있다'고 내 눈동자에 반짝였다. 나에게 어둠 속 밝은 빛처럼 캘리그라피라는 취미가 다가왔다.

하룻밤 사이에 나는 나만의 독특한 글씨체를 만들어 냈다. 그림 그리는 데는 시간이 오래 걸리고 글씨는 빨리 쓸 수 있다고 하지만 아니었다. 하나의 작품을 만들기 위해 수많은 종이를 사용했다. 아직도 캘리그라피는 내 취미이고 어둠 속 빛 같다. 이 시에 나오는 '빛나는 별'이 무엇인지 알 수는 없지만, 지금 나에게는 휴대폰을 놓고 주위를 좀 둘러보며 생각할 수 있는 여유와 캘리그라피라는 취미 같다. (오시은, 고2)

안도현, 〈사랑〉

'맴, 맴, 매앰' 목이 터져라 우는 매미 울음은, 마치 태양에 달궈진 철판이 뜨거워 윙윙 우는 소리 같다. 한 놈이 울기 시작하면 신호라도 되듯 일제히 울어 젖힌다. 한여름을 그렇게 울다가 단풍이 들 때쯤 그 생애를 마감한다. 그렇게 짧은 생애를 위해 매미는 십 년이 넘는 긴 시간을 어둡고 습한 땅속에서 기다린단다. 그러니 짧디짧은 삶에 겨

시 감상 쓰기 평가

읽기와 감상 평가는 개인별 '감상 쓰기', '모둠 시 토의 평가', '시 감상 늘여 쓰기' 등을 평가했다. 활동 횟수와 내용에 따라 평가 내용과 배점을 정하면 된다.

이때 평가 기준은 성실하게 참여했는가를 중심에 둔다. 만점의 기준을 정하고 그것을 충족시킨 학생은 모두 만점을 주면 된다. 만점에서 내용의 충실성이 부족하면 그 정도에 따라 각 시 감상마다 -1점, -2점 (또는 -2점, -4점) 등으로 감점한다. 내용의 충실성 기준은 내용과 관련하여 자기 생각과 느낌을 5행 이상 썼는가를 확인한다. 자료집 시 읽기를 부(部) 가름 등에 따라 몇 차례 할 수 있으므로, 평가한 것을 합산하여 100점으로 하면 큰 어려움 없이 할 수 있다.

모둠 평가는 발표자의 능력을 평가하지 않고 모둠 시 토의 양식 기록의 충실성을 평가하는 것이 좋다. 평가 기준을 사전에 공지하여 모둠원이 열심히 참여했음에도 사회(대표)와 서기의 미숙으로 감점되는 일이 생기지 않도록 유의한다. 이때 토의하는 자세와 집중력을 항목에 넣을 수도 있다. 그럴 경우 토의 과정에서 참여도가 현저히 떨어지는 학생이나 모둠에 감점을 줄 수도 있지만, 그보다는 교사가 그때마다 지적해서 참여를 잘하도록 유도해서 감점 없이 모두가 만점 가까이 받도록 하는 것이 더 중요하다. 수행평가는 수행을 평가하는 것이지 점수 차이를 내기 위한 상대평가가 아니다. 모두가 만점을 받을 수만 있으면 그 교육 활동은 잘한 것이라고 평가할 수 있다.

다음 표는 '시 감상과 토의 평가'의 여러 경우를 나열한 것이다. 학교 사정에 따라 결정하면 되겠지만, 각 항목을 골고루 최소 1회 정도씩은 해보는 것이 좋다. 특히 '모둠 시 토의'는 다른 모둠의 생각이나 토의 결과를 비교해 볼 수도 있고, 좋은 시에 대한 인식을 정리해 볼 수 있는 좋은 기회이니만큼 생략하지 말고 한 번 이상은 꼭 해볼 필요가 있다.

'시 감상과 토의' 평가 계획 – 예시

평가 유형 \ 평가 내용	시 감상 쓰기(1차)	시 감상 쓰기(2차)	모둠 시 토의 (모둠 평가)		시 감상 늘여 쓰기 (1회)	평점
가	20	20	20	20	20	
나	25	25	25	25	×	
다	25	25	25		25	100
라	35	35	30		×	
마	40		30		30	
바	50		50		×	

작품 감상 및 모둠 토의·발표

'시 읽고 감상 쓰기'와 '모둠 토의·발표'를 각각 2회 진행하며, '시 감상 늘여 쓰기'는 2차 모둠 토의 발표가 끝난 뒤 1회 진행한다. '작품 감상 쓰기'는 감상 분량과 내용의 충실성을, '모둠 토의·발표'는 작품 토의 과정과 발표 내용을 평가한다.

(가) 작품 감상 쓰기(2회, 40점)와 시 감상 늘여 쓰기(1회, 20점)를 합산하여 평가한다.
① 내용의 수준 및 충실성, 분량은 어떠한가?

분량이 정해진 대로이고 내용이 충실하면 20점(A), 분량 또는 내용 중 하나가 충실하지 못하면 18점(B), 분량과 내용이 모두 수준 미달이면 16점(C), 제출하지 않으면 0점

② 과제 수행의 정도가 A와 B 또는 B와 C의 거의 중간이라고 볼 수 있을 때 B^+, C^+를 주어 각각 1점을 더할 수 있으며, 과제 수행의 정도가 타 학생에 비해 탁월했을 때 A^+를 주고 1점의 가산점을 줄 수 있음

(나) 모둠 토의·발표(1회, 2회: 각 20점)

등급	점수	채점 기준	비고
A	20점	모둠원 전체가 토의에 열심히 참여하고, 창의적이면서도 충실한 결과를 도출했을 때	• 토의 결과가 다른 모둠에 비해 탁월하거나 매우 창의적이며, 조원들의 태도도 진지할 때는 A^+를 주어 회당 1점의 가산점을 줄 수 있다.
B	18점	모둠원 전체가 토의에 열심히 참여했으나 창의성이나 충실한 결과에서 다소 떨어질 때	• 등급은 A, B, C로 매기는 것을 원칙으로 하되 과제 수행의 정도가 A와 B 또는 B와 C의 중간이라고 볼 수 있을 때 B^+, C^+를 주어 각각 1점을 부여할 수 있다.
C	16점	토의에 참여하는 정도가 다소 무성의하거나 토의 결과물의 창의성이나 충실성에서 다른 모둠에 비해 현저히 떨어질 때	• 같은 모둠 구성원들의 점수는 같음을 원칙으로 하나 유난히 활동이 탁월하거나 참여도가 낮은 모둠원의 경우 1점씩 가감할 수 있다.

(다) 득점 총합이 100점 이상인 경우에는 평점을 100점으로 한다.

4. 시 감상, 심화 표현 활동

시 엮어 읽고 토의·발표 후 감상 쓰기

학생들이 관심을 갖는 삶의 주제나 문제의식(사랑, 죽음, 사물, 생명, 이웃, 시간, '나', 가족, 학교 등)을 담은 여러 편의 시를 묶어서 질문을 붙인 자료를 화면에 띄워서 모두 함께 읽고, 모둠원 수만큼 인쇄한 자료를 각 모둠이 한 묶음씩 추첨 또는 선택하게 한다.

일차적으로 모둠원들이 '시 엮어 읽기' 양식의 물음에 각자가 기록하고 그것을 바탕으로 '시 엮어 읽기 모둠 토의·발표' 양식을 놓고 모둠 토의를 시작한다. 토의 내용은 각 모둠의 서기가 정리하여 발표하게 한다. 정리한 내용은 모둠원 각자가 스캔하여 보관하든지 모둠원 수만큼 복사하여 나눠주면 좋다.

토의하는 과정에서 학생들은 자신들이 가진 문제의식에 대해 좀 더 깊이 있는 이해를 나눌 수 있고, 시인들의 사고와 성찰의 깊이를 느낄 수 있으며, 시 속에 삶에 대한 철학이 담겨 있음을 알게 된다. 아울러 사물과 세상을 보는 새로운 눈(시각)을 깨닫게 되고, 보이지 않는 것을 보고 느낄 수 있는 힘을 어렴풋하게 또는 또렷하게 경험할 수가 있다. 그러면서 학생들은 자기 삶에 대한 시각을 넓히고 마음가짐을 다잡을 수도 있을 것이다.

둘째 시간에는 모둠 토의 보고서 발표 내용을 바탕으로 '시 엮어 읽고 감상 쓰기' 양식에 각자가 쓰고 싶은 글을 써서 발표한다. 이때 글은 주어진 시에 대한 간단한 감상을 쓰는 것이 아니라, 시를 감상하고 토의한 내용을 바탕으로 떠오른 생각이나 이야기를 쓰는 것임을 말해 두어야 한다. 모둠 안에서 먼저 발표하고, 그 중에서 한두 편 선정하여 전체 앞에서 발표한다. 작은 학교에서는 희망 학생 또는 학생 전원이 발표하는 것이 좋다.

발표할 시간이 부족할 때는 다음 시간으로 넘겨서 발표할 수 있다. 또 작품을 '교내 문예 공모'에 출품하고 싶은 학생은 제출한 작품을 복사해서 내주어서 분량도 늘이고 수정 작업을 해서 제출하게 하며, 우수작은 시상하고 다음 해 자료집을 제작할 때 넣으면 좋다.

이 활동을 통해 학생들은 시가 삶과 관련이 있음을 알 수 있고, 시에 대한 해석이 다양할 뿐 아니라 두 편 이상을 비교하면서 읽을 때 사고가 창의적으로 확산될 수 있음을 느낄 수 있다. 토의 내용을 바탕으로 자기 생각을 확산하고 그것을 글로 정리할 수 있는 종합적인 활동이다.

이 활동을 위해서 가장 필요한 것은 교사가 다양하고 의미 있는 시들을 많이 갖추는 것이다. 학생들의 사고력과 상상력을 확장할 수 있는 좋은 시를 선택하여 묶는 교사의 능력이 이 활동의 성패를 좌우한다고 해도 틀리지 않는다. 중학생이나 고등학교 저학년의 경우, 시인들이 쓴 어려운 시보다는 학생들이 자기 이야기를 진솔하게 담은 좋은 시가 필요하다. 고등학교 고학년의 경우, 사고력의 폭발적인 비상을 이끌어 내기 위해서 시인들이 쓴 깊고 독특한 시를 학생 시 중간에 끼워 넣을 수 있을 것이다.

엮어 읽으면 좋은 시 – 예시

- 박노해, 〈얼마나 다행한 일인가〉 — 나태주, 〈행복〉 — 최성수, 〈행복〉 — 백미화(학생), 〈행복〉

- 공국진(학생), 〈보신탕집의 개〉 ─ 손택수, 〈흰둥이 생각〉 ─ 김용락, 〈검둥이〉
- 황인숙, 〈말의 힘〉 ─ 이해인, 〈나를 키우는 말〉 ─ 서정홍, 〈우리말 사랑〉
- 김사인, 〈바짝 붙어서다〉 ─ 전배진(학생), 〈이런 사람이 많아진다면〉 ─ 이상현(학생), 〈폐품 모으시는 할머니〉
- 임길택, 〈똥 푸기〉 ─ 김인호(학생), 〈똥 푸소 아저씨들〉 ─ 이소린(학생), 〈소똥〉
- 윤동주, 〈자화상〉 ─ 배창환, 〈동주의 우물〉
- 윤동주, 〈자화상〉, 〈서시〉, 〈쉽게 쓰여진 시〉 ─ 이성선, 〈별을 보며〉
- 신경림, 〈뿔〉 ─ 김기택, 〈소〉
- 김미진(학생), 〈베트남 아가씨〉 ─ 신효림(학생), 〈마시쏘요〉 ─ 최성수, 〈롱지중학교〉

개인별 '시 엮어 읽기' 활동지 ─ 예시

- **아래 시를 읽고 자신의 생각을 써봅시다.**

(가)
한여름의 가뭄처럼 갈라진 손으로
가게 앞의 박스를 줍는 할머니
그 뒤를 따라가는
단정한 교복을 입은 두 남학생

아무 말 없이 조용히 다가와
박스가 담긴 수레를 끈다

– 아이고, 젊은 아―들이 이래 착하노, 고마워라

아무 말 없이 웃으며
묵묵히 수레를 끈다

이런 사람이 많아진다면
세상은 얼마나 따뜻해질까

한겨울의 추위도 녹일 수 있는
따뜻한 마음을 가진
이런 사람이 많아진다면

보는 이의 마음까지도 따뜻해지는
이런 사람이 많아진다면

– 전배진, 〈이런 사람이 많아진다면〉

(나)
굽은 허리가
신문지를 모으고 상자를 접어 묶는다
몸빼는 졸아든 팔순을 담기에 많이 헐겁다
승용차가 골목 안으로 들어오자
벽에 바짝 붙어선다
유일한 혈육인 양 작은 밀차를 꼭 잡고

저 고독한 바짝 붙어서기
더러운 시멘트벽에 거미처럼
수조 바닥의 늙은 가오리처럼 회색 벽에
낮고 낮은 저 바짝 붙어서기

차가 지나고 나면
구겨졌던 종이같이 할머니는
천천히 다시 펴진다
밀차의 바퀴 두 개가
어린 염소처럼 발꿈치를 졸졸 따라간다

늦밤에 그 방에 켜질 헌 삼성테레비를 생각하면
기운 싱크대와 냄비들
그 앞에 서 있을 굽은 허리를 생각하면
목이 메인다
방 한구석 힘주어 꼭 짜놓은 걸레를 생각하면

– 김사인, 〈바짝 붙어서다〉

---

(1) (모둠 공통 질문) 비슷한 대상을 바라보는 화자의 관심이 어떻게 다른지 이야기해 봅시다.

(2) (모둠 공통 질문) 두 작품의 표현이 어떻게 다른지 이야기해 봅시다.

(3) (모둠별 질문)

'시 엮어 읽기' 모둠 토의·발표 − 양식

(　)학년 (　)반 (　) 모둠 / (　　　)년 (　)월 (　)일
모둠원(번호순으로):

- 사회자(대표):　　　　　　　　　　· 서기(기록자):

대상 시		
토의 주제	(1) (모둠 공통 질문) (2) (모둠 공통 질문) (3) (모둠별 질문)	
토의 내용 (모둠원 발표 기록)	(1)에 대하여 (2)에 대하여 (3)에 대하여	
토의에 대한 평가		

시 엮어 읽고 감상 쓰기 이렇게 해요!

- 엮어 읽고 모둠 토의한 시 내용을 바탕으로 떠오르는 내 삶과 관련된 이야기 소재(글감)를 찾아 자유롭게 글을 써봅시다.
- 시에 대한 해설이 아닙니다. 어떤 시에서 착안한 '내 삶 이야기 쓰기'(수필)입니다. 시를 인용할 수도 있으며, 길이는 인용한 시를 제외하고 본문만 A4 2/3쪽 이상, '처음 – 중간 – 끝' 구조를 취합니다.

    – 대상 시:
    – 중심 내용(주제):
    – 제목:
    　부제:
    – 착상, 구체화(구조, 줄거리)
    　· 처음
    　· 중간(두 문단 이상)
    　　①
    　　②
    　　③
    　· 끝

뒷면에 이어서 쓰세요.

시, 시집 읽고 감상(시평·시집평) 쓰기

시평(시집평) 쓰기는 시인과 시를 더 깊이 이해하고 감상하기 위한 것이다. '한 학기 한 권 읽기'의 텍스트로 시집을 모둠원이 각자 읽고 '시평 쓰기'는 시인의 시 한 편을 대상으로 하며, 시집평 쓰기는 모둠에서 시집을 선택하여 공동으로 읽고 토의를 한 다음 토의 결과를 참조해서 각자가 쓰고 싶은 내용을 정해서 쓰면 된다.

시평은 2시간, 시집평은 4시간을 배정하면 적당하다. 시작하기 전에, 이전에 학생들이 쓴 시평과 시집평 가운데 우수 작품을 뽑아 출력해서 함께 읽어본 다음, 쓰는 법도 출력해서 나누어 주고 설명하면 누구나 쓸 수 있다. 글의 주제와 관련되는 제목을 붙이고, 대상 시집의 제목과 시인, 출판사, 출판 연도 등을 부제로 삼는다.

시평과 시집평 모두 글의 구성은 '처음-중간-끝' 형태를 취하며, 마인드맵을 통해 구성과 내용을 섬세하게 구체화한 뒤에 글을 쓴다. 글과 마인드맵 모두 평가의 대상으로 삼을 수 있다.

① 시평 쓰기

평소에 좋아하는 시인의 시집을 읽고 그 중에 시 한 편을 선정하게 한다. 첫 시간은 대상 시를 여러 번 읽으면서 그 시에서 느낀 점이나 떠오르는 생각을 메모하고, 말하고 싶은 내용(주제)을 중심으로 가지를 뻗어서 마인드맵을 그린다. 동시에 그 시와 관련성이 엿보이는 시인의 다른 시 몇 편과 시인의 삶을 이해하는 데 도움이 될 만한 자료를 찾아 읽으면서 마인드맵을 참조하여 '처음-중간-끝'에 들어갈 내용으로 글의 구조를 짠다. 글의 구조에 살을 붙여서 전체 줄거리를 만든 다음 글을 써 내려가되, 딱딱한 글이 아니라 수필처럼 생각과 느낌을 편하게 쓰고 다듬어서 완성하면 된다. 본문 중에 시 전문(1편)을 반드시 인용하도록 하고, 제목은 주제를 바탕으로 흥미롭게 붙이는데, 글의 구상 단계에서 완성할 때까지 고심하여 정하면 된다.

② 시집평 쓰기

'시집 읽고 감상(시집평) 쓰기'는 한 시인의 시집을 공동으로 정해서 모둠원이 통째로 읽고 감상 또는 비평을 쓰는 활동이다. 시집을 선정할 때는 교사가 시집을 20여 권 정해 두고 그중에서 모둠별로 선택하게 할 수도 있고, 각 모둠에서 스스로 정해서 교사에게 알려주는 형식을 취할 수도 있다. 다만 이 경우에는 이미 공부하고 읽은 시인이 낸 시집이나 시선집 중에 선택하도록 하고, 거기에서 벗어난 시집일 경우에는 사전에 협의해야 한다고 말해 둔다. 좋은 시집을 모둠원이 함께 선정하는 것이 중요하기 때문이다.

시집은 그 시집을 낸 시인의 일생 중 어느 시점에 쓴 것이기 때문에 시인의 전체 삶이 반영되면서 동시에 시집을 내기 직전까지의 삶이 중점적으로 드러날 가능성이 높다. 짧은 시집평 속에 삶의 전모를 드러내기는 어렵지만, 시인이 자기 시대를 어떤 세계관으로 살아가고 싶어 했는지를 찾아내는 것도 시를 온전히 이해하는 데 필요하며, 글(시집평) 속에도 드러내는 것이 바람직하다. 그래서 모둠원 각자가 시집 속에서 가장 인상적인 시를 3편 정도 골라서 감상을 간단히 써 와서 발표하고, 시인의 삶과 세계관에 대한 자료도 꺼내놓고 함께 토의한 다음에 각자 감상평을 완성하면 더 풍부한 글이 될 수 있다.

시집평의 형식은 시평 쓰기와 비슷하며, 시집에서 시 3편 이상을 골라 전문이나 일부를 인용하면서 주제를 구체화하며 쓴다. 모둠 토의를 거치면서 생기는 '할 말(주제)'을 중심으로 다시 내용을 정리하면서 마인드맵을 그리고 글의 짜임을 구성하여 쓰면 된다.

초고는 고쳐서 완성하고, 마인드맵과 글의 짜임을 붙여서 함께 제출하도록 한다.

'시집평 쓰기' 모둠 토의 − 양식

(　)학년 (　)반 (　) 모둠 / (　　　)년 (　)월 (　)일
모둠원(번호순으로):

• 사회자(대표):　　　　　　　　　　• 서기(기록자):

대상 시집	시인	
	시집 제목	
토의 내용 (모둠원 발표 기록) − 시인의 삶, 세계관 관련		
토의 내용 (모둠원 발표 기록) − 시 관련		
토의에 대한 평가		

- 시평의 경우 시 한 편 전문을 다 수록하며, 시집평일 경우 전문 또는 부분을 인용할 수도 있으나 세 편 이상 인용합니다.
- 시인이 그 시대를 살아가는 삶의 모습이나 세계관, 사물을 보는 관점 등과 시의 연관성을 드러냅니다.
- 글의 짜임: '처음–중간–끝'의 형식으로 구성합니다. '중간'은 두 문단 이상이어야 합니다.
- 제목은 글의 중심 내용을 포괄 또는 요약하거나 상징적으로 표현하되 너무 딱딱하지 않고 재미있게 표현합니다. '○○○○를 읽고' 같은 제목은 쓰지 않습니다. 부제는 대상이 되는 시 또는 시집을 씁니다. 예를 들면 아래와 같습니다.

우린 빚덩어리 – 김금래, 〈난 빚덩어리〉

함민복 시인이 저문 청춘을 기억하는 방법 – 함민복, 〈숨쉬기도 미안한 사월〉

각자의 참회는 다르다 – 이성선, 〈별을 보며〉

위로와 성찰, 삶의 변화를 가져오는 시
– 서정홍, 《감자가 맛있는 까닭》(창비교육, 2018)

생명의 어머니인 흙을 살리고 지키는 삶의 철학
– 서정홍, 《농부 시인의 행복론》(녹색평론사, 2010)

- 제목은 14~15포인트, 본문은 11포인트로 하고, 글자체는 함초롬바탕체, 맑은고딕, 굴림체, 돋움체, 함초롬돋움체, 바탕체 등을 사용하고 그 외 글자체도 읽기 쉽고 눈을 피로하게 하지 않은 것이라면 상관없습니다.
- 편지나 일기 등 다양한 형식을 활용해도 좋습니다.
- 글의 내용과 어울리게 하기 위해서는 경어체를 쓸 수도 있습니다.
- 글의 길이는 제목, 부제, 이름, 인용한 시 부분을 제외하고 감상 서술 부분만 시평의 경우 A4 2/3쪽 이상으로 하며, 시집평의 경우에는 감상 부분을 A4 1쪽 이상으로 합니다. 분량을 충족하면 그 길이의 길고 짧음은 평가 대상이 되지 않습니다.
- 마인드맵과 글의 짜임도 평가 대상입니다. 제출할 때 함께 제출해 주세요.
- 제출하는 날을 꼭 지켜주세요!

* 중학생의 경우: 글의 길이는 시평은 A4 1/2쪽 이상으로 하며, 시집평의 경우에는 A4 2/3쪽 이상으로 합니다.

③ 평가

제출한 마인드맵과 짜임, 그리고 글을 모두 평가한다. 평가 기준에 따라 평가해서 좋은 작품은 교내 문예 공모 행사에 따로 시평 항목을 넣든지 독후감에 넣어서 시상할 수 있다.

시평과 시집평 쓰기 평가 기준 – 예시

- '마인드맵'은 제출했는가를 평가합니다.
- '글의 짜임'은 '처음–중간–끝'의 형식을 취했는지, '중간'은 두 문단 이상인지를 평가합니다.
- '글의 분량'은 시를 제외한 글의 분량이 시평은 A4 2/3쪽 이상, 시집평은 1쪽 이상인지를 평가합니다. (중학생은 시평은 A4 1/2쪽 이상, 시집평은 2/3쪽 이상)
- '시의 인용'은 '시평 쓰기'는 본문 안에 시의 전문을, '시집평 쓰기'는 3편 이상(전문 또는 일부) 인용했는지를 평가합니다.
- '제목의 적절성'은 주제와 관련하여 참신하게 쓴 제목인지, 부제를 규정대로 썼는지 등을 평가합니다.
- '주제의 표현'은 마인드맵과 짜임을 활용해서 썼는지, 주제가 잘 드러나 있는지를 평가합니다.
- '시집평 쓰기'의 '모둠 토의 기록' 평가는 토의 기록의 충실성을 제출한 자료로 평가합니다.

시평 쓰기 평가 내용 – 예시

	평가 항목(내용)						평점
	마인드맵	글의 짜임	분량	시의 인용	제목의 적절성	주제의 표현	
배점	10	10	10	10	10	50	100

	평가 항목(내용)							평점
	마인드맵	글의 짜임	분량	시의 인용	제목의 적절성	주제의 표현	모둠 토의 기록	
배점	10	10	10	10	10	30	20	100

* 각 항목의 만점에서 규정을 지키지 않았을 때 2점씩 감점합니다.
* 세부적인 것은 따로 정합니다.

애송시 시화 그리기

자신이 좋아하는 시와 시인을 갖는다는 것이 시 교육에서 매우 중요하다. 시를 찾아 읽고 즐기며 생활의 활력소가 되고 위안과 기쁨으로 삼을 수 있다면 그 이상의 시 교육이 어디에 있겠는가.

애송시를 찾아서 쓰고, 시화를 그리고, 감상을 쓰는 '애송시 시화 그리기' 활동은 '자신의 시'를 만들어 가는 과정이다. 이 활동을 통해서 삶을 다시 돌아보는 시간을 갖게 되었다는 학생도 있었는데, 학생들의 시화를 보면 그들의 신선한 감각과 창의력을 느낄 수 있고, 다양한 재능을 발굴해 낼 수 있다.

이 애송시 시화 그리기는 시 읽기와 모둠 토의 활동 다음에 배치하는 것이 좋다. 색연필이나 색사인펜 등을 사용할 수 있고, 종이는 A4용지뿐 아니라 다양한 재질의 재료를 사용할 수 있다. 시화를 그릴 때는 시 제목과 시인의 이름, 그린이 이름(학생), 시 전문, 적당한 여백에 감상 쓰기, 그리고 나머지 빈 여백에 그림을 그리든지 이미지를 오려 붙이든지 하면 된다.

저 산 너머
부세

산너머, 고개너머
먼하늘에
행복은 있다고
사람들은 말하네.

아, 나는 남 따라
찾아갔다가
눈물만 머금고 돌아왔다네

산너머, 고개너머
더욱더 멀리
행복은 있다고
사람들은 말하네

감상
중학교 2학년 재량학습 시간에 강지윤
선생님께서 각자 좋아하는 시 한편씩 찾아오라고
하신 적이 있었다. 그때 처음 이 시를 읽게 되었
는데 솔직히 그때는 아주 생각없이 뻥끗을 했다.
그런데 선생님께서 너무나도 좋은 말씀을 해 주셨다.
" 지금 여기서도 행복이 저 산 너머에 있다고 생각하겠지만,
저 산너머에 있는 사람들은 여기에 행복이 있다고 생각한다.
행복은 멀리 있는 것이 아니라 항상 우리 곁에 있는 것이다."
그 말을 들은 이후로 항상 이 시를 보면 강지윤 선생님이 생각난다.
소중한 사랑을 떠올리게 해주는 이 시가 너무 좋고 또 행복에 대해
생각하게 만드는 이 시가 너무 좋다.

– 오지현(고2)

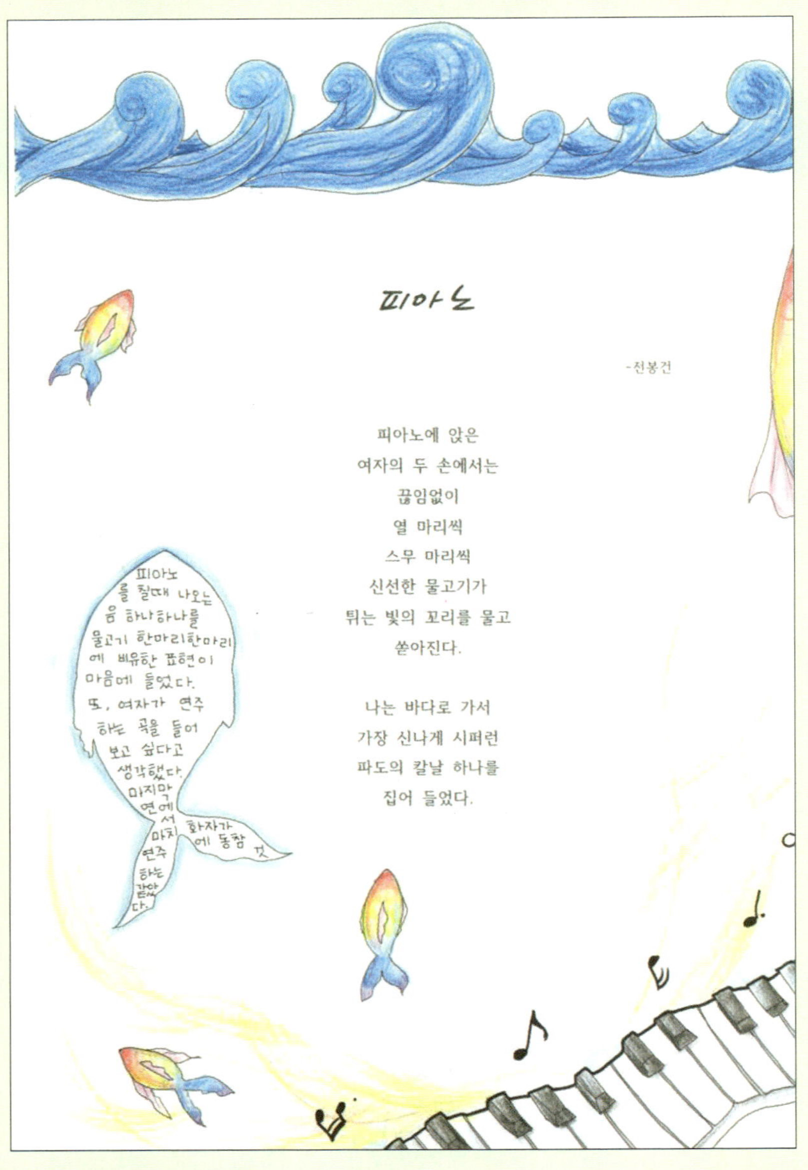

피아노

-전봉건

피아노에 앉은
여자의 두 손에서는
끊임없이
열 마리씩
스무 마리씩
신선한 물고기가
튀는 빛의 꼬리를 물고
쏟아진다.

나는 바다로 가서
가장 신나게 시퍼런
파도의 칼날 하나를
집어 들었다.

피아노
를 칠때 나오는
음 하나하나를
물고기 한마리한마리
에 비유한 표현이
마음에 들었다.
또, 여자가 연주
하는 곡을 들어
보고 싶다고
생각했다.
마지막
연에서
마치 하자가
연주 에 동참
하는 것 같
다.

가을 엽서

안도현

한 잎 두 잎 나뭇잎이
낮은 곳으로
자꾸 내려 앉습니다
세상에 나누어 줄 것이 많다는 듯이

나도 그대에게 무엇을 좀 나누어 주고 싶습니다.

내가 가진 게 너무 없다 할지라도
그대여
가을 저녁 한때
낙엽이 지거든 물어보십시오
사랑은 왜
낮은 곳에서 있는지를

— 손선경(고2)

평가는 시에 대한 이해도와 감상의 충실성, 감상 표현의 독창성 등을 보되, 시화의 그림 수준은 평가하지 않고 시와 그림의 어울림을 보는 것이 좋다. 감상 분량은 사전에 최저선을 정해 주고 그것을 넘으면 만점으로 한다. 각각의 항목 만점에서 감점하는 방법이 무난하며, 수행 자체에 의미가 있기 때문에 진지하게 수행했다면 차이를 내기 위해 억지로 감점할 필요는 없다.

평가하는 시간에 교실에 전시하여 시화 작품을 모두 둘러보며 감상하고 우수작을 학생들이 뽑게 하면 그 자체로 좋은 예술 체험이 된다. 교사가 학기 초에 계획을 세워서 시화 우수작은 시상하고 학교 축제 때 코너를 만들어 전시하는 것도 모두에게 색다른 경험이 될 것이다. 학교 예산으로 시화 책받침, 시화 책갈피를 만들어 나눠주는 것도 좋다.

시화 그리기 평가 - 예시

	평가 항목(내용)				평점
	시에 대한 이해도	감상의 최소 분량	감상 표현의 독창성	시와 그림의 어울림	
배점	25	25	25	25	100

* 각 항목에 대한 세부 기준은 따로 정합니다.

시 암송하기(평가하기)

시 암송은 시 교육에서 가장 중요한 활동이다. 시는 궁극적으로 암송해야만 온전히 '내 것'이 될 수 있다. 좋은 시를 찾아내어 암송하고 쓸 수 있다면 학교에서의 시 공부는 그것으로 충분하지 않을까 싶다. 시 암송은 시 감상을 하면서 동시에 추진하기에 좋은 활동이다.

시는 운율과 이미지, 의미가 한 덩어리로 통합되어 있어서 암송하면 언제 어디서든 다시 정감이 살아나고 감동에 젖을 수 있다. 그리고 시는 의미의 함축성이 크므로 많은 시를 암송하면 말하고 쓰는 언어 활동이 풍부해지며, 다양하고 심도 있는 표현이 가능하다. 시를 쓰기 위해서도 시를 암송하는 것이 필수적이므로, 예로부터 동서양을 막론하고 시는 노래와 같이 암송하는 적극적이고 능동적인 학습 전통이 존재해 왔다. 따라서 좋은 시를 암송하는 일은 시 공부에서 가장 필요한 활동이다.

① 암송할 시 선정

우선 암송할 시를 정해야 한다. 어떤 시를 암송하느냐가 중요하므로 좋은 시를 찾아야 한다. 학생들이 좋은 시라고 여겨야 암송할 흥미를 갖게 된다. 그렇지 않고 교사가 일방적으로 지정해 주면서 "좋은 시니까 암송해라." 하면 학생들이 흥미를 갖지 않을 수 있다. 또 학생 개개인에게 자유롭게 선택하도록 하면 좋지 않은 시를 고를 수 있다. 따라서 시 암송 활동은 시 읽기와 감상, 토의 수업을 한 다음, 학생들이 좋은 시에 대한 감각과 기준이 어느 정도 갖춰진 다음에 하는 것이 좋다.

학생들이 암송하여 시를 입에 익히는 것, 시를 암송했다는 체험을 하는 것이 중요하므로 긴 시를 억지로 암송하게 하는 것은 저항을 불러와 역효과가 날 수 있다. 학기별로 5편 정도를 목표로 정하여 한 해에 10편을 암송할 수 있으면 성공이라 자부해도 될 것이다. 아이들이 시를 암송하면서 학교 복도를 다닌다면 학교의 분위기와 문화가 크게 달라지지 않을까? 실제로 시 암송 평가가 있는 주간에 교정에서 시를 들고 다니며 외우는 학생들의 진지한 모습을 볼 수 있었다.

암송할 시는 학생들이 읽은 '시 읽기 자료집' 안에서, 시 토의 수업의 결과 학생들이 좋아하는 시 가운데서 고르면 좋다. 주제가 치우치지 않게 교사가 여러 부(部)에서 길이가 10~20행 정도 되는 시를 3편 정해서 '필수 암송 시'로 지정하고, 나머지 2편은 '선택 암송 시'로 학생이 '시 읽기 자료집' 안에서, 같은 부(部)에 겹치지 않도록만 하여 암송 시를 자유롭게 정하도록 한다. '선택 암송 시' 두 편은 길이가 5~15행인 시로 정해 둔다.

② 평가 방법

시 암송 평가 방법은 '필수 암송 시'는 학기별로 국어과 지필 평가할 때 암송 평가지를 따로 만들어서 전문 중에서 일부만 적고, 중간에 한두 연 정도를 비워두어서 학생들이 완성하게 한다. 그리고 '선택 암송 시'는 '제목, 시인, 시 본문'을 모두 차례로 적어 내게 하면 된다. '필수'와 '선택' 암송 시마다 세부 채점 기준을 따로 정해서 사전에 공지해 두어야 한다.

모두 만점에서 감점하는 방식으로 하며, 사전에 감점 기준을 정해서 공지해 둔다. '필수'의 경우 제목과 시인은 주어져 있으므로 행 단위로 틀리게 적은 경우에 감점하면 되고, '선택'의 경우 제목과 시인을 바르게 썼는가, 본문을 틀리게 쓴 행이 있는 곳이 몇 군데인가에 따라 감점한다. 다만 학생들에게 유리하게 채점하는 것을 원칙으로 하고, 채점 결과를 확인하는 시간에 오류가 있으면 수정해 준다.

이 방법은 교사가 일일이 확인하여 채점해야 하지만, 평가가 한 시간 만에 끝난다는 점과 동일한 조건에서 동시 평가가 가능하다는 것이 장점이다. 학년 전체를 대상으로 수행평가 시간을 따로 정할 수 있으면 그 방법도 가능하다.

수업 시간에 평가하는 방법은 시간마다 몇 명씩 시를 암송하게 하는 것인데, 수업에 활기를 불어넣을 수 있고 학생들이 친구들 앞에서 시를 암송해 본다는 것이 장점이다. 하지만 반별로, 학생 개인별로 수행 시간이 달라서 간혹 공정성 시비가 제기되어 평가 자체에 어려움이 있을 수도 있다. 또 한 사람이 여러 편을 암송하게 되면 시간도 많이 걸릴 뿐 아니라, 수업 시간마다 같은 시를 암송하게 되면 암송 시간이 지루해질 수도 있다.

그래서 지필 평가로만 시 암송을 평가하고, 그 대신 수업 분위기를 띄우기 위해서는 따로 암송 시를 매달 정해 수업 시작하기 전에 반 전체 학생이 함께 암송하면서 수업을 시작하는 것이 바람직하다.

지필 암송 평가에 실패한 학생들을 구제하기 위해, 15행 이상 되는 다른 시 몇 편을 공지한 다음 희망하는 학생들만 암송 신청을 받아서 수업 시작할 때마다 몇 명씩 암송하도록 하여 끝까지 암송한 학생에게는 학생이 얻은 시 암송 평점에 가산점을 부여해 주는 것도 좋은 방법이다. 시는 한 편만 선정하여 암송하게 하고 가산점은 사전에 정해 둔다. 이 경우에는 암송 결과를 너무 세세하게 평가할 필요가 없으며, 통과(암송) 유무만 판단한다. 시 암송을 함께 즐기면서 수업 분위기도 띄울 수 있는 방법으로 활용하면 좋을 것이다.

시 낭송 수업은 해마다 2월에 한 해의 수업 계획을 짤 때 할지 말지를 고민하게 되는 수업이다. 그 주된 이유는 시간이 많이 걸리기 때문인데, 그것만 제외한다면 권할 만하다. 학생들 반응도 좋고, 교사의 만족도 역시 어떤 활동보다 크다. 아이들을 감동에 젖게 하기도 하고, 영혼이 맑아지는 느낌이 들고, 시가 아이들의 가슴에 가 닿는 것이 보이고, 아이들의 가슴에 있던 시가 한꺼번에 쏟아져 나오는 느낌이 드는 수업이다. 시간이 많이 걸리는 단점을 덮고도 남을 교육적인 효과가 있는 수업이 바로 '시 낭송 수업'이다. 그래서 2월이 되면 어김없이 시 낭송 수업을 계획서에 넣고 준비하게 된다.

이 수업은 단순히 시를 낭송하는 데에만 그치는 것이 아니다. 말하기, 쓰기, 평가하기, 시와 음악의 조화 등이 통합되어 있는 교육 활동이며, 아이들의 집중도 또한 매우 높다. 하지만 이 낭송 수업을 만만하게 보면 안 된다. 우습게 여기고 대충 해서는 아무런 교육적 효과도 얻지 못한 채 다음 해에는 그만두게 될지도 모른다. 그만큼 준비가 필요한 수업이다.

① 시 낭송 순서 정하기

시 낭송 수업은 학기 초에 아이들과 함께 수업 계획을 세워나갈 때 예고해 둔다. 그리고 1학기나 2학기 어느 때 해도 좋지만, 처음 시 수업을 맡은 학년의 경우에는 주로 2학기에 수업을 진행했다. 특별한 이유가 있는 것은 아니지만, 아이들이 시에 대해 뭘 좀 알고 나야 좋은 시를 찾아내어 읽을 수 있다고 판단했기 때문이다. (시 낭송에서 가장 중요한 것은 역시 좋은 시를 가져와서 낭송하는 것이다. 여기에 낭송 수업의 성패가 달려 있다.)

시 낭송 순서는 2학기 개학에 맞춰서 정하는데, 아래와 같은 원칙을 수업 시간에 이야기하고 학급의 문학 도우미 학생(학급에서 문학과 관련된 심부름을 하고, 교사와 학생들 사이에 교량 역할을 하도록 문학 도우미를 두고 가끔 책 같은 것을 선물로 주곤 했다.)에게 시 낭송 순서 양식을 나눠주어 순서를 정해 오게 했다.

시 낭송 순서를 정하는 방법(원칙)

- 먼저 낭송하는 학생에게 우선적으로 시 선택권이 주어진다. 그리고 뒤에 낭송할 학생은 앞에 이미 선택한 시를 다시 선택할 수 없다.
- 학기 초에 내준 권장 시집 목록에 나오는 시인들의 시 또는 그 시인들의 다른 시집에서 시를 찾는다. 권장 시집이 아닌 다른 시를 선정하려면 선생님과 사전에 협의해야 한다.
- 교과서나 참고서에서 이미 배운 시는 사용하지 않는다.
- 정해진 낭송 순서를 바꾸거나 시를 바꿀 때는 사전에 선생님과 상의한다.

이 정도의 원칙을 세우고 2학기에 시작했는데, 아이들이 자주 시를 바꿔달라고 찾아왔다. 대개는 승인해 주었지만, 나중에는 너도나도 바꿔달라고 찾아와서 바꿔주다 보니, 좋은 시를 고른 경우도 있었지만 손쉽게 인터넷에서 그냥 가져오는 경우도 많아졌다. 그런 경우에는 대체로 실패한 경우가 더 많았다. 그래서 권장 시집을 벗어나지 않는 것이 좋겠다는 생각을 하게 되었다.

다음은 시 낭송 순서 양식이다.

순서	번호	이름	낭송 시(제목)	시인	비고
1	3	김○○	귀가	도종환	
2					
3					
⋮	⋮				
24	20	최○○	일곱 살 때의 독서	나희덕	

② 평가 기준 정하기

평가 기준은 시 낭송의 일반적인 유의점을 살려서 정했다. 우선 목소리가 커야 듣는 사람에게 전달되므로 '음량'을 평가 기준에 넣었다. 이 음량은 마이크 사용까지 포함해서 정했는데, 마이크를 사용하든 안 하든 듣는 사람의 귀에 들리는 소리의 크기를 음량 평가의 대상으로 했다. 마이크를 잘 안 써본 아이들이라 거부 반응이 더러 있었고, 그래서 소리가 작은 경우가 종종 있었는데, 그 경우에는 다른 평가 항목마저 평가 결과가 낮게 나오기 마련이었다.

다음으로 '정감'을 평가 항목에 넣었다. 시의 정서를 잘 살려서 읽었는지, 속도가 너무 빠르지 않은지, 행과 연을 잘 끊어 읽었는지 등이 이 항목에 해당한다. 그리고 '낭송 태도'를 넣었는데, 바른 자세로 낭송하는지, 앞뒤 좌우로 몸이 흔들리지는 않는지, 시에 대한 소개를 적절히 잘하는지 등을 평가했다. 마지막으로 '시화 그리기'도 평가 항목에 넣었다. 시화의 경우, 그림은 평가하지 않고 선택한 시의 내용과 감상 소감을 평가했다. 시가 감동적인지 아닌지, 너무 짧지 않은지(20행 이상 30행 이하로 낭송하게 했는데, 너무 짧으면 낭송을 시작하자마자 곧 끝나기 때문에 학생들이나 교사가 감상하고 평가할 시간적 여유가 없다.), 시 감상을 풍부히 썼는지 등을 평가의 대상으로 했다. 그리고 배경 음악을 넣어 잘 어울릴 경우에는 가산점으로 2점을 주었다.

시 낭송 평가 – 예시 (상: 25점, 중: 23점, 하: 21점)

순서	번호	이름	시 제목	시화 (25)	태도 (25)	음량 (25)	정감 (25)	음악 (가산점)	합계	평점 (100)
1	5	김○○		25	23	25	25	2	100	100
2	20	최○○		25	25	25	25	2	102	100
3	12	박○○		25	23	25	23	2	98	98

준비가 안 되어 공지한 날에 낭송하지 못한 학생은 맨 뒤로 가게 되며, 평점에서 감점됨을 사전에 알린다.

③ 시화 그려서 낭송하기

시 낭송 순서에 따라 낭송을 시작하는데, 예전에 국어나 문학 수업 시간을 빼서 하던 경우에는 교과 진도를 중단할 수가 없어서 일주일에 한 시간씩 지정해서 시 낭송을 했다. 주당 한 시간씩 하지 않고 이어서 할 수 있으면 빨리 끝낼 수 있다. 대략 하루에 3명 정도 낭송하면 적당하고, 4명이 하면 좀 빠듯하지만 그래도 할 수는 있다. 한 주에 3명씩 하면 8시간 정도 소요되고(24명 기준), 4명씩 하면 6시간이 걸린다. 그리고 3명씩 하면 낭송 후 '평가 발표'를 한 학생에 대해서 두세 명이 할 수 있고, 4명씩 하면 한두 명밖에 할 수가 없다. 학급당 학생 수가 적고 시간이 확보된다면 하루에 3명 정도 하면 여유도 있고 교육적인 효과를 내기에 적당하다.

학급별 시 낭송 첫 시간에 학생들이 평가 기준을 충분히 알 수 있도록 설명하고, 시 낭송하는 법을 시범을 보여준다. 한 시간만 해보면 다음 차례 아이들은 금세 익숙해져서 다 알게 된다.

차례가 된 학생들은 낭송하기 하루 전까지 A4용지에 시화를 그려서 제출한다. 시화에는 시 제목과 시 본문이 들어가고, 시인과 낭송인(2-3, 김○○)이 들어가며, 시 본문 아래 빈 여백에 감상을 쓴다. 감상은 이 시와의 인연(언제 이 시를 알게 되었으며, 왜 이 시를 선택했는지) 또는 감동적인 점, 인상적인 느낌 등에 대해 쓴다. 이때 감상은 시에 대한 딱딱한 해석이 아님을 유의해야 한다. 그리고 여백에 시화를 그리는데, 이미지를 출력해서 오려 붙이든 직접 그리든 시와 잘 어울리는 그림을 선택해야 한다. 그릴 자신이 없으면 다른 사람에게 부탁해도 좋으며, 그림은 평가에서 제외된다는 것을 말해 둔다.

교사는 수업하기 한 시간 전까지 학급 학생 수에 2장을 추가한 수(교사용이다. 한 장은 철하고 한 장은 빈 여백에 평가지로 쓴다.)만큼 복사를 해두며, 그날 낭송하는 학생들은 준비해 온 음악을 컴퓨터에 설치한다. (휴대폰에서 배경 음악을 재생시켜도 상관없으나 이 경우 소리의 크기 조절이 문제가 생기지 않도록 각자가 책임져야 한다.) 그리고 발표할 학생 중 먼저 설치한 아이 한 명이 교무실에 와서 교사가 복사해 둔 시화들을 받아가서 친구들에게 한 장씩 나눠준다. 그러면 일단 준비는 끝난다.

수업 종이 울리면 교사가 교실에 들어가서 곧바로 시작한다. 첫 번째 순서인 아이가 나와서 교탁 앞에 시화를 들고 선다. 그러면 교사는 컴퓨터에 준비된 음악을 재생할 준비를 하고, 시화를 보면서 낭송하는 모습을 관찰하여 채점하거나 메모한다. 교사가 "자, 이제 시작합니다."라는 멘트와 함께 시작한다. 시작한 다음에는 그 누구도 떠들어선 안 됨을 주지시킨다.

발표하는 학생은 우선 왜 이 시를 선택하게 됐는지에 대해서 30초 동안 말한다. 30초란 시간도 준비하지 않으면 길다는 것을 학생들은 알고 있다. 하지만 시간을 지켜서 충분히 하고 싶은 만큼 말을 하도록 권장한다. 이 시간이 중요한데, 발표하는 아이가 애송시의 세계 속으로 들어가는 준비 활동이기 때문이다. 이때 시화 아래에 있는 '시 감상'을 그냥 보고 읽으면 안 된다고 말해 둔다. 그래도 말하기에 자신 없는 아이들은 곧잘 보고 읽곤 한다. 말하기가 끝나면 교사는 곧바로 저장된 음악을 재생하고, 거기에 맞춰서 학생이 천천히 낭송을 시작한다.

아이들은 대체로 낭송이 빠르고 목소리가 작으므로 시간마다 처음 낭송을 시작할 때 이야기해 둔다. 그리고 마이크를 사용할 것을 권장한다. (마이크는 소형 마이크를 준비하면 충분하다. 교사의 수업용을 사용하면 된다.) 낭송하는 동안 교사는 그 자리에서 시화의 여백에 항목별로 채점을 하여 적어 넣고(공개는 학급 전체 학생이 다 끝나고 한꺼번에 한다. 그 자리에서 하는 것도 좋지만, 그렇게 되면 아이들이 점수에 너무 예민해져서 다음 낭송하는 아이들에게도 영향을 미치고, 만점이 아닐 경우에는 수업 시간에 얻은 효과가 사라지는 경우가 예상되므로) 평가 용지에도 동일하게 기록한다. 특히 감점할 때는 그 이유에 대해 평가지에 간단하게 메모해 두어야 나중에 학생이 감점 이유를 물으면 답할 수 있다.

이때 학생들은 친구의 낭송을 잘 듣고 관찰하여 나름대로 평가하는데, 수치로 하지 않고 문장으로 기록한다. 처음 낭송하기 전에 아래와 같이 학생들이 평가할 내용의 기준을 교사가 발표하되, 교사가 출력하여 조그마하게 오려서 학생들에게 나눠주거나, 공책의 잘 보이는 곳에 적어두고 평가할 때마다 한 번씩 읽어보고 평가하게 하면 나중에는 읽어보지 않아도 술술 쓸 수 있게 된다.

평가할 내용과 활동 – 학생 배부용

- 아래 모든 항목을 다 적는 것이 아니라 선택해서 필요한 것을 적습니다.
- 낭송을 잘 듣고 학생 시화의 빈 여백에 평가를 써줍니다.
  - 시의 내용에 대한 나의 생각이나 느낌
  - 시 낭송하는 자세와 말하기
  - 시와 음악의 조화
  - 시의 정감을 잘 살렸는가?
  - 음량은 충분한가, 부족한가?
  - 그 외 하고 싶은 말
- 낭송 후에 이 평가지를 보면서 친구의 낭송에 대해 평가해 줍니다.

평가 시간은 한 학생이 낭송한 후 2분 정도를 주면 적당하며, 너무 짧으면 충실하지 못하고 너무 길게 주면 느슨해져서 긴장감이 사라지고 흐트러진다. 2분이 지나면 다음 학생이 나와서 음악을 준비하고 낭송을 계속한다.

④ 평가 발표하기와 소감 말하기

이렇게 하여 낭송과 평가 쓰기가 끝나면 평가를 발표하는 시간이다. 발표는 희망하는 학생이 하도록 했다. 여기에서도 발표한 학생이 평소 친구 사이에서 어느 정도 인기가 있는지, 발표한 시가 얼마나 좋은 시인지에 따라 빈익빈 부익부 현상이 뚜렷하다. 어떤 때는 평가 발표 희망자가 없어서 몇 번이나 희망자를 찾아도 없는 경우가 있지만(희망자가 없으면 학생이 지명하게 하고, 학생이 지명하지 못하겠다고 하면 교사가 대신 지명한다.), 어떤 때는 희망자가 한꺼번에 쏟아져 나와서 감당하지 못하게 되고, 결국 늦게 손든 학생을 끊어야 할 때도 있다. 하지만 전체 학생들의 동의를 얻어서(발표자를 2명 이내로 정해 두어서 동의가 필요한데, 대부분의 경우 아이들은 흔쾌히 동의했다.) 한두 명 더 발표할 수 있게 했다. 너무 많으면 그날 이미 한 번 발표한 학생은 제외하기도 했다.

이 시간이 시 낭송에서 가장 중요한 시간이다. 낭송하는 학생과 듣는 학생이 하나가 되어 고해성사하듯이 마음에 있는 말들을 토해 내고 서로의 애정을 확인하고 다독여 주는 시간이다. 감수성이 예민한 청소년들이라 가족이나 친구 관련 시를 읽을 때 간간이 울음판을 만들기도 했는데, 시 낭송을 시작하려다 말고 교탁에 숨어 울기부터 하는 학생도 있었지만(이때는 다 울고 나올 때까지 그냥 두었다. 그때마다 아이들은 "울지 마! 울지 마!" 하고 합창으로 달래주었다.), 어떤 학생들은 친구의 시를 평가하러 나와서 처음부터 말을 잇지 못하고 울먹이기도 했다.

나는 이 터져 나오는 울음판이야말로 참으로 귀중한 시간이라 생각한다. 그 누구도 말리지 못하는 시간이다. 울음을 통해 스스로 카타르시스를 경험하고 시의 감동과 가치를 경험하는 것이다. 수업 시간에 언제 이렇게 서로의 마음을 나눠본 적이 있었던가. 이렇게 하여 아이들은 시를 자신의 삶으로 받아들이고 오래도록 이 순간을 하나의 씨앗으로 간직하게 된다.

학생들이 주로 좋아한 시들은 비교적 단순하고 솔직한 삶의 이야기를 다룬 것들이다. 하지만 〈일곱 살 때의 독서〉(나희덕) 같은 꽉 짜인 시적 구조와 긴장감을 가지면서 표현의 묘미가 있는 시들에 대한 애착도 컸다. 가끔은 시 같지 않은 시, 이를테면 관념적인 내용을 그냥 행만 구분해 놓은, 시라기보다는 거의 낙서 수준인 시를 들고 온 아이들도 있었지만, 주로 권장 시집에서 찾도록 했기 때문에 전체적으로 시의 수준을 어느 정도 유지할 수 있었다. 대체로 '인생론 시'라 할 만한 시를 좋아하는 것은 아이들이 벌써 가정과 학교, 동성 또는 이성 친구 관계에서 쓰라린 경험을 겪고 있는 중이기 때문이다.

평가 발표한 학생의 글을 한번 살펴보자. 이 글들은 친구의 낭송 평가 소감을 정리한 것이고, 막상 나와서 발표한 내용은 이 정리한 글과 다소 느낌이 다를 수밖에 없지만, 어떤 아이는 나와서 평가를 발표할 때 아주 조리 있게, 거의 시적인 수준으로 말하여 다른 아이들의 감탄을 불러일으키기도 했다.

나희덕, 〈일곱 살 때의 독서〉 – 최○현 낭송

제목은 독서지만 처음에 관계없는 내용이 나오면서 '왜 독서지?' 하는 의문이 들었다. 하늘의 모습과 밤바다의 모습이 떠오르고, 마지막에 가서야 마침내 왜 독서인지를 알게 되었다. 독서에 몰두하는 것과 하늘에 몰두하는 것, 정말 같은 일인지도 모른다. 늘상 생각하던 독서가 아닌, 하늘의 한 페이지를 보는 것을 독서라고 표현한 것이 아름답고 새롭게 느껴졌다.

별이 떨어질 듯 박혀 있는 하늘을 실제로 본 기억은 없지만, 밤하늘을 보면 늘 새롭다. 낮의 파아란 하늘과는 다른 까만 밤하늘과 태양 대신 달과 별이 떠 있는 하늘은 사람을 끌어당기는 매력이 있는 것 같다. 그래서 화자는 그 하늘의 매력에 끌려서 읽고 또 읽고 결국 밤하늘을 다 읽어버렸을 것이다. 나도 밤하늘처럼 몰두하고 읽고 또 읽다가 한 페이지를 훔쳐야겠다는 생각이 들 만한 추억을 만들어야겠다고 생각했다.

(최○진, 고2)

예전에 남해안에 놀러 간 적이 있었다. 해수욕장에서 신나게 놀고 보성차밭에서 난생처음 '차밭'의 진풍경을 구경하고 벌교의 한 민박에서 잠을 잤었다. 그날 밤이 꼭 이 시에 나오는 그 밤과 흡사했다. 마당에 돗자리를 깔고 누워서 친구와 함께 본 그 별밤은 정말이지 최고였다. 우리는 초등학교 6학년 아이들이 할 만한 시시콜콜하고 유치한 이야기를 하며 순수하게 그 별을 바라봤던 것 같다.

이 시를 들으면 나처럼 이런 경험이 없는 사람도 '별이 쏟아질 듯한 하늘'을 연상할 수 있을 만큼 별밤의 이미지가 잘 형상화되어 있다. 언어를 다루는 나희덕 시인의 섬세한 능력은 정말이지 부럽다.

최근 며칠간 올려다본 하늘엔 드문드문하긴 하지만 별이 반짝이고 있었다. 겨울에 보는 별은 여름과 다르고 독특한 느낌이 있다. 오히려 겨울에 별이 더 반짝이는 듯하다. 추운 밤에 빛나는 별을 보면 그 반짝임에서 느껴지는 희망이 여름밤의 별보다 몇 배는 뻥튀기 된 것 같아서이다. 밤하늘을 감상할 만큼 여유로운 고등학생은 아니지만, 가끔은 하늘을 올려다보면서 사는 것이 삶에 지친 나를 위한 작은 선물이 될 것 같다.

(김○현, 고2)

평가 발표가 끝나면 마지막으로 낭송한 학생을 다시 불러내어 낭송 소감을 듣는다. 이때는 우는 학생이 거의 없다. 폭풍우가 지난 바다와 같이 잔잔하게 가라앉은 마음으로 자신이 발표한 시와 친구들의 평가에 대해 느낌을 이야기하는 시간이다. 그리고 아이들은 한결같이 "인생에서 처음 있는 일이고, 마지막이 될지도 모르는 기회"라고 이야기하면서 "의미 있는 시간이었다.", "음악을 준비하느라 일주일이 걸렸다.",

"다시 한번 기회가 오면 더 잘하고 싶다.", "이런 기회를 마련해 주신 선생님께 감사드린다." 또는 "내 시에 대한 평가를 발표해 준 친구에게 너무 고맙다."라고 말했다. 그런 아이들에게 "다음에 기회 또 줄까?" 하고 농담을 건네면 아이들은 깜짝 놀라며 "아니오!" 한다. 그만큼 힘들었다는 뜻이다. 그리고 "막상 앞에 나와서 읽으려니까 너무 많이 떨렸어요."라고 한다. 낭송할 때 목소리가 작아지거나 빨라지는 것은 그만큼 떨렸기 때문이다.

⑤ 교사의 강평

이렇게 하여 낭송 발표 시간은 거의 끝난다. 그러면 최종적으로 교사가 강평을 한다. 강평은 학생들이 말한 내용이나 시에 대한 생각 등을 갈무리해서 정리하는 수준이면 된다. 이미 할 말들은 다 나왔기 때문에 너무 많이 이야기하는 것도 바람직하지 않다. 고칠 점은 기분 상하지 않게 조금만 지적해 주고, "준비하느라 수고 많았고, 낭송을 참 잘했다. 발표도 정말 잘해 주었어."와 같이 주로는 칭찬을 많이 한다.

⑥ 학생들의 평가 활동에 대한 평가

'시 낭송 평가'에서 친구들 낭송 평가 내용이 기재된 '낭송 시화 모음 상태'(공책 또는 파일)를 평가 항목으로 넣는 것도 처음부터 공지하여 평가할 수 있다. 친구들의 낭송 시화를 묶은 파일은 학급 애송시 문집이 되는 셈이고, 시를 두고 친구들과 대화한 기록이라 할 수 있으므로 의미 있는 것이다.

이때는 '시화'(20점 – 상: 20/ 중: 18/ 하: 16), '낭송 태도'(20점 – 상:

20/ 중: 18/ 하: 16), '음량'(20점 – 상: 20/ 중: 20/ 하: 16), '정감'(20점 – 상: 20/ 중: 18/ 하: 16), '배경 음악'(가산점 2점)으로 하여 80점 만점으로 평가하고 '낭송 시화 모음 상태' 20점을 추가하여 100점으로 평가하면 된다. 각자 보관하고 있는 친구들의 시화가 몇 명 이상 빠져 있거나 기록을 안 한 작품 수가 일정 수 이상일 때는 감점하는 방식으로 세부 기준을 세워 처리하면 된다.

이상으로 시 낭송 수업의 사례를 살펴보았다. 시 낭송 수업은 학생들이 시와 친해지고 시를 사랑하게 되는 계기가 될 수 있다. 그뿐만 아니라 학습자 자신의 생활과 관련시키면서 시를 진지하게 받아들이는 기회, 곧 자기 성찰의 한 과정이 되기도 하는 좋은 시 교육이다. 치밀하게 준비한다면 그만큼 교육적인 효과는 더없이 크고 교사가 보람을 느낄 수 있는 교육 활동임이 틀림없다.

시 낭송 공연에 대하여

모둠별 시 낭송 공연

개인별 시 낭송은 시간이 많이 걸리는 대신 감동이 크고, 과정을 제대로 지켜서 한다면 학생들 반응도 좋고 교사의 만족도 역시 어떤 활동보다 높다. 그런가 하면 모둠별 시 낭송 수업은 두 시간 안에 제작과 공연,

평가까지 끝낼 수 있는 장점이 있는 대신, 모둠원들이 갖고 있는 시와 음악, 미술에 대한 역량을 파악하고 협력하여 적절히 역할을 분배하고 역량을 모아내는 공동 작업이라 잘 해내기가 쉽지 않다. 그 점을 잘 극복해 내면 모둠원들의 공동 작업 과정을 통해 많은 것을 체험하고 배울 수 있다.

① **모둠 시 낭송 공연의 방법과 평가 기준**

우선 모둠 시 낭송 공연의 형태를 정해서 각 모둠에 공지한다. 한 컷 이상의 배경 이미지(동영상은 제외)와 배경 음악을 화면에 재생하면서 모둠원 가운데 1명 이상 또는 전원이 교단 앞에 나와서 낭송하도록 하는 것이다.

그리고 몇 가지 유의 사항을 제시하고 공연 날짜를 반별로 정한다. 시간은 따로 정하지 않고 그냥 수업 시간을 지정하되, 장소는 교실보다 특별교실이 좋은데, 소강당이나 적절한 공연장이 있으면 그곳을 택해서 반별로 사용 날짜를 사전에 예약하여 확정해 둔다.

다음은 학생들에게 제시하는 모둠 시 낭송 공연의 방법과 평가 기준이다.

모둠 시 낭송 공연 방법 및 평가 기준

(1) 낭송시는 사전에 제시한 권장 시인 및 시집 안에서 선택합니다. 한 모둠이 계획서에 먼저 지정하여 제출한 시는 다른 모둠에서는 사용하지 않습니다.

(2) 모둠별 계획서를 공연 일주일 전까지 선생님께 제출합니다.

(3) 시 낭송 준비 상황이 계획서에 충실히 드러나도록 합니다. (제출하지 않으면 평점에

서 2점 감점, 부실하면 1점 감점합니다.)

(4) 시의 전문이 화면에 떠올라야 합니다. 고정 화면에 전문이 다 들어갈 수도 있고, 시가 길거나 다른 이유로 그렇지 못한 경우에는 2개 이상의 화면에 나누어서 띄우면 됩니다. (5) 시는 화면에 고정되어도 되고 자막이 올라가는 형식으로 할 수도 있습니다.

(6) 음악은 시에 어울리는 것으로 준비하되, 음악이 시 낭송을 덮을 만큼 커서는 안 되므로 볼륨을 낮게 조절합니다.

(7) 시 낭송 평가 기준은 아래와 같습니다.
    – 협동성 (25점)
    – 주제의 형상화 (25점)
    – 작품 공연의 완성도 (25점)
    – 주제 전달력(음성의 크기, 정감, 음악과 미술의 조화, 기법 등) (25점)

- 학생 상호평가 50%, 교사 평가 50%를 반영합니다.
- 모둠 상호평가를 하며, 최고점 하나와 최저점 하나를 배제하고 나머지를 합산하여 평균을 내어 평가합니다. (양극단 배제)
- 공연 불참 모둠은 0점 처리되며, 나중에 공연하면 최종 평점에서 5점 감점합니다.

② 모둠 편성, 계획 세우기

모둠이 편성되면 모둠원이 모여서 공연 날짜까지 역순으로 시간 계획을 세운다. 모둠 계획서에 따라서 인원을 배정하고 역할을 분담하여 준비한다.

모둠 계획서

(　)학년 (　)반 (　) 모둠

모둠 이름		모둠 대표	
모둠원 (번호)			
기획/연출 (팀장)		음악	
그림, 영상		낭송팀 (1명 이상)	
시	시인:　　　　시 제목:		
모둠 준비 일정			

③ 공연과 평가

정해진 날짜가 되면 추첨에 의한 순서대로 공연을 한다. 공연은 한 시간 안에 끝내고, 평가는 평가표와 기준에 의해 하되 공연한 모둠은 평가할 때 자기 모둠 평가를 하지 않는다. 모둠 대표가 혼자 하지 않고 모둠원이 숙의하여 평가하도록 유의하며, 공연이 끝나면 평가 시간을 2분 정도 준 뒤 다음 모둠이 공연하게 한다.

모둠 평가표는 수업이 끝나면 곧바로 거두고 다음 수업 시간에 결과를 공개한다. 평가는 모둠 상호평가에 의한 평균(50%)과 교사 평가(50%)를 각각 합하고 감점을 포함하여 최종 평가한다. 공정성을 담보하고 모둠 평가 오류 가능성을 줄이기 위해 양극단을 배제하면 공정성 시

비가 거의 없어지며, 교사 평가를 50% 포함하는 것도 평가에 대한 학생들의 신뢰도를 높이는 장치다. 교사가 평가할 때 되도록 모둠 간에 큰 차이를 두지 않는 것이 학생들의 모둠 상호평가 취지에 부합한다.

학생 상호평가 모둠 평가표 – 모둠용

평가자(주체): 3모둠
※ 각 모둠은 자기 모둠 평가 란에 빗금을 긋습니다.
(상: 25, 중: 23, 하: 21)

평가 내용 (기준) / 평가 대상 모둠	협동성 (25)	주제의 형상화 (25)	작품의 공연의 완성도 (25점)	전달력(음성, 음악, 미술, 기법) (25점)	합계 (100)
1	23	23	25	23	94
2	21	23	25	25	94
3	/////	/////	/////	/////	/////
4	25	23	23	25	96
5	21	21	23	23	88
6	25	23	23	25	96

상호평가 집계표 – 교사용

평가 대상 모둠(공연) / 평가하는 모둠(주체)	1	2	3	4	5	6	비고
1		96					
2							
3	94	94		96	88	96	
4		92 (제외)					
5		98 (제외)					

6		94					
모둠 평가 합계 (/300)		284					
모둠 평가 평균 (/100)		94.7					
교사 평가(/100)		94					
합계(/200)		188.7					
평균(/100)		94.4					
감점							
평점(100)		94.4					

- '평가하는 모둠'이 '평가 대상 모둠'을 평가합니다.
- '모둠 평가 합계'가 300점인 것은 공연한 모둠을 제외하고, 나머지 평가 모둠 5개 중 최상점과 최하점을 하나씩 배제하면 3개 모둠의 합산이 되기 때문입니다.
- 모든 점수는 소수점 둘째 자리에서 반올림합니다.

4장

다양한 시 쓰기 수업

시 쓰기에 들어가기 전에

이제 시 쓰기로 들어갈 차례이다. 그런데 시 쓰기를 해보지 않은 학생들은 시 쓰기가 어려울 수밖에 없다. 누구에게나 처음 시작하는 것은 낯설고 어렵기 때문이다.

시를 쓰면서 얻은 체험을 기록한 학생의 글 한 편을 읽어보자.

학교생활을 하다 보면 가끔 우울해질 때가 있습니다. 머릿속에 끊임없이 온갖 생각이 들고 그것을 지울 수 없어 다른 일에 몰두하지 못하는 상황이 되면 시를 쓰곤 합니다. 중3 2학기를 막 시작할 때 저는 입시 준비로 스트레스를 받고 있었습니다. 그때 우연히도 수행평가로 시 쓰기를 했고, 유난히 우울했던 저는 그 감정을 시로 표현하고 싶었습니다. 시의 주제는 제가 느끼고 있던 우울함이었는데, 마음속에서 마구 떠오르던 문장들이 연필을 잡자 몽땅 사라졌습니다. 우울함은 수행평가 주제인 자연물보다 너무 어려웠습니다. 학교에서 조금 배운 '주제'에 대한 고민을 깊게 하지도 않고, 그냥 우울함을 빨리 벗어나고 싶은 마음에 급하게 시를 써서 나온 결과물은 형편없었습니다. 부정적인 단어들이 방향을 잃고 단순히 나열된 것에 불과한 듯했습니다. 그러나 썩 나쁜 기분이 들지는 않았습니다. 중2병에 사로잡힌 듯한 제 시가 그렇게 나쁘게 보이지만은 않았습니다. 왠지 부끄럽지만, 서툰 제 시를 쓰고 읽으면서 그날의 우울함에 대해 위로를 받았기 때문입니다.

나이를 먹고 고등학생이 되었을 때도 우울한 날이 있었습니다. (중략) 시를 꾸준히 써오지 않았기 때문에 글솜씨는 딱 더 먹은 나이만큼만 늘었지만, 나에게 하고픈 이야기, 내가 느끼는 감정을 시에 담으면서 중학교 때 시를 쓴 경험과 비슷한 느낌을 받았습니다. 나이를 먹어도 그때처럼 게으르고 충동적이고 산만하고 글 쓰는 속도가 느렸지만, 여전히 제가 쓴 글은 저를 위로해 주었습니다.

지금의 저에게 시란 우울함을 포용하게 해주는 글입니다. 우리는 시를 읽고 씀으로써 공감과 감정의 배출, 이를 통한 앞으로의 삶을 살아감의 의지를 얻습니다.

– 김휘중(고2), 〈낯선 시와의 만남〉에서

이 학생은 시와 삶의 관계, 또는 시가 삶에 왜 필요한지에 대한 깨달음을 말하고 있다.

시 쓰기는 나를 표현하는 언어 체험이며, 좋은 시를 많이 읽은 학생들은 시가 자신과 멀리 떨어져 있는 것이 아니라 늘 만나는 사물과 세상, 가족과 친구, 그리고 그런 대상들을 만나고 있는 자기 마음 안에 있다는 것을 느낀다. 그렇게 때문에 교사는 학생들의 내면에 저장된 기억과 체험의 창고에서 스스로 꺼낼 수 있도록(이것이 상상력을 발휘하는 방법이다!) 기회를 만들어 주고, 잘 꺼내는 방법을 알려주면 된다.

좋은 시를 많이 읽었느냐 아니냐에 따라 시 쓰기의 결과는 크게 차이가 나타날 수밖에 없다. 시 읽기와 감상의 모든 과정을 생략하고 '3행시 쓰기'나 '모방시 쓰기' 등 쉽고 편하게 재미 위주로만 시 쓰기 수업을 하고 끝내면 '언어 놀이', '말장난' 정도에 그칠 수밖에 없다. 물론 그런 활동이 시 쓰기에 들어가는 '몸풀기' 활동 정도의 의미는 있겠지만, 거기서 끝나면 학생의 삶과 시를 연결하고 시를 통해 삶을 가꾸는 시 공부 본래의 목표에는 닿지 못하는 것이다.

시를 쓰려면 대상이나 상황에 대한 느낌이 있어야 한다. 이것이 시의 알맹이이고 영감(靈感)이며, 시의 '씨앗'이라고 할 수 있다. 이 씨앗 없이는 시가 태어나기 어렵고, 태어나도 공감을 얻기 어렵다. 시는 쓴 '느낌'을 독자에게 전해 주는 언어 창작물이기 때문이다.

닫힌 공간에서 주어진 글제(제재)로 정해진 시간에 써내야 하는 백일장은 일종의 '주문생산' 체제라 할 수 있는데, 이 주문생산이 어려운 것은 느낌이 없이 시를 써야 하기 때문이다. 많은 사람들이 백일장을 글쓰기가 아니라 글재주 겨루기라고 폄하하는 이유도 시의 태생적인 구조 또는 본질적인 성격과 연관이 있다. 백일장은 좋은 글을 쓰는 활동의 장이라기보다 '선발'을 목표로 하는 경쟁의 장이기 때문에, 학교에서 전교생을 대상으로 하는 시 교육의 행사로 추진하는 것은 바람직하지 않다.

'느낌'은 그냥 오지 않는다. 막연히 기다린다고 하늘에서 떨어지는 것도 아니다. 준비된 사람, 마당을 쓸어놓고 마음을 정갈하게 하여 간절히 기다리는 사람에게 손님이 오듯 찾아오는 것이다. 그래서 시인들은 늘 더듬이 또는 레이더 같은 감각 그물을 열어두고 '나'와 '세계'에 대해 관심을 갖고, 마음을 열고 눈으로 관찰하며 귀를 기울인다.

그러므로 시 쓰기에서 중요한 것은 감각을 단련시켜서 잘 느끼는 일이고, 지난 경험을 시로 노래할 때는 느꼈던 순간을 생생하게 되살려서 알맹이를 만드는 일이 될 것이다. 이때 마음의 문을 활짝 열고 기다리는 시간이 필요하다.

삶, 일상의 감각 그물(더듬이, 레이더) 열어놓기 → 느낌(알갱이, 영감) 생성 → 메모(시어, 구 또는 절, 행과 연) → 시 구상(느낌 재생, 다시 겪어보기, 마인드맵 그리기, 줄기 세우기) → 쓰기(표현) → 퇴고(완성)

무엇을 써보자는 느낌이 왔을 때, 이 느낌을 말로 잘 표현할 수 없는 경우가 많다. 몇 개의 구나 한두 문장으로 이루어진 1~3행 정도의 짧은 시는 그 자리에서 완성할 수도 있겠지만, 적어도 기본 뼈대를 갖추려면 고심하여 구상한 뒤 초고를 쓰고 퇴고하는 시간이 필요하다. 그 과정에서 시는 숙성되고 발효되어 시인의 모습을 닮아가는 것이다. 시가 삶을 담아내는 두 번째의 과정이 이 쓰기다.

느낌은 신기루처럼 곧 사라지는 것이므로 바로 메모를 해두어야 한다. 다행히 느낌은 떠오르는 순간 붙잡아 두려고 애쓰면 리듬이 있는 단어가 결합된 구와 문장 형태로 응결된다. 이것을 그 자리에서 메모해 두어야 온전한 형태로 보존되고, 재생하려고 할 때 그 느낌이 되살아난다. 메모해 두지 않고 집에 돌아와 다시 떠올리면 '잎사귀'는 간데없고 '줄기'만 앙상히 남아서, 리듬을 잃어버린 산문처럼 되거나 아예 잊어버리게 된다. 이 메모를 바탕으로 줄기를 세우고, 초고를 완성하고 수시로 고쳐나가면 시 쓰기가 완성되는 것이다.

이처럼 시 쓰기는 '느끼기'와 '쓰기'의 과정이다. 느끼기는 그 사람이 하고 있는 일과 관심 영역이나 대상, 세상을 대하는 마음 자세, 세계관, 살아온 내력과 체험의 질과 양 등 전 생애가, 일상에서 만나는 대상이나 일에 대해 순간적으로 반응하면서 응결되는 과정이다. 잘 느끼기 위해서는 감각을 늘 열어두어야 하고, 생각을 넓고 깊게 하는 삶 공부와 세상 공부를 하면서 그물(레이더)을 넓게 펼치는 동시에, 언제든지 의미 있는 순간을 받아들일 자세를 갖추고 있어야 한다.

쓰기는 느낌을 잘 살려서 독자들의 눈에 선히 보이도록 그리고, 입에 익은 리듬에 태워서 구체화(형상화)하는 과정이라 할 수 있다. 잘 쓰기 위해서는 느낌이 오면 즉시 메모를 충실하게 하고 곧바로 초고를 완성하는 습관이 필요하다. 그리고 끈기 있게 고쳐서 완성해 내는 열정이 있어야 한다.

그러므로 학교에서 아이들과 하는 시 쓰기 수업에서는 학생들에게 느낌(씨앗)을 가질 수 있는 기회를 충분히 제공하는 일, 그렇게 해서 얻어진 느낌을 잘 써낼 수 있도록 시 창작 방법에 대한 쉽고 유익한 안내(강의)가 필요하다. 그리고 그 전에 무엇보다 좋은 시를 많이 보여주어 감상을 나누는 언어 체험의 기회를 많이 가져야 한다. 그러면 학생들은 자기의 취향과 생각에 맞는 시를 선택하여 모방 습작을 하면서 자신의 삶 속에서 자기 이야기를 찾아내어 자기 목소리를 시에 담아낼 수 있다.

하지만 최종적으로 좋은 시를 쓰고 못 쓰고는 이미 학생이 체득하고 있는 지나온 삶의 질과 언어 능력에 달렸다. 곧 그때까지 자신이 삶을 통해 가꾸어 온 생각의 힘과 언어 체험의 힘, 곧 글을 읽고 쓰는 능력과 관련이 있다. 평소에 좋은 글을 많이 읽고, 많이 생각하고, 글을 많이 써본(꼭 시가 아니더라도) 학생과 그렇지 못한 학생의 차이는 여기에서 나타날 수밖에 없다. 시(詩)의 '근력(筋力)'은 좋은 시 읽기와 관찰하고 생각하는 습관, 그리고 쓰기를 꾸준히 하는 가운데 길러지는 것이다.

시 쓰기가 삶 쓰기이고 시가 먼 곳에 있지 않고 나와 가장 가까운 곳, 내 안에 있다는 것을 잘 보여주는 재미있는 시를 하나 읽고 시 쓰기 수업을 시작해 보자.

　　수행평가니깐…… 하며

　　조금조금 쓰다 보니

　　시가 참 재밌다.

　　산문보단 운문이지…… 하며

　　조금조금 쓰다 보니

　　시가 참 재밌다.

　　머릿속은 윤동준데

　　써놓은 건 세 살짜리

　　어렵긴 어려운데

　　그래도

　　시는 참 재밌다.

- 김예찬(중2), 〈시는 참 재밌다〉

1. 시적인 표현 찾기, 시 제목 붙이기

본격적인 시 쓰기에 들어가기 전에 시 놀이를 해보는 것도 좋다. 이 활동은 시의 속살(내용과 형식의 결합 구조)을 들여다보는 일인데, 산문과 달리 시가 독특한 리듬(내재율)을 형성하고 있다는 점, 개성적인 언어 활용 기법을 통해 의미를 함축하고 주제를 형상화하고 있다는 점을 작품 속에서 스스로 찾아서 인식하도록 하는 활동이다.

이 활동을 통해 학생들이 시의 핵심 원리를 체득할 수 있을 뿐 아니라, 자연스럽게 시와 산문의 차이를 이해하고 시에 관심과 흥미를 느낄 수 있으므로 일석이조라 할 수 있다. 가장 손쉽고 재미있는 활동은 시에 괄호를 쳐두고 그 안에 들어갈 시어를 맞혀보면서, 왜 그 시어가 그 자리에 필요한지를 생각해 보는 것이다. 개인별 활동과 더불어 모둠별 토론과 발표 형식을 취해서 모두 맞히는 모둠에게 보상을 주면 집중력을 높일 수 있다.

활동 내용으로는 시의 맥락 읽기, 언어유희, 주객전도, 비유와 유추, 풍자와 해학, 역설과 반어, 반복, 과장, 대조와 대구 등 시 장르의 주요 특징을 잘 드러낸 시를 골라서 괄호를 쳐둔 질문지와 답안지를 각각 따로 출력하여 모둠별로 배부한다. 제목을 비워두어 채워 넣는 항목도 함께 준비한다. 정답 찾기 문제지가 아니라 토의 자료라고 강조해서 학생들이 큰 부담을 갖지 않도록 한다.

시간을 10분 정도 주고 빈칸을 모두 채운 모둠은 먼저 손을 들게 하여 발표 순서를 매겨두었다가 발표하게 한다. '그 시어가 들어가야 하는 이유'와 '시에 나타난 특징 찾기'는 답을 하나만 맞히면 맞은 걸로 해준다. 전체를 다 맞히기는 어렵고 재미없으므로 70~80퍼센트 정도 맞히면 통과된 것으로 사전에 공지하여 보상을 해주는 것이 좋다. 저학년 아이들에게는 어려운 시 용어를 쓰지 말고 쉽게 풀어서 이해시켜야 하며, 시가 재미있는 언어 구조로 되어 있다는 것을 자연스럽게 느끼도록 하는 것이 중요하다.

빈칸 채우기 질문지와 답지

2. 모방시 쓰기

중학교 1, 2학년 모방시 쓰기

모방시 쓰기는 말 그대로 시를 모방하여 쓰는 것이다. 모방의 대상이 되는 시나 동시에 일부 시어를 바꾸되 리듬이나 형태는 거의 변화시키지 않고 새로운 주제를 담아내는 유형이 가장 쉽고 일반적이다. 아직 시에 익숙하지 않은 중학생들이 시 쓰기 활동을 시작하면서 해볼 수 있는 활동이라 할 수 있다. 이 활동은 교사가 많은 시를 갖고 있으면 언제든지 할 수 있다. 중학생들은 동시나 시인의 쉬운 시, 학생 시를 모방 대상으로 택하면 좋고, 학년이 올라갈수록 조금 더 길면서 아이들의 창의력이나 동심, 상상력을 발현할 수 있는 시를 찾아서 하면 재미있다. 너무 긴 시는 긴장감을 유지하기 어렵고 모방하기 힘들므로 피하는 것이 좋다. 처음부터 시가 힘들다는 생각을 하게 되면 역효과가 날 수 있기 때문이다.

반 학생들이 모두 같은 시를 대상으로 하면 단조롭고 경연대회 비슷한 형식이 될 수 있으므로 학생들의 수준을 감안하여 몇 편의 시(동시, 시조 포함)를 주고 각 모둠에서 그중 한 편씩 뽑아서 공동작을 만들면 된다. 시에서 학생들의 삶과 생각이 비교적 선명하게 드러날 수 있도록 하지 않으면 말장난이나 '아무 말 잔치'에 그치게 될 가능성이 있으므로 유의할 필요가 있다. 시에서 사용하는 언어유희 기법은 학생들의 삶과 연결되지 않으면 말 그대로 장난에 머물기 십상이다.

따라서 평가 기준을 '원시(原詩, 대상시)의 리듬을 잘 살렸는가? 학생들의 삶과 생활을 제재로 했으며 주제가 분명한가? 내용과 표현이 독창적인가? 시의 행과 연 구분이 적정한가?' 등으로 하면 좋다. 평가는 교사가 할 수도 있고, 학생들의 상호평가 결과(50%)와 교사의 평가(50%)를 합산하여 평균을 내는 식으로 할 수도 있다.

산 너머 저쪽

산 너머 저쪽엔
가족이 있겠지
밤마다 서너 명씩
강 넘었으니

선 너머 저쪽엔
가족이 있겠지
50년 세월
흘러갔으니

– '꿀벌' 두레(성당중 1학년)

이문구 작가의 동시집 《개구쟁이 산복이》 중 〈산 너머 저쪽〉이라는 동시를 모방한 것이다. 원시(原詩)는 '산 너머 저쪽엔 별똥이 많겠지 / 밤마다 서너 개씩 떨어졌으니'로 시작하여 다음 연에서는 '별똥' 대신 '산 너머 저쪽엔 바다가 있겠지'로 이어지면서 '여름내 은하수가 흘러갔으니'로 끝맺고 있는데, 별똥이 떨어지는 여름밤의 동심을 그린 동시를 대상으로 하여 분단의 비극을 생각하면서 쓴 모방시다.

　이번에는 모둠이 아니라 개인별로 쓴 중학생 모방시를 하나 더 읽어보자.

행복하다

자전거를 탈 줄 몰랐다
그래도 이제 탈 수 있어
행복하다

힘든 수업 끝난 뒤
친구들과 수다를 떠니
행복하다

급식으로
맛있는 피자가 나올 때
행복하다

평소엔 잘 몰랐지만
사소한 것에 행복할 수 있어서
난 행복하다

– 허현민(중1)

이 시는 경기도 풍동중학교에 가서 시 쓰기 강좌를 했을 때 중학교 1학년 학생이 쓴 〈행복하다〉라는 시를 대상으로 하여, 대구 가창중학교에서 시 창작 수업을 할 때 학생이 쓴 모방시다. 학생들은 자기 삶 이야기니까 금방 써내면서 시가 참 재미있다는 걸 알아차렸다.

이처럼 모방시는 학생들이 자기가 좋아하는 시의 리듬에다 자기 삶 이야기를 얹어서 쓰는 활동인데, 앞의 시처럼 좀 짧은 시를 모방하면 간단한 착상으로 쓸 수 있지만, 다소 긴 시를 모방하려면 일정한 자기 스토리가 필요하다. 그리고 시상에 맞는 리듬을 잘 맞추어야만 원래 시의 맛을 잃지 않으면서 자기 이야기를 접목할 수 있다.

이번에는 고등학생이 쓴 조금 긴 모방시를 읽어보자.

다가설 수 없는 창밖에

햇살은 살랑거려

끝이 없는 시험의 나라

학생이란 슬픈 천명인 줄 알면서도

한 줄 시를 적어볼까

걱정과 미안함으로 가득 채웠지만

마냥 행복해 할 수 없는

사랑하는 사람의 문자를 받아

끊어질 듯 책가방을 메고서

친구를 이겨야 한다고

남은 일 년만 희생하면 된다고

잘하고 있다고 말해 주는 이는 없는

외로운 수업 들으러 간다

생각해 보면 꿈 많던 어린 날

하나둘 죄다 잃어버리고

과연 내게 오긴 할까 싶은

신기루 같은 미래만

허우적대며 살아간다

나는 무얼 바라

나는 다만 밤늦게 앉아 있는 것일까

하고 싶은 것 하며 살기 어렵다는데

시가 이렇게 쉽게 써지는 것은

부끄러운 일이다

모두들 공부하는 밤에 홀로 남아

이렇게

시를 쓰는 것은

- 박소연(고3), 〈쉽게 써진 시〉

이 시는 윤동주 시인의 시를 변주하여 쓴 시다. 언어 선택도 훌륭하지만 그 안에 현재 자기 삶 이야기가 잘 녹아 있고, 마무리도 인상 깊다.

〈그 아이의 연대기〉 모방시 쓰기

중학교 상급생이나 고등학생을 대상으로 해볼 수 있는 모방시 쓰기 활동이다. 모방시를 쓰기 전에 일단 박철 시인의 〈그 아이의 연대기〉를 반 학생들이 함께 소리 내어 읽는다. 다음으로 '내 인생의 10대 뉴스 쓰기'를 한 시간 동안 하고, 그다음 시간에 모방시 쓰기를 한다.

'내 인생의 10대 뉴스'는 '지금까지 내 인생에서 가장 기억에 남는 일 열 가지'를 시간 순서대로 산문으로 쓰는 것이다. 사건 내용을 떠오르는 대로 적고 나서 오래된 시간 순으로 재배열한다. 그날을 떠올려서 날짜까지는 아니더라도 '몇 년 몇 월(또는 이른 봄, 늦가을 등)' 정도로 기억하여 기록하고 내용을 쓴다. 내용은 구체적으로 그 당시의 분위기, 등장하는 사람, 대화, 행동, 주변 환경, 시간과 공간의 변화 등 최대한 많이 기억해 내어 기록하는 것이 좋다. 그래야 내용이 풍성해지고, 그 중에서 선택하여 쓸 수 있다. 다만 누구나 겪는 뻔한 일상 이야기는 최대한 배제하고 자신만이 겪었을 법한 특별한 이야기를 중심으로 하되, 평범한 이야기라도 표현을 독특하게 하면 가능하다고 일러준다. 10대 뉴스를 최대한 기억해 내도록 하되, 도저히 어려운 학생은 7대 뉴스 정도로 줄여준다. 그 이하는 감점됨을 알려주고, 시상하거나 전시할 우수작을 뽑을 때는 10대 뉴스를 다 채운 시만을 대상으로 한다는 것도 주지시킨다.

모방시 쓰기는 '내 인생의 10대 뉴스'를 원시의 형식에 맞춰서 쓰는 것이다. 공통으로 활용할 형식은 다음 시처럼 첫 행은 '○○○○년 ○월 어느 날'로 하고 나머지 4행으로 사연을 적되 하나의 이야기만을 쓰고, 마지막 종결어미는 '~다'와 같이 평서형 현재 시제로 하면 된다.

> 1959년 12월 어느 날
>
> 음력 섣달그믐, 하얗게 눈 쌓이던 날에
>
> 뒷산에서 부엉이 울고 방 따뜻하던 날
>
> 한 사내아이 태어나 울다
>
> 우는 아이 보고 모두 웃다
>
> — 박철, 〈그 아이의 연대기〉 (일부)

평가는 '7~10연을 썼는가? 종결어미를 평서형 현재 시제 '-다'로 하였는가? 각 연을 다섯 행으로 맞추었는가? 내용의 형상화가 잘 되었는가?' 등을 중심으로 하여 감점 규정을 포함하여 평가 기준을 정해서 하면 된다.

〈나는 오늘〉 또는 〈일곱 개의 단어로 된 사전〉 모방시 쓰기

먼저 〈나는 오늘〉(오은)을 읽고 모방시 쓰기를 해보자. 이 시는 9개의 연으로 구성되어 있으며, 각 연마다 '나는 오늘 토마토', '나는 오늘 나무' 같은 형식이 '유리', '구름', '종이', '일요일', '그림자', '공기'로 이어지다가 마지막 연은 다시 '나는 오늘 토마토'로 마무리된다. 각 연은 2행에서 5행까지 자유롭게 구성되어 있으며, 자신의 마음이나 존재의 상태를 사물에 비유(은유)하고 있다.

이 모방시 쓰기는 어떤 사물이나 현상을 짧은 한두 단어나 어절로 표현하여 의미의 함축을 극대화하거나 말로 표현하기 어려운 '느낌'을 형상화하는 '비유 연습'이라 할 수 있으며, 시의 본질적인 특징을 익히는 데 퍽 유용하다. 그리고 학생들에게 자신의 존재와 삶에 대한 성찰을 비유적으로 표현하는 기회를 제공한다는 점에서 상당히 좋은 프로그램이다.

우선 원시 전문을 출력해서 나눠주고 다 함께 소리 내어 읽는 것으로 시작한다. 자신을 비유하는 사물들을 찾아내기가 쉽지는 않아서 연을 5, 7, 9개 중 하나로 선택하게 한다. 이 시는 독립적인 연을 연결하면 되므로 꼭 9개의 연을 다 쓸 필요는 없다. 다만 마지막 연은 원시처럼, 첫 연을 바탕으로 하여 약간의 변화를 주는 수미쌍관 형식으로 마무리하게 한다.

〈일곱 개의 단어로 된 사전〉(진은영)은 '사전'이라는 제목이 암시하는 것처럼 구체적인 사물이나 개념에 관한 시인의 명상이라고 할 수 있다. 곧 내가 만나고(겪고) 있는 '세계'에 대한 나의 인식이라 할 수 있겠는데, 이 일곱 개의 단어는 독립적으로 존재하는 듯이 보이지만 '나'의 존재와 지금까지 살아온 삶의 체험과 연결되어 있다. 단순히 시어 몇 개를 바꾸는 모방시와는 다르며, 학생들이 모방시로 쓸 경우에는 사유를 좀 더 넓고 깊게 하는 기회가 될 수 있다.

모방시를 쓸 때는 무작정 떠오르는 단어를 나열하는 것이 아니라, 내가 살아오면서 가장 기억에 남거나 삶에 큰 영향을 끼친 사물이나 일, 내가 사랑하는 것, 추구하는 것 등과 관련하여 떠오르는 단어를 중심으로 연을 설정하고 시를 쓰면 〈그 아이의 연대기〉처럼 자서전 같은 시가 될 수 있을 것이다. 각 연이 '나의 삶'과의 연관성이 부족하고 따로 놀면 한 편의 시로 통일성을 갖기 어렵다.

단, 주제는 한정하는 것보다 각자 자유롭게 설정하게 하는 것이 좋고, 제목도 'O개의 단어로 된 사전'으로 하되 중학생은 3, 5, 7개, 고등학생은 5개 또는 7개 정도로 하는 것이 좋을 것이다. 그리고 〈나는 오늘〉, 〈일곱 개의 단어로 된 사전〉 모두 시를 구상하기 위한 전 단계로 각 연의 중심 시어를 중심으로 마인드맵을 그리면 생각을 구체화하고 상상력을 펼쳐내어 풍부한 시가 될 수 있을 것이다.

평가 기준은 '연이 정해진 수대로 되어 있는가?', '각 연이 자기 삶의 체험과 연관성이 있는가?', '주제가 잘 드러나는가?' 정도로 하되 규정을 만족했으면 모두 만점을 주고, 감점 요소를 구체적으로 정해서 반영하면 된다.

3. 짧은 시 쓰기

짧은 시 쓰기는 모방시 쓰기와 마찬가지로 학생들이 두려움 없이 시 쓰기에 접근할 수 있는 활동이며, 시가 우리의 정서를 리듬이 있는 시어를 활용하여 압축적으로 형상화한다는 것을 이해할 수 있고, 시 창작 체험을 얻기 위해서도 꼭 해볼 만한 활동이다.

우선 학생들이 흥미를 가질 수 있으면서 완성도 높은 짧은 시 여러 편을 골라 나눠주고 함께 읽는다. 그 중에서 각자 좋아하는 시 5편 정도를 뽑아 감상을 쓰게 한다. 감상 양식은 앞에서 사용한 시 감상 쓰기 활동지 양식과 동일하다. 활동지를 다 쓴 뒤에는 교사가 학생들을 지명하거나 희망 학생이 시 감상을 발표하게 한 뒤 곧바로 암송하게 한다.

시를 소리 내어 외우다 보면 시의 리듬과 그 속에 담긴 메시지를 자연스레 알아차릴 수 있기 때문이다. 학생들은 시가 짧기 때문에 별 거부감 없이 암송을 해낸다. 1차시는 시 읽고 감상 쓰고 외우는 것까지 하고, 시를 쓰는 것은 2차시에 진행한다.

시를 쓸 때는 교실 바닥이나 뒷자리 할 것 없이 자유로이 책상을 옮겨서 쓸 수 있게 하고, 운동장이나 특정 장소에서 쓰는 것도 허용한다. 이때 한번 자리를 잡으면 이동은 자주 하지 않도록 안내한다. 교실 안팎을 들락날락하면 다른 반 수업에 방해가 되기 때문이다. 쓰기를 시작하기 전에 백지를 학생들에게 서너 장씩 나눠주고 모자라면 더 가져가도록 앞자리에 쌓아둔다. 두 명 이상 함께 다니지 말고 혼자 구상하고 쓰도록 한다. 몰려다니면 시 쓰기 진행이 잘 되지 않으므로 단단히 주의를 주어야 한다.

시의 길이는 1~6행 정도로 하고, 제목은 반드시 붙이도록 하되 시의 내용을 포괄하거나 상징 또는 보완하는 효과를 생각하도록 한다. 최소한 한 편 이상 써서 제출하게 한다. 일단 제출한 작품은 최종적으로 평가가 끝날 때까지는 반환하지 않도록 하며, 제출하기 전에 공책 등에 베껴두고 제출한 뒤 틈날 때마다 고쳐나간다는 원칙을 세워둔다.

급훈이나 교훈 같은 (윤리적인) 내용을 배제하도록 하며, 눈을 감고 머릿속으로 떠오르는 시어들을 백지에 적은 다음, 핵심적인 시상과 시어를 중심으로 다시 정리하여 쓰도록 한다. 시의 주제를 제한하지 말고 자유롭게 하되, 자연 또는 생활 속에서 얻은 느낌이나 생각을 구체적인 이미지와 비유를 살려서 쓰고 퇴고하는 과정을 거치도록 한다. 짧은 시에는 서사적인 내용을 반드시 담을 필요는 없으며, 두세 어절 이상의 짧은 구(句)로도 얼마든지 가능하므로 꼭 완성된 문장이 아니어도 된다고 알려준다.

쓰는 과정에서 반드시 교사에게 한 번 이상 확인받도록 하고, 교사는 정한 자리에서 학생 작품을 확인하고 조언을 해준다. 한 학생이 여러 편을 써서 제출하는 것을 받아주고, 평가는 가장 잘된 것을 대상으로 한다.

짧은 시의 평가 기준은 '1편 이상 제출했는가?', '제목을 붙였는가?', '학생의 생각이나 느낌이 표현되었는가?', '시의 길이가 1행 이상 6행 이하인가?' 등으로 하면 적당하며, 기준에만 맞으면 작품 수준에 상관없이 모두 만점 처리하고 기준에 못 미치는 경우 만점에서 각 평가 항목별로 감점하면 된다. 제출하지 않으면 0점 처리하고 쓰기 수업 마감 후 뒤늦게 따로 제출할 경우 받아들이되 감점한다.

좋은 시는 엽서나 책받침, 책갈피를 제작하여 학생들에게 나눠주거나 학교의 여러 공간에 새겨 넣어도 되고, 학교 전시회 때 시화 엽서전 코너를 만들어 많은 작품을 동시에 전시할 수도 있다.

다음은 학생들이 쓴 짧은 시다.

날아가는 화살보다 빠르게
아기 자라의 걸음보다 느리게
꽃봉오리의 기다림보다 간절하게
바람 앞의 촛불보다 불안하게
낮잠 자는 백구보다 평온하게

흘러간다.

– 권이란(고2), 〈시간〉

- -

가족, family, 家族……

억양과 언어는 다르지만
공통점이 하나 있다.

따뜻함

– 김민섭(중1), 〈그 단어〉

- -

바람이 분다

매콤달콤한
닭강정 냄새가 난다

오늘 급식은 닭강정이다

내일은 어떤 바람이 불까?

– 이수민(중1),〈바람〉

평일에는 각자 할 일
주말에는 짧은 산책
별다른 차이도 없이
돌아가는 쳇바퀴

– 김다유(중1),〈평범한 가족〉

저 밤하늘을 수놓은
반짝반짝 빛나는 별들
저 별이 되고 싶다
저기에 내 자리가
있을까, 없을까

– 구나영(고1),〈별〉

일상에서 꿈같은 나날들을 꿈꾸었는데

이젠 일상이 꿈같은 날이 되어버렸다

– 유나영(고2), 〈뺏겨버린 꿈〉

모든 걸 공유하는 친구 한 명

따뜻한 가족들

– 김소령(고1), 〈욕심〉

4. 자연·생태시 쓰기

시 창작은 '관찰'에서

시가 노래하고 싶은 대상을 감각적인 언어로 구체화해서 보여주는 것이라면, 관찰하지 않고는 생생한 느낌을 형상화해서 전달하기 어렵다. 특히 아직 시 쓰기 경험이 많지 않은 학생들이 시를 쓸 때는 관찰을 바탕으로 생각과 느낌을 표현하는 훈련을 할 필요가 있다. 그렇지 않으면 막연하고 추상적인 관념어의 나열에 그치기 쉽고, 그런 시는 공허한 글이 될 가능성이 크다.

시 쓰기는 다른 사람들이 미처 보지 못하거나 건성으로 보고 넘긴 것을 자세히 들여다보는 것에서 출발한다. 말하자면 '나'와 세상(대상)을 자세히 새롭게 보고, '나만의 느낌이나 생각'을 갖는 것에서 시의 싹(알맹이)이 태어나는 것이다. 시의 대상인 사물 또는 세계에 대한 관찰을 통해서 '나'가 나의 생각이나 느낌을 갖는 순간(곧 나와 대상이 관계를 맺게 되는 순간)이 시가 태어나는 순간이다.

처음 대상(사물, 생명체)을 만났을 때의 느낌을 놓치면 시를 쓰기 어렵다. 그래서 그때의 느낌을 꼭 메모해 두어야 한다. 사진을 찍거나 그림을 그릴 수도 있지만, 메모가 없으면 처음 만났을 때 떠오른 그 느낌을 언어로 되살려 내기 어렵다.

자연·생태 체험과 시 쓰기

2000년대 초창기에 농촌의 작은 학교(벽진중학교)에서 아이들과 자연 체험 시 쓰기를 했다. 계절마다 1회씩, 총 4회에 걸쳐서 '자연·생태시 쓰기'를 진행했는데, 학교가 연봉산 기슭에 있어서 학교 운동장과 뒷산을 오르내리며 봄·여름에는 지천으로 피어나는 꽃들을 대상으로 했다. 가을에는 가을 꽃과 낙엽을 중심으로, 겨울에는 첫눈 올 때 놀이하면서 느낀 체험을 바탕으로 지난날의 눈 체험을 함께 떠올리며 시를 썼다.

이때 먼저 아이들에게 그림을 그리고 산문과 시를 쓸 수 있는 양식(B3 크기 용지)을 만들어 나눠주었다. 진달래와 개나리 같은 관목이나 야생화 등을 자세히 관찰하면서 그것을 그린 후, 대상에게서 받은 인상이나 모습을 감각적인 언어로 묘사하는 글을 쓰고, 거기에 꽃과의 인연, 얽힌 이야기, 보고 들은 이야기 등을 떠올리면서 짧은 시를 쓰게 했다. 시를 쓰면서 비유적인 표현을 사용해 보도록 권했다. 이때 모둠별로 서로 평가해 주고 잘된 작품을 뽑아 읽어주었다. 결과물은 모아두었다가 가을 축제 때 전시했다.

이후 김천에서는 김천여고 인근 벚꽃동산에서 벚꽃놀이와 야외 수업을 겸하는 활동을 했다. 준비해 간 좋은 시를 몇 편 읽고 꽃놀이를 하면서 친구들과 삼삼오오 사진에 담아 왔다. 오가는 데 시간이 걸리고 돌아오는 시간까지 50분 안에 마쳐야 했으므로 그림을 그리거나 쓰는 활동은 따로 하지 않았다. 하지만 늘 자연과 함께 생활하는 아이들이라 학생들이 쓴 시에 자연·생태 체험 시들이 많았다. 학생들이 쓴 좋은 시는 교지와 동아리 문집에 발표되었고, 나중에 시집으로 묶어 출판하기도 했다.

경주 또한 김천과 비슷한 환경이었지만, 경주여고 인근에 한 시간 안에 걸어서 다녀올 만한 자연·생태 체험 장소가 마땅치 않아서 야외 수업은 학교 안에 있는 벚꽃길에서 했다. 학교 근처에는 반월성이나 계림, 대릉원, 남산 일대 등 전국에서 찾아오는 문화 유적들이 널려 있어서, 이 학교에서는 자연·역사·문화 체험 학습을 자주 다녔다.

일상 공간을 벗어난 새로운 환경과 만나면 아이들의 감각이 더 많이 열리고 깨어나는 것을 경험할 수 있으며, 체험의 양과 질이 확장되면 시적인 대상 또한 늘어난다. 나는 역사·문화유산 체험을 겸하는 자연·생태 체험 학습활동을 근무했던 학교마다 빠짐없이 추진했는데, 작은 학교에서는 전교생을 데리고, 큰 학교에서는 희망 학생들을 대상으로 진행했다. 태안반도 일대, 해남, 보성, 순천, 지리산, 섬진강, 통영, 안동의 도산서원과 독립운동 유적 등을 탐방하기도 했고, 이육사 시인 문학기행을 가서 그곳 시인의 강의를 듣거나 해남·순천에서는 판소리 공연, 학생 동아리의 민요 공연을 열면서 참가한 학생들이 시 낭송을 하는 '문학의 밤'을 열기도 했다. 김천과 경주, 포항, 상주의 여러 학교에 근무하면서 지속적으로 자연·생태 체험학습을 하면서 시 쓰는 활동을 이어나갔다.

퇴직 후 대구의 변두리 산기슭 중학교에서 방과 후 학습을 할 수 있는 시간이 있었는데, 이때 매주 2시간씩 3년 동안 시 창작 수업에 매진할 수 있었다. 학교가 산기슭이어서 자연·생태 체험을 하기가 쉬웠고, 이 학교가 뮤지컬 특성화 학교라 학생들이 예술에 대한 관심이 커시 창작 열정도 남달랐다.

예전처럼 꽃이나 나무라는 소재를 현미경으로 보듯이 관찰하고 그림을 그리면서 그 느낌에다 이전의 기억들을 살려서 시를 쓰는 활동을 하는 대신, 자유롭게 원근의 자연을 감상하면서 마인드맵으로 시상을 떠올려 2시간 안에 바로 시를 쓰는 활동을 했다. 물론 일주일 전에 자연·생태시를 쓴다고 예고를 해두었고, 대상을 생각하고 관찰을 해두라고 했다. 시를 쓰면서 시상이 잘 떠오르지 않으면 가까이 가서 관찰하거나 명상을 하듯 눈을 감고 아무 생각 없이 대상을 느껴보라고 했다.

아이들은 운동장 벤치에 앉아 눈을 감기도 하고, 운동장 건너까지 천천히 걸어 다니는 모습도 보였다. 나는 햇살 따스한 벤치를 차지하고 앉아서 초고를 쓴 학생이나 마인드맵을 그려서 구상하는 학생들에게 필요하면 찾아오라 하여 조언을 했지만, 전체적으로 시상(씨앗)의 존재 유무와 시의 꼴이 되어가는지만 확인해 주었다. 중학생들이지만 쉽게 써냈고, 어떤 학생은 잠깐 동안 두세 편을 써내기도 했다.

학생들이 운동장에서 쓴 좋은 시 세 편을 읽어보자.

운동장은 작은 숲이다

곳곳엔 잔디가
내 옆엔 개나리가
느티나무는 저 멀리에

청개구리는 폴짝폴짝
참새는 여전히 작고 귀엽다

뭐든 다 있는 여기는
작은 숲이다

– 허현민 (중1), 〈숲〉

저 산 너머 보일락 말락

저 뒤에 뭐가 있을지

여기 있는 사람은 알 수가 없다

저기 있는 사람도

이 산자락에 있는 건

알 수가 없다

– 이현주(중1), 〈저 산 저 너머〉

여름이다

숲의 생명들이

각자의 색을 뽐내는 계절

꽃 진 개나리는 선명한 초록

어린 은행은 노란 초록

저 멀리 느티는 싱그러운 초록

높이 솟은 솔은 탁하고 진한 초록

– 김다유(중1), 〈초록〉

산자락에 붙어 있는 숲속 학교에서 편안한 마음으로 시를 구상하여 잠깐 동안 쓴 시들인데, 사물과 자연 생태를 관찰하는 아이들의 티 없이 맑은 눈을 느낄 수 있다. 시에서 하찮은 것이 어디 있겠는가. 시의 마음을 가진 아이들에게는 엽록소가 빛을 뿜는 초록이 저렇게 다양한 느낌으로 다가가는 걸 알고 깜짝 놀랐다.

도시 아이들의 자연·생태시 쓰기

자연물(대상)은 그것을 보고 느끼는 사람의 경험이나 인식에 따라 달리 받아들여진다. 그러므로 농촌 아이들의 자연·생태시와 도시 아이들의 자연·생태시에 흐르는 정서가 다를 수밖에 없다. 농촌과 도시의 환경이 달라서, 그에 따라 자연과 생명체를 바라보는 아이들의 정서 또한 다르기 때문이다.

농어촌 삶터는 자연 속에 둘러싸여 있다. 집도 마을도 학교도 마찬가지다. 그래서 시의 제재에 자연과 생명체가 많이 포함되는 것은 당연한 일이다. 하지만 도시는 인위적인 환경 속에 자연과 생명체들이 포위되면서 생존의 터를 빼앗기고 쪼그라들어, 학생들이 자연·생태에 대한 시를 쓰기가 쉽지 않다.

인간의 삶은 자연과 멀어질수록 인간다움을 잃어버리게 된다. 인간은 자연의 일부이고, 생명이 끝나면 자연의 일부로 돌아간다. 그러니 인간이 자연과 조화를 이루지 못하면서 인간다운 삶을 가꾸어 간다는 것은 모순이고 어불성설이다. 꽃으로 말하면 향기와 빛깔을 갖지 못한 조화(造花)에 탐닉하는 것과 같은 것이다.

요즘은 주택가의 협소한 마당이나 길가뿐 아니라 도심의 아파트 베란다나 실내에도 꽃과 나무를 키우고, 고급 아파트들도 자연 녹지 공간을 늘여가는 추세이다. 또한 주민들의 삶터 환경 가꾸는 일에 지자체들이 나서기도 하며, 자연을 복원하고 도심에 흐르는 강과 시내를 살리는 데 관심을 기울이기도 한다. 인간이 인간답게 살기 위해서는 자연과 함께하지 않으면 안 된다는 사실을 자각해 나가고 있는 추세이다.

가족 단위에서도 마찬가지다. 도시 안의 수목원이나 도시 밖으로 자연·역사·문화 체험학습을 가거나 가족들과 여행을 다녀오는 일, 주말농장 체험, 집 안에서 반려동물을 키우는 일, 또는 어떤 특별한 자연·생명 체험 등이 늘어나면서 이것들이 시의 제재가 되기도 한다.

도시의 교실에서 시 쓰기를 할 때는 이런 점을 잘 살펴서 교사가 적극적이고 의식적으로 자연·생태시 쓰기를 할 필요가 있다. 자연과 가까이하고 자연과 상생하는 삶을 살려고 노력하는 사람들의 모습을 그릴 수도 있고, 자연 생명체에 접근하여 자세히 묘사하고 관찰하는 가운데 자신이 얻은 느낌을 시로 그려낼 수도 있다. 그리고 생명체와 주고받은 영적인 느낌도 한 편의 시가 될 수 있다. 자연과 함께하는 각종 체험학습의 기회 속에 학생들이 자연 생명체와 사람들의 삶을 자세히 관찰하고 느낌을 메모하여 시를 쓰는 활동을 적극적으로 추진할 필요도 있다.

일상에서 관찰하고 명상하는 것은 시 쓰기 방법의 기본이다. 자연 생명체는 도시를 벗어난 곳에서만 서식하는 것은 아니며, 만나고 찾으려고 조금만 애를 쓰면 얼마든지 만날 수 있다. 자연 생명체는 그 자체로서, 또는 분리될 수 없는 그 생존 환경과 함께 우리의 의식에 연결되고 관계를 맺기 마련이다. 그 모든 생존과 변화의 순간과 과정이 시의 소재가 될 수 있다. 도시 한복판 건물 모퉁이에 겨우 살아남은 한 포기 민들레와 농어촌 뜰에 지천으로 터를 차지한 민들레는 같기도 하고 다르기도 하다. 다만 그것을 관찰하고 찾은 사람이 누구이며 어떤 생각과 느낌을 갖고 있느냐에 따라 달리 보일 뿐이다.

오래전에 '한국글쓰기연구회'의 어떤 선생님이 글쓰기를 지도할 때, 아이들에게 어떤 자리에 놓여 있는 돌을 하나 가져오게 하고, 그것을 유심히 바라보고 세밀하게 그린 다음 다시 원래 자리에 두고 오라고 하고는 그 일을 생각하면서 글을 쓰게 했다는 지도 사례를 듣고 깜짝 놀란 일이 있다. 이것은 아이들에게 사물의 존재를 다시 보게 할 뿐 아니라, 존재의 소중함을 깨닫게 하는 일이고, 아이들의 느낌과 인식을 깨워서 언어로 표현하게 하는 탁월한 글쓰기 지도법이 아닐 수 없었다. 단지 흔하디흔한 돌 하나가 위치만 바꾸었을 뿐인데, 신선한 생각과 느낌을 이끌어 내어 시를 창작하게 하는 놀라운 마법이 아닌가!

학생들이 자연·생태시를 쓰는 일은 자기 삶을 자연과 가까이하면서 살아가는 삶의 방향 설정과도 관련이 있다. 단순히 시적인 소재로서의 의미가 아니라 삶을 가꾸는 일이고 삶의 자세를 바꿀 수 있는 일이기도 하므로 포기해선 안 될 일이다. 소재는 도시 안에도 무진장으로 널려 있다. 다만 그것을 만나고 찾아내어 아이들 앞으로 데려와서, 또는 아이들을 데려가서 시를 쓰게 하는 일은 시 교육 전문가로서의 교사가 할 일이다.

아이들이 교사가 이끄는 대로 자연 생명체에서 글감을 가져와서 한 편의 시를 완성하면 되겠지만, 앞에서 언급한 〈나는 오늘〉이나 〈일곱 개의 단어로 된 사전〉 같은 형식의 시를 쓸 때, 그 안에 시의 제재로서 자신이 아끼는 자연 생명체를 하나 이상 선택하게 하는 것도 좋은 방법이다. 그리고 〈단어 채집과 관찰, 오래 보기로 시작하기〉(김민주, 《함께 여는 국어교육, 2025 여름호》)에서 소개한 '단어 채집하며 시적인 순간 발견하기'와 '관찰과 오래 보기로 시 근육 기르기'도 아이들이 자기 삶의 아름다움을 발견하면서 삶과 문학을 자연스럽게 연결하게 하는 좋은 방법이라고 생각한다.

2부 1장에서 이미 아이들이 쓴 자연·생태시 몇 편을 소개했는데,
대구의 중학생 아이들이 쓴 자연·생태시 세 편을 더 읽어보자.

바퀴벌레가 집에 나타나면 무섭다
하지만 그놈이 사라지면 더 무섭다.

바퀴벌레를 놓치면 무섭다.
하지만 그놈을 잡으면 더 무섭다.

— 전주영(중2), 〈바퀴벌레〉

일 년 전,
우리 집 막내가 된
귀여운 도마뱀 솜이

껍데기도 못 벗겨 어리버리하기도 하고
머리 위까지 올라와 장난스럽기도 하다

어느 날, 탈출했다
깜쪽같이 사라진 채 3주가 지났다

그런데 기적같이 나타나
나를 빤히 쳐다본다

정말 밉상이다

"하나도 안 보고 싶었거든."

그래도 살아 있어

참 다행이다.

– 노시우(중2), 〈솜이〉

키우는 강아지 이름이 치즈다

치즈는 정말 멍청하다

"감자야!" 불러도

꼬리 흔들며 달려오고

"사과야!" 불러도

방긋 웃으며 달려오고

귀찮아서 "저리 가!" 소리쳐도

장난인 줄 히죽히죽 달려온다

멍청한 치즈를

꽉 깨물어 주고 싶다

– 연다윤(중2), 〈치즈〉

앞에 소개한 박정임 선생님의 '역설, 반어, 풍자를 활용한 시 쓰기' 수업 시간에 얻어진 시이며, 오늘날 아파트에서 사는 아이들의 삶에서 나온 시다. 강아지뿐 아니라 아이들이 싫어하고 무서워하는 바퀴벌레나 요즘 반려동물로 등장하고 있는 도마뱀도 관찰과 명상을 거쳐 한 편의 좋은 시가 되었다.

5. 이야기가 있는 생활시 쓰기

좋은 시를 읽고 감상·토의하는 몇 가지 활동을 통해 시와 친해진 아이들이라 해도 시 쓰기를 앞두고는 긴장하기 마련이다. 잘 써야 한다는 강박감과 함께 잘 쓸 수 있을까에 대한 확신이 부족하기 때문이다. 그래서 긴장을 풀고 시 쓰기에 접근하도록 하기 위해 모방시 쓰기나 짧은 시 쓰기, 일상과 주변을 관찰하면서 시 쓰는 활동을 하는 것이다.

다음은 시의 길이나 제재 등에 제한 없이 자유로이 생활시 쓰기를 할 차례이다. 모방시나 짧은 시, 자연·생태를 관찰하고 쓰는 시 등은 형식이나 내용, 길이 등에 일정한 기준이나 방법을 정해 주는 데 비해, 생활시는 특별한 제한이 없는데도 아이들이 오히려 막막함을 느낀다. 시와 '나'의 삶을 연결하여 시어로 하나의 '집'을 설계해야 하고, 그걸 밑그림으로 뼈대를 세우고 세부 인테리어까지 구상한 뒤 마무리까지 해야 하는 공정을 모두 자기 힘으로 해야 하기 때문이다.

그러므로 생활시 쓰기 지도는 단계별로 차근차근 해야 할 필요가 있다. 앞에서 우리가 아이들과 함께 모방시나 짧은 시, 자연·생태시 등을 쓰면서 시 쓰기에 대한 두려움을 얼마간 해소하고 시를 몸에 익혀 온 것도 결국 '제한 없이 시 쓰기'를 위한 전 단계로 배치한 것이라 할 수 있다.

지도 단계와 방법

'이야기가 있는 생활시'(이하 '생활시') 쓰기는 학생의 삶에서 겪은 체험을 시로 쓰는 것이다. 시의 내용이나 형식, 길이 등에 어떠한 제한도 두지 않는 자유로운 시 쓰기다. 생활시 쓰기는 충분히 구상하고 시 쓰기의 보편적인 과정을 체험하도록 하는 것이 필요하다. 이 과정을 겪으면서 시의 본질이나 특성에 대한 이해가 깊어지고, 그 결과로 창작된 작품의 수준도 높아질 수 있다. 그렇다면 생활시 쓰기는 어떻게 지도해야 할까?

학생이나 초보자를 위한 시 쓰기의 요체는 '구상 – 쓰기 – 고치기'의 각 단계를 철저하게 수행하는 것에 있다. 이 세 단계 가운데 '쓰기'보다는 '구상'과 '고치기'에 더 많은 에너지와 시간을 들여야 한다. '쓰기' 활동에는 집중력과 상상력, 곧 내 안에 저장되어 있는 언어의 기억 저장고에서 끄집어내는 능력(우리는 모르는 언어, 경험하지 않은 언어로 말하거나 글을 쓸 수 없다.)이 필요하며, 여기에 일차적으로 작용하는 것은 저장고의 질과 크기다. 저장고에는 평소에 체험하고(읽기와 직접 경험) 생각하고 써 온 것들이 들어 있으므로, 저장고가 크고 질 높은 체험을 해 온 사람(좋은 책을 많이 읽고, 많이 생각하고, 보고 듣고 느낀 것을 백지에 자주 써서 언어 감각을 익힌 사람)이 좋은 글을 쓰게 될 가능성이 큰 것은 분명하다.

이 '쓰기'는 '초고 쓰기'를 말하는데, 그 나머지 시간은 모두 '구상하기'와 '고치기'에 투여된다. 그러므로 생활시 쓰기 지도를 하기 위해서는 쓰는 일뿐 아니라 이 두 단계의 중요성을 인식하고 집중적으로 지도해 가는 데 관심을 가져야 한다. 시 쓰기의 구상 단계에서 마인드맵을 활용하는 것도 개성적인 구상에 시 쓰기의 성패가 달려 있기 때문이다.

다음은 생활시 쓰기 지도 단계와 방법의 설계 내용이다.

① 시 쓰기 전 강의(교사): 시 쓰기 일정, 구상하기, 초고 쓰기, 고치는 법 등 설명 (1시간)

② 시 쓰기 (2시간)

ㄱ. 주제, 글감(제재) 선정 - 너무 크고 무겁거나 지나치게 관념적인 내용은 적절히 지도

ㄴ. 글감과 주제 정하기

- 시의 제재 선택이 적정한가?

- 제재가 구체적인가, 관념적인 것인가?

- 자신이 경험한 것인가, 허구인가?

- 구체성(현실성, 현장성)을 띠고 있는가, 막연한 것인가?

(글감과 주제가 적정하지 못하다고 판단되면 다시 확인받은 후 마인드맵 하기)

ㄷ. 마인드맵 그리기 - 마인드맵 그리기 방법대로 하고 있는가? (교사 검토 확인)

ㄹ. 초고 쓰기 - 시, 형상화 여부 판단 (교사 검토 확인, 수정(퇴고)하여 완성하도록)

ㅁ. 수정(퇴고)하여 완성하기

③ 완성작 시화 그려서 제출 (1시간)

- 창작시 평가, 전시

시 쓰기 방법 강의

아이들이 생활시 쓰기를 시작하기 전에 시의 핵심 원리와 쓰기의 과정,

방법에 대한 기초 이론을 안내하여 시 쓰기에 어느 정도 자신감을 갖게 할 필요가 있다. 시 감상과 토론 활동을 하면서 이미 시에 대한 기초를 공부한 적이 있고 시 쓰기도 맛을 본 다음이라 쓰기와 관련된 기초 이론도 이해하는 속도가 빨라진다.

다만 자료를 만들 때 너무 전문적인 내용까지 전달하려는 의욕은 자제할 필요가 있고, 교실에 앉은 아이들의 수준을 고려하여 어려운 개념어들은 적절히 풀어 쓰거나 쉬운 언어로 대체할 필요가 있다.

포함할 내용은 '시 쓰기를 왜, 어떻게 할까'부터 '시를 쓰는 마음가짐', '시의 성격이나 특징', '시의 감동', '시 공부법' 등 시 쓰기에 필요한 내용을 넣고, 학생들이 쓴 '좋은 시'와 '좋지 않은 시'를 구별하는 기준 등을 자료에 포함하면 좋다.

강의 자료는《시 읽기 자료집》에 수록하든지, 아니면 따로 출력하여 배부하고 교사가 그것을 읽으면서 친절하게 설명한다. 중간중간에 학생들에게 지명하거나 전체가 함께 읽어도 좋다. 질문은 작은 단락을 마무리할 때 적절하게 받으면 된다. 자세히 다 몰라도 시를 쓰는 데는 그리 지장이 없으니 지식을 암기하듯이 공부하지 말고, 시를 쓸 때 수시로 보면서 참고하라고 하면 된다.

시 쓰기 강의 자료 – 학생용

시 쓰기에 들어가면서

1. 시 쓰기, 왜 할까요?
우리는 '좋은 시'를 읽으면서 '좋은 시'를 찾아 읽는 법을 배웠고, 짧은 시 쓰기와 모방시 쓰기, 관찰을 통한 자연·생태시 쓰기를 하면서 시 쓰기란 어떤 것인지 조금 익혔습니다. 내 속에 잠자고 있던 생각과 감각(느낌)을 일깨워서 나의 상상력을 발휘하면서 백지에 집중하면 누구나 시를 쓸 수 있습니다.

시 쓰기는 내가 살면서 느낀 것과 떠오르는 생각을 표현해 내는 일입니다. 내 속에 있는 나 자신과 만나는 일입니다. 그리고 태어날 때부터 이미 있었던 알 수 없는 세상에 대해서 내가 던지는 '질문'이기도 합니다. 지금까지 살아온 내 인생을 응축시켜서 짧은 시행에 쏟아붓는 일이며, 내 삶에 대해 깊이 명상하고 질문을 던지면서 나 자신과 사물, 사람, 세상의 관계를 찾아내는 일이기도 합니다. 그렇게 하여 내 삶을 성찰하는 힘이 커지는 것입니다.

한 편의 시를 완성하면 내가 시인·예술가가 된 듯 커다란 기쁨을 얻을 수 있지요. 그리고 나의 시 쓰기 체험은 연극·영화나 스포츠의 관객이 아니라 내가 시의 주인이 되어 무대 위에서나 운동장에서 연기자가 되고 선수가 되는 일이므로, 시를 온전하게 이해하는 데도 꼭 필요한 일입니다. 이 말은 시를 써보지 않고 시를 모두 알 수 없다는 것이며, 시를 써본 사람만이 시의 비밀을 알 수 있다는 뜻입니다.

또 시를 쓰면서 언어 감각을 단련시켜서 표현력을 풍부하고 아름답게 키우는 일은 내 삶을 높이고 아름답게 가꾸어 가는 힘을 키우는 일입니다. 시가 '영혼의 노래'라는 것은 이런 뜻이 아닐까요?

시 쓰는 일은 나에게 (   )입니다.

2. 시 쓰기, 한 걸음

시를 쓰기 위해서 앞에서 공부한 내용들을 한 번 더 새기고 정리해 볼까요?

- 시는 생각과 느낌(주제)을 리듬을 살려서 노래하여 보여주는 운문 형식의 문학입니다. 시에서 쓰는 언어는 우리가 일상에서 말하듯이 사용하는 구어체 일상어이며, 일상어는 오랜 세월 동안 갈고닦여 군더더기가 없고 리듬이 살아있습니다.
- 시는 감동을 추구하는 예술입니다. 감동이 없는 예술(문학)은 죽은 것입니다. 시를 읽을 때 마음의 울림이 없다면 그런 시를 읽을 이유가 있을까요?
- 시는 내 삶의 이야기이고 노래이며 내 안에 있습니다. 살아오면서 체험한 모든 것이 시가 됩니다. 시는 나와 멀리 떨어진 곳에 있지 않고 가장 가까운 곳, 내 안과 내 주

변 일상 삶 속에 있습니다. 시는 시를 쓰는 사람, 곧 '나'의 이야기이고 노래이며, 나와 세상 모든 것과의 대화입니다. 설명으로는 전달할 수 없는 자신만의 체험에서 나온 생각과 느낌을 압축된 노래 형식으로 주고받는 것이지요.

- 시는 생활 속에서 관찰했거나 체험을 통해 얻은, '말로는 쉽게 설명할 수 없는(설명하면 원래의 느낌은 다 사라지고 마는) 어떤 크고 작은 느낌이나 생각'(그것이 주제입니다.)을 감각적이고 구체적인 언어로 그려서 보여주는 것입니다. (어떤 개념이나 사실을 설명하거나 주장하는 것이 아닙니다!) 그것을 '형상화'라고 합니다.

- 나와 세상의 모든 것을 새롭게 보고 대상을 세밀하게 관찰하고 생각하고 느끼는 일에서 시는 시작됩니다. 그 생각과 느낌을 바탕으로 다시 설계(구상)하여 '언어의 집'을 한 채 잘 짓는 일이 시 쓰기입니다. 내가 세상에서 만난 것들을 받아들여서 내 안에서 푹 익혀서(발효시켜서) 나의 작품을 만드는 것입니다. 음식물을 먹어서 내 몸의 피와 살과 뼈를 만드는 일과 같습니다. 그래서 시는 예술이고 창작인 것입니다.

- 그래서 자기의 느낌이나 새로운 생각(깨달음)이 없으면 시가 되지 않습니다. 이것이 시의 씨앗이며 알맹이기 때문입니다. 그냥 억지로 짜낸 시는 향기가 없는 조화이며, 자기만의 빛깔(개성)을 가질 수 없는 죽은 것입니다.

- 느낌이나 새로운 생각(깨달음)을 갖기 위해서는 평소에 나 자신과 세상과 사물의 변화, 만나는 사람들, 일상 삶에 대해 관심을 갖고 생각하고 발견하고 깨닫고 느끼려는 마음이 필요합니다. 거미가 거미줄을 쳐두듯이 우리의 눈과 귀, 그리고 모든 감각을 활짝 열어두고 '무엇이' 거기 고이고 담기도록 인내심을 갖고 기다려야 합니다. 그리고 사소한 것도 유심히 관찰하고 떠오르는 느낌이나 생각을 메모하는 습관을 길러야 합니다.

3. 시 쓰기, 한 걸음 더

- 시는 '독백'이 아니라 '대화'입니다
  - 시를 통해 시인과 독자는 자기의 삶 이야기를 주고받습니다.
  - 일방적으로 설명하듯이 말해서는 나의 느낌을 전달할 수가 없습니다.
  - 내가 말하고 싶은 생각과 느낌, 그리고 이야기를 하나의 장면으로 생생하게 보여주듯이 그리는 것입니다.

- **시도 공부입니다**
  - 시가 대화라면 대화를 잘하기 위해서는 대화의 내용과 방법을 알아야 합니다. 그 길은 평소에 좋아하는 시인들의 좋은 시를 '많이 읽고, 외우고, 많이 써보는 것'이 가장 빠른 길입니다.
  - 많이 읽고(역사, 철학, 예술, 자연, 사회 등), 많이 생각하고, 많이 메모하고, 쓰고, 평가와 토론을 즐겁게 합니다.
  - 진실한 마음으로 세계와 나를 생각하고 느끼는 공부를 합니다.
  - 진정성을 갖고 사람과 생명체를 사랑하는 마음을 가지려고 노력합니다.
  - 좋은 시를 많이 읽고 공책에 옮겨 모아두며 외우고 감상을 써봅니다.
  - 세상일이나 역사, 철학, 문학, 예술에 대해 열린 마음으로 즐겨 배웁니다.
  - 나와 모든 생명, 세계에 관심을 갖고 늘 깊이 관찰하고 생각하며, 사람과 자연의 역사성, 관계(인연)를 생각하고 읽고 쓰는 공부를 합니다.

- **시의 감동(공감)**
  - 감동은 내 삶의 진정성에서 나옵니다. 대상에 대한 나의 사랑이 깊고 넓고 클수록 시의 감동도 커집니다.
  - 시심은 진실하고 선량한 삶, 너그러움과 평화로운 마음, 작은 아름다움을 발견하고 기뻐하는 마음, 그리고 삶과 시를 진지하게 대하는 마음에서 솟아납니다.
  - 시의 아름다움은 이 삶에서 우러나오는 진실한 마음과 진정성이 시적 구조 속에 녹아서 아름답게 잘 다듬어졌을 때 빛납니다.
  - 쓴 이가 스스로 공감하지 못하는 시는 다른 사람을 감동시킬 수 없습니다.
  - 시는 '낳는 것'입니다. 자신이 '낳은 것'만이 자신과 다른 사람을 감동시킬 수 있습니다. 내 것이 아닌 것, 내가 갖지 못한 것을 남에게 줄 수 없는 것과 같습니다.
  - 표현이 진솔할 때 공감을 얻고 감동을 줍니다.

4. 시 쓰기, 어떻게 할까요?

자, 그럼 시 쓰기의 비밀통로로 들어가 볼까요? 먼저 들어가 본 학생의 시를 읽어봅시다.

닳은 샤프를 잡을 때의 설렘
백열등 누런 전등 아래서
심 끝을 연습장에 사각사각 비비며
삶의 조각을 차곡차곡 한 글자씩 쌓는 것

내 눈에 넣어도 안 아픈 글이 되는 것.

– 김휘중(고2), 〈시란〉

나는 시를 쓰려고 책상에 앉아 있을 때
아무것도 보지 않고 아무것도 듣지 않는다

머릿속에서 밀려오는 파도 사이에서
가장 빛나는 사금을 찾기 위해

머릿속 산들바람 부는 평원의 밤하늘에서
지평선 위 별이 타오르는 소리를 듣기 위해

마음속 비 오는 칠흑 도시 한가운데서
침묵한 이가 흘리는 눈물을 보기 위해

나는 시를 쓸 때
머릿속을 보고 마음속을 듣는다

– 김휘중(고2), 〈내가 시를 쓸 때〉

이 학생은 시 쓰기를 '닳은 샤프를 잡을 때의 설렘'을 갖고, 휘황찬란하지 않은 '백열등 누런 전등 아래서' '심 끝을 연습장에 사각사각 비비'는 정성으로, '삶의 조각을 차곡차곡 한 글자씩 쌓는' 것이라고 노래합니다. 그렇게 했을 때, 시는 '눈에 넣어도 안 아픈 글이 되는 것'입니다. 그렇게 해서 완성한 시는 또 얼마나 마음 뿌듯할까요? 아마 평생 가슴에 간직하지 않을까요?

5. 시 쓰는 마음가짐

그의 시 쓰는 마음가짐도 그렇습니다. 시를 쓰려고 책상에 앉으면 '아무것도 보지 않고 아무것도 듣지 않'으며, 대신 '머릿속을 보고 마음속을 듣는다'고 말합니다. 눈을 감고 자기 자신의 내면을 응시하면서 온갖 감각의 창을 우주를 향해 열어둔다는 것입니다. 머릿속 눈을 뜨고 귀를 기울이면서 눈을 감고 조용히 잡념을 떨치고 쓰려고 생각한 어떤 느낌에 온 마음을 집중합니다. 쓰려는 대상에 진지한 자세로 집중하면서 마음에서 올라오는 소리를 듣는 것입니다. 좀 익살스럽고 재미있는 시를 쓰려는 사람도 이 순간만은 집중하는 일이 필요합니다. 이것이 시를 쓰는 비결입니다.

그런데 집중하는 마음 못지않게 시를 잘 쓰기 위해서는 평소에 나 자신과 세상의 여러 생명체가 어떻게 살아가는지 관심을 갖고 탐구하고, 한 번뿐인 삶을 가치 있게 살아가는 데 꼭 필요한 지혜를 찾아 나서는 자세가 필요합니다. 그 공부와 시 공부가 다르지 않으니까요.

- 눈앞에 보이는 사물이나 사건, 현상의 뒷면에 감추어진 것, 보이지 않는 것을 생각해 봅니다.
- 사물(나무, 돌, 풀, 꽃 등)의 이름과 생태에 대해 찾아봅니다.
- 모든 사물과 사람, 생명체가 깊은 인연으로 서로 관련이 있음을 생각합니다. 이를테면 하나의 꽃씨는 그 꽃이 처음 태어난 날부터 지금까지 단 한 번도 꽃 피우지 않은 적이 없었다는 증거이며, 그 안에 자리를 옮겨 다니며 여태껏 살아온 지구의 모든 산과 들판의 향기와 흙 내음과 햇살과 바람이 새겨져 있습니다.
- 한 사람의 삶 속에 지금까지 인간의 역사와 문화의 자취가 새겨져 있음을 생각해 봅니다.
- 물고기와 물의 관계처럼, 사람과 그가 담겨 살고 있는 문화(환경)가 어떻게 연관되는지를 일상 속에서 잘 생각해 봅니다.
- 작은 일이나 사물에 들어있는 삶의 원리를 찾아내려 애씁니다.
- 시의 소재나 제재가 될 만한 것들을 떠오르는 대로 잘 정리해 둡니다.
- 늘 만나는 자연의 형상이나 현상, 인물과 사건 등을 설명 없이 비유하는 표현을 자주 해봅니다.

6. 학생들이 쓴 좋은 시

- 시인의 시를 흉내 낸 시가 아니라, 청소년이 아니고는 쓸 수 없는, 청소년다운 발상과 감성을 보여주는 시
- 청소년의 진실이 담긴, 진솔하고 울림이 있는 시
- 작은 것이라도 자신과 세상, 사물에 대한 새로운 발견이나 생각(성찰, 메시지), 느낌(감각적 인상) 등이 선명하게 담긴 시
- 스스로에게 질문하고 성찰하는 시
- 나, 가족, 벗, 자연과 사회, 이웃과 연결되어 있음을 보여주는(교감하는) 시
- 진실하고 따뜻한 마음이 담겨 있는 시
- 청소년들이 체험한 삶의 현실을 구체적으로 그려내어 읽는 이가 시 속에 들어선 듯이 공감이 되는 시
- 청소년의 눈으로 바라본 세상(세계)이 그려져 있고 던지는 메시지가 분명한 시
- 생생하고 재미있는 표현이 살아 있는 시(참신성, 개성)
- 청소년이 바라는 소중한 것(가치), 사랑하는 것을 노래한 시
- 자유와 평화, 행복, 생명과 나눔에 대한 자기 나름의 성찰이나 작은 실천을 담은 시
- 리듬이 살아 있으며, 맛과 향기가 느껴지는 시
- 청소년들이 '나도 쓸 수 있다.' 또는 '나도 써보고 싶다.'라는 생각이 들게 하는 시

내 생각은: (   ) 시

---

7. 학생들이 쓴 좋지 않은 시

- 리듬이 별로 느껴지지 않는 시(설명과 주장하는 글처럼)
- 형상화가 되지 않고 단순한 생각을 행으로 나눈 시
- 관념적인 소재를 관념적으로 쓴 시
- 너무 자기 감상에만 치우쳤거나 언어유희에만 매달린 시
- 다 읽고 나서도 알맹이가 잡히지 않는 시
- 맛이나 향기가 거의 느껴지지 않는 시
- 자신의 생각이나 느낌을 보여주지 못하고 상투적인 언어의 나열로만 된 시
- 행이나 연 구분, 압축 등이 제대로 되지 않은 시
- 너무 어른스럽고 매끈한 언어로 꾸민 시

시 쓰기

한 시간 동안 생활시 쓰기 강좌를 진행하여 시 쓰기 준비를 마치면 쓰기 작업을 시작한다. 2학기 학교 축제에 맞춰서 각종 시화 그림을 제출하기 위해서 반드시 한 편씩은 완성하도록 했다. 여러 번 고치고 고친 다음 최종적으로 완성된 작품을 대상으로 평가하고 학교 문예 공모에 제출하게 하여 심사하고 시상도 했다.

생활시는 제재의 범위를 정하지 않았다. '짧은 시 쓰기'는 이야기가 들어갈 여유가 없고 생활 속에서 일어나는 단상이나 순간적으로 떠오르는 느낌을 언어로 구조화하면 되는 것이고, '자연·생태시 쓰기'는 이미 제재가 정해져 있어서 학생들이 무엇을 써야 할지에 대해 큰 고민 없이도 관찰을 통해 방향을 정할 수 있다. 하지만 생활시는 주제나 제재가 자유로워서 막연하고 가닥을 잡기 어려울 수 있다. 그래서 시의 중심 줄기에 '이야기'가 꼭 들어가도록 하여 '이야기가 있는 생활시'라고 처음부터 명시한 것이다.

아이들이 손쉽고 구체적으로 떠올릴 수 있는 제재가 주위의 여러 사람이나 사물이다. 여기에는 '나'를 포함하여 가족이나 이웃, 친구 등 모든 사람이 대상이 되며, 지금까지 만난 사물이나 겪은 체험 중에서 가장 기억에 남는 것 등도 포함된다. 아이들은 앞서 이미 또래들의 많은 시를 읽어오면서 시를 머릿속으로 구상하고 있었다.

시 쓰기는 다음 몇 가지 단계로 나누어 진행했다. 각 단계에 들어가기 전에 방법에 대한 안내문을 출력하여 나눠주고 충분히 설명했다.

가장 먼저 시 쓰는 과정에 대해 설명하여 학생들의 의문점을 해소한 뒤 평가 기준을 정한다.

① 시 쓰는 과정

시는 그냥 낙서처럼 끄적이거나 떠오르는 생각을 대충 정리하여 행을 나누면 된다고 생각하는 학생들도 있다. 하지만 이는 형상화를 거치지 않았기에 시라고 할 수가 없고, 자신의 삶 이야기가 들어갈 수가 없으니 허황한 망상이나 말장난으로 그칠 가능성이 높다.

제대로 써야 시 쓰기의 목표를 이룰 수 있으므로 차근차근 공부할 필요가 있고, 그래야 시를 쓰고 나서 성장한 모습을 확인할 수 있다. 학기에 한 번씩 서로 다른 제재나 주제로 시를 써보면, 두 번째 쓸 때는 학생들의 언어 감각이 성장했다는 것을 확인할 수 있다.

다음은 시 쓰는 일반적인 과정을 담은 출력물 내용이다.

시 쓰기 과정은 이렇습니다
① 마음을 열고 떠오르는 생각과 느낌을 받아들일 자세를 가집니다.
② 내 주위의 모든 것, 일상에서 만난 사소한 것일지라도 내 마음의 그물망에 걸린 것은 놓치지 않고 낙서하고 메모합니다.
③ 그 중에서 '이것이 시가 되겠다', '이걸 써보면 되겠다' 싶은 알맹이(시의 씨앗)가 떠오르면 그것을 중심으로 마인드맵을 풍부하게 구체화합니다.
④ 주제, 대략적인 얼개, 줄거리를 적어봅니다.

⑤ 첫 구절이 떠오를 때까지 기다렸다가 단숨에 써 내려가 초고를 완성합니다.

⑥ 내 마음에 '됐다'는 느낌이 올 때까지 고쳐서 완성합니다.

⑦ 시화를 그리고 시작(詩作) 메모를 적어서 제출합니다.

※ 우수작은 시상하고 학교 축제 시화전에 참여할 수 있습니다.

※ 완성된 시화 작품과 마인드맵(주제, 얼개, 줄거리 포함)은 평가 대상입니다.

② 평가 기준 정하기

시 쓰기 과정을 설명하고 시 쓰기에 들어가기 전에 평가 기준을 먼저 내주었다. 시 쓰기는 마인드맵과 창작시, 그리고 시화를 평가한다. 시 창작의 결과만이 아니라 시작에서 마무리까지의 전 과정을 평가하는 것이 알차게 학습하는 데 도움이 된다. 다만 마인드맵은 충실하게 하는 것도 중요하지만 시를 구상하는 과정으로서의 의미가 크므로, 시 창작에 들어가기 전에 확인하여 제때 작성했는가 여부를 보는 것이 더 중요하다.

'이야기가 있는 생활시'의 경우 창작시는 주로 '자기 체험을 충실하게 반영하여 썼는가?', '주제를 효과적으로 형상화하고 있는가?', '리듬을 잘 살려서 썼는가?' 등에 주안점을 두었다. 중학생의 경우는 '시의 행과 연을 적절히 배치했는가?'를 포함하는 것도 좋다.

'시화는 잘 그렸는가?'는 미술의 영역이라 판단하지 않는 대신 '시와의 어울림, 정성껏 그리기 등'을 판단하며, '시작(詩作) 메모 작성의 충실성'을 보는 것이 바람직하다.

시 쓰기 평가 기준 (100점)

마인드맵 (30점)

내용이 충실하면 30점, 내용의 충실도가 보통이면 28점, 내용의 충실도가 수준 미달이면 26점, 시 쓰기 전에 제출하지 않았으면 충실도에 −2점, 끝까지 제출하지 않았으면 0점

(충실도: 중심 이미지, 주요 가지 2~4개와 잔(하위)가지 / 주제, 줄거리가 규정대로 모두 있는가?)

창작시 (40점)

마인드맵을 바탕으로 자기 체험을 리듬을 살려서 주제를 개성 있게 형상화했으면 40점, 자기 체험으로 주제를 형상화했지만 리듬을 살리지 못했거나 개성이 느껴지지 않을 때는 38점, 주제 형상화에 실패하고 리듬이나 개성도 전혀 느껴지지 않을 때는 36점, 미제출은 0점

시화, 시작 메모 (30점)

시와 어울리거나 시화를 정성껏 그려 넣었고 '시작 메모' 내용이 충실하면(5행 이상) 30점, 시화를 그렸으나 시와의 어울림과 정성, '시작 메모' 내용의 충실성 중 하나가 부족하면 28점, 시화도 없고 '시작 메모' 내용도 충실하지 못하면 26점, 제출하지 않으면 0점

③ 시의 글감과 주제 정하기

창작시 평가 기준을 설명한 다음 바로 글감을 찾는 일을 시작했다. 시 쓰기에선 누구나 '무엇을 쓸까?'가 첫 번째 맞닥뜨려지는 고민이다. 이때는 학생들이 무슨 거창하고 그럴듯한 이야기를 써야 한다는 강박에서부터 벗어나야 한다는 것을 말해 주어야 한다. 먼저 제재(글감)와 주제에 대한 개념을 확인해 줄 필요가 있다. 준비한 자료를 나눠주고 함께 읽는다.

- 시의 알맹이가 주제가 됩니다.
- 주제는 내가 쓰고 싶은 '무엇', 곧 내가 말하고 싶은 것, 느꼈던 것입니다.
- 일상 삶 속에서 문득 '이것 쓰고 싶다', '이것 쓰면 시가 되겠네' 싶은 느낌이 시의 영감(靈感)입니다.
- 시를 쓰기 전에 알맹이가 생길 때까지 충분히 기다리는 것이 중요합니다.
- 일상 속 어떤 환경에서 내가 무엇을 보거나 듣고 만나면서 갑자기 무엇을 느꼈거나, 유심히 관찰한 것에서 예전에 못 보고 몰랐던 어떤 것을 보거나 알게 되었을 때, 쓰고 싶은 욕구와 함께 떠오르는 말이 시의 '알맹이'이고 씨앗이며, 그걸 리듬을 타는 언어로 눈앞에 보여주듯이 노래하면(형상화) 시가 됩니다.
- 사람은 누구나 세상에서 유일한 존재이며, 생각과 느낌은 자기만이 갖는 것입니다. 그러므로 설명으로는 도저히 전달할 수 없습니다. 그때 생각과 느낌을 구체적으로 보여주고 노래하여 공감을 얻는 것이 바로 시입니다.
- 그러므로 나의 특수한 체험, 곧 일상에서 관찰하고 느낀 작고 구체적인 것에서 출발하여 누구나 공감할 수 있는 보편적인 이야기로 나아가야 합니다. '사랑, 죽음, 평화' 같은 크고 관념적인 주제에 바로 들어가지 말고, 나의 몸과 마음 안팎 가까이 있는 작은 일이나 사물을 제재로 하여 나의 진실한 자세와 목소리로 구체적으로 노래할 때, 독자들은 그 주제를 같이 느끼고 공감을 얻을 수 있습니다.

(예) 떡볶이(글감) → 우정(주제)

진달래꽃(글감) → 사랑(주제)

한 알의 벼, 사과, 제비꽃 등(글감) → 자연, 생명의 아름다움, 고귀함(주제)

그리고 주제가 꼭 무거운 것이어야 할 필요는 없다는 것, 생활 속의 작은 관찰과 발견이어도 좋고, 깨달음도 좋고, 기쁨과 슬픔과 충격 같은 한순간의 느낌이나 스쳐 가는 가벼운 생각(착상)이어도 좋다고 말해 줄 필요가 있다. 시의 감동은 주제의 크기에 달려 있는 것이 아니라 작은 이야기라도 독자의 가슴에 전해지는 것이어야 하기 때문이다.

실제로 시를 쓰기 위해 의도적으로 생각해 낸 어떤 당위나 윤리적 관념으로는 독자의 가슴을 울리기가 쉽지 않다. 우정이나 정의, 사랑, 행복 같은 관념어들로 시를 시작하는 것도 순서가 잘못된 것이다. 그것들은 시의 제재(글감)가 아니라, 시의 주제이고 완성된 시에서 느낄 수 있는 어떤 느낌으로 다가와야 할 것들이다. 일상에서 관찰하거나 마주치고 겪으면서 올라오는 구체적인 느낌과 생각이어야 그와 비슷한 체험을 한 독자들이 공감할 수 있는 공간이 생겨난다. 지식이나 이론으로 알고 있는 우주를 제재로 놓고 시를 쓰기보다는 아주 작은 모래알이나 조약돌에서 우주를 발견하여 노래하는 것이 훨씬 자연스럽고 공감을 얻을 가능성이 큰 것이다.

그러므로 시의 제재는 나의 삶의 일상에서 찾아야 한다. 이렇게 이야기해도 학생들은 막연해한다. 따라서 글감(제재)의 예시를 보여주는 것이 가장 빠른 방법이다. 처음 쓰는 학생들에게는 글감 예시 자료를 내주고 읽어보게 하면 자신이 쓰고 싶은 것을 찾아낼 수 있다. 학생들과 함께 소리 내어 자료를 읽어보면서 자기 주변에서 직접 겪었던 일 중에서 가장 감동적이었던 일, 오래 기억에 남는 일, 인상 깊었던 일이 있는지를 생각해 보게 했다.

글감 선택 예시 자료

예시를 다 읽고 나면 고요히 눈을 감고 자신이 쓰고 싶은 것이 무엇인지를 생각해 보는 시간을 준다. 사전에 시 쓰기를 예고한 상태이기 때문에 학생들은 이미 생각을 했을 것이고, 그렇지 못한 학생들도 예시를 모두 읽으면 무엇인가 써보고 싶은 것이 생기기 마련이다.

시의 제재와 주제를 정하는 단계부터는 개인별 지도로 진행할 수밖에 없다. 예시 마지막 부분 공란에 자신이 쓰고 싶은 중심 내용, 글감, 주제 등을 기록한 학생들은 교사에게 제출하여 확인을 거치게 했다. 글감이 될 수 있는지 없는지를 교사가 판단해서 될 수 없을 것으로 보이는 것은 다시 정하도록 했다. 그 기준은 다음과 같이 생각해 볼 수 있다.

- 제재가 구체적인가, 관념적인가?
- 자신이 경험한 것인가, 허구인가?
- 현실성·현장성을 띠고 있는가, 막연한 것인가?

여기서 확인할 것은 제재가 관념적이거나 허구적이거나 막연해서는 안 되며, 구체적이고 자신이 경험한 일, 현실성과 현장성을 가져야 시가 허공을 맴돌지 않고 지상에 뿌리내릴 수 있다는 점이다. 글이 상상력의 산물이라는 말은 허황된 공상을 말하는 것이 아니다. 경험한 것을 끄집어내어 형상화한다는 말이다. 제재가 구체적이지 않으면 시도 구체적일 수가 없다. 이를테면 그냥 '할아버지'가 아니라 '병상에 누워 계신 할아버지'나 '매일 아침 밭에 나가시는 할머니'가 좋고, 그냥 '꽃'이 아니라 '우리 집 마당 그늘에 핀 민들레'가 좋다.

학생이 제출하는 내용을 확인하고 기준에 부합한다면 마인드맵을 시작하게 하고, 미흡한 학생은 다시 하거나 일부 수정하도록 했다.

이 단계에서도 잘 떠오르지 않는 학생은 주어진 글감 예시 자료를 다시 읽어보거나 백지에 연상되는 일을 마구 쏟아내서 그 가운데 글감을 하나 정하도록 했다. 그리고 그때의 생각과 느낌을 떠올리면서 어떤 내용을 시로 쓰고 싶은지(글감, 주제 등)를 생각해 보고 메모하여 확인받도록 했다.

④ 마인드맵 그리기

글감과 주제 확인을 받은 학생은 글감과 관련되는 구체적인 이미지나 일, 느낌, 연상되는 것들을 마인드맵으로 상세하게 그리게 했다. 막연한 시상을 보다 구체화하면서 줄기를 세우고 잎사귀를 다는 과정이라 할 수 있다. 그림으로 말하면 스케치에 해당한다. 당시의 주변 환경과 풀, 동물, 다른 사람의 표정, 주고받은 말씨, 그 사건과 연결되는 다른 사건이나 느낌 등 떠오르는 구절이나 단어, 문장을 모두 백지에 쏟아놓는 것인데, 되도록이면 잔가지를 많이 쳐서 연상 작용을 풍부히 하도록 하는 것이 좋다. 이것들은 나중에 시의 피와 살이 되어 되살아나게 돼 있다.

아주 짧은 시가 된다 하더라도 이 과정을 거쳐야만 보다 탄탄하고 치밀한 언어 조직을 가진 시로 태어날 수 있으며, 긴 시라면 더욱 이 과정을 생략하면 안 된다. 백일장을 할 때 학생들에게 백지를 주고 써보라고 하면 열에 아홉 사람은 주어진 글제에 몇 가지 연상되는 단어를 끼워 맞춰서 아무런 내용 없는, 또는 뻔한 이야기를 써내기 십상이다. 이때도 마인드맵을 통해서 자기 이야기를 그 안에 담아내는 과정을 거치면 훨씬 나은 시가 만들어질 수 있다.

　마인드맵을 통해서 우리는 마음속에 있는 그림을 꺼내기도 하지만 그 과정에서 상상력을 동원하여 새로운 잔가지들을 만들어 내기 때문에 최종적으로 시가 어디로 전개될지 아무도 모른다. 주제와 제재를 구상하기 시작할 때부터 이미 시 쓰기는 시작되었고, 마인드맵 그리기를 통해서 더 구체화되고 있다고 보면 될 것이다. 초고와 나중에 탈고한 원고를 비교해 보면 전혀 다른 시가 되어 있는 경우가 적지 않다. 연역적이거나 귀납적인 논리에 따라 결론이 전개되는 과학적인 글과는 다르게 시 쓰기도 예술 창조의 일반적인 원리에 의해 전개되기 때문이다.

　학생들은 초등학교 때부터 마인드맵을 해본 경험이 있어서 곧잘 하지만, 그래도 처음 접하는 아이들이 있고 또 시 쓰기를 위한 마인드맵은 처음 해보는 아이들이 대부분이라 상세하게 설명해 줄 필요가 있다.

　아래 자료와 함께 선배들이 했던 마인드맵 결과물을 출력해서 보여주면 아이들이 쉽게 이해한다.

메모와 마인드맵으로 시를 구상해 봅시다.

[메모]
- 표현하고 싶은 생각과 느낌(주제, 알맹이)이 떠오르면 백지를 펼쳐두고 연상되거나 떠오르는 말을 모두 적어나가면서 관련되는 기억들을 펼쳐 메모하여 모으는 상상 여행을 시작합니다.
- 알맹이와 관련하여 체험한 것들을 다시 겪어보면서 집중력을 잃지 말고 시어가 떠오르는 대로 계속 낙서하듯이 메모합니다.
- 애매한 관념어로 접근하거나 표현하지 말고, 구체적인 상황과 주변 분위기, 등장하는 인물들이 나눈 말 등을 기억하면서 말(구절)을 연결시켜 적어나갑니다.

[마인드맵]
- 주제와 제재가 어느 정도 정해지고 나서 마인드맵을 시작할 때는 쓰고 싶은 시의 중심 이미지(제재)를 가운데 두고 상상을 계속하면서 시에서 전개될 이야기의 주 가지(주요 가지)를 2~4개 그리고, 거기에 잔가지(하위 가지)를 치면서 말의 잎사귀를 구체적이고 풍부하게 달아갑니다.
- 마인드맵을 그리는 동안에도 시의 첫 구절이 떠오르면 잔가지에 그려 넣거나 따로 메모를 해둡니다.
- 메모와 마인드맵을 놓고 마인드맵 중에서 필요 없는 부분은 버리고 시가 될 줄기 부분을 정해서 테두리를 표시합니다.
- 정해진 테두리 줄기 부분을 중심으로 다시 2차로 마인드맵을 해보거나 1차 마인드맵에 풍부한 가지와 잎을 만들어 마인드맵을 완성합니다.
- 시의 첫 구절이 떠오를 때까지 눈을 감고 집중하며 기다립니다.

완성된 마인드맵 역시 확인의 대상이다. 교사는 1차 마인드맵에 대해 학생의 설명을 듣고 마인드맵 가운데 주로 어느 부분을 중심으로 시를 쓸 것인지를 확인하고 조언을 해준다. 그것으로 충분하다고 판단되면 그냥 바로 시 쓰기에 들어가도록 하고, 마인드맵의 중심이 흐트러져 있거나 주제 중심으로 모여 있지 않고 언어들이 제각각으로 흩어져 있는 학생들은 다시 2차 마인드맵을 하게 했는데, 이때 중심 사건(일)은 하나로 잡되 그것을 구체화하기 위해 주가지를 두세 개 정도로만 하도록 했다. (중심 사건이 여러 개로 번져나가면 시가 너절해지기 때문에, 집중력을 잃고 흩어지고 만다.) 이 주가지들이 사실상 짜임의 역할을 대신하는 것이며, 창작시에서 하나의 연(聯)이 될 수 있다.

그리고 주제가 추상적이거나 뻔한 이야기에 교훈적인 관념어를 나열한 마인드맵은 처음부터 다시 하게 했다. 이때는 마인드맵 내용 가운데 인상 깊게 남아 있는 중심 사건이나 느낌이 있으면 그것을 살릴 수 있도록 지도했다.

마인드맵이 완성되면 일단 교사는 마인드맵 작품 뒷면에 확인하는 사인이나 표식을 해주고 교사용 평가 자료(명렬)에도 확인한 학생을 표시해 둔다. 나중에 시화와 함께 평가 대상이 되고 시 창작하는 시간에 필요한 것이므로 각자 공책이나 파일에 보관했다가 완성된 창작시화와 함께 제출하도록 한다.

시 쓰기 마인드맵 – 예시

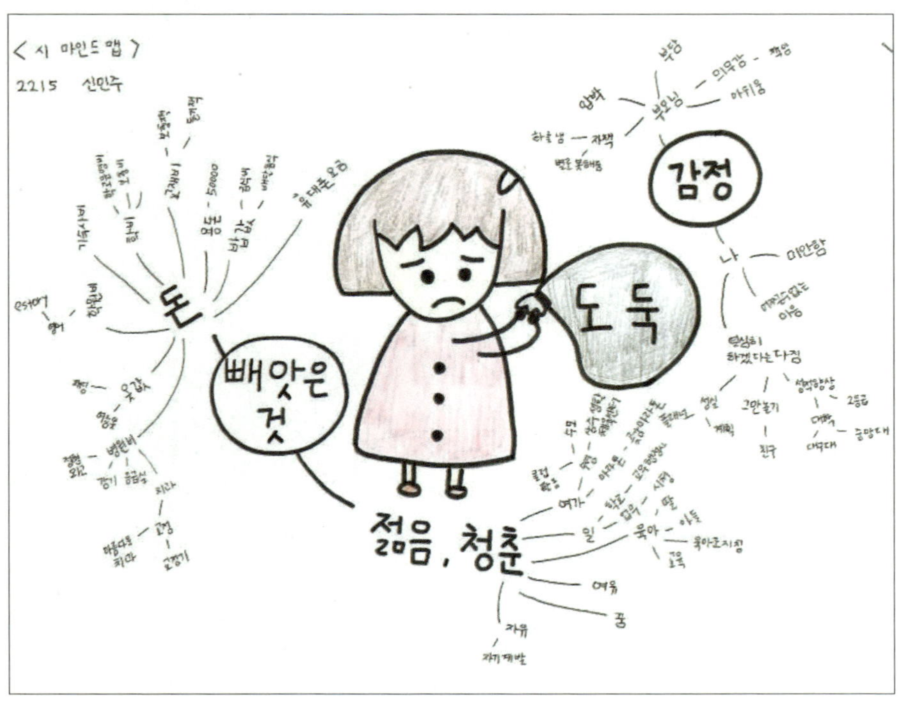

— 신민주(고2)

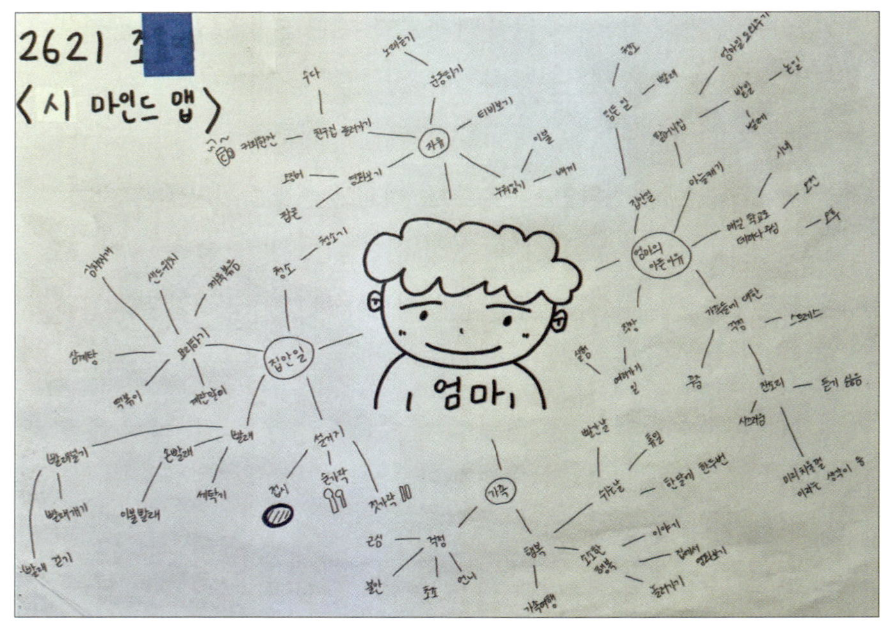

– 조효영(고2)

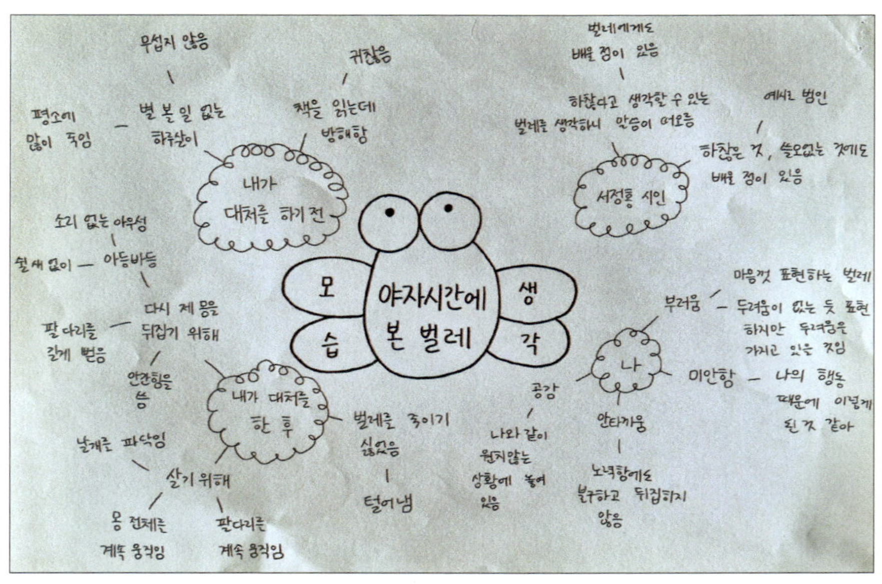

– 김보민(고2)

⑤ 시 초고, 이렇게 써요

마인드맵 확인에서 통과된 학생들은 곧바로 시 쓰기로 들어갔는데, 마인드맵에서 이미 시의 전체 뼈대(각 연의 핵심 내용이나 구절)가 대략 구성되어 있었을 것이므로, 마인드맵을 보면서 첫 구절을 떠올려서 쓰면 된다. 초고 쓰기를 할 때는 마인드맵에 나타나 있는 모든 것을 시에 반영하기 어렵다. 마음의 흐름이나 움직임을 정교하게 그려낼수록 그림이 복잡하고 상상이 풍부하게 전개되기 때문에, 결국 시는 마인드맵 가운데 일부인 한두 가지를 중심으로 쓸 수밖에 없다. 그리고 꼭 마인드맵대로만 써야 하는 것은 아님을 말해 주었다. 쓰다 보면 훨씬 좋은 구절이 나올 수도 있는 법이니까.

초고를 쓰기 시작하면 평소에 시와 문학 작품을 읽으면서 닦은 언어 감각이나 생각하고 써온 수준이 글쓰기에 반영된다. 꼭 시가 아니더라도 일기를 쓰거나 무엇인가 자기 생각을 정리하여 쓰는 활동을 해온 학생은 시 쓰기도 방법만 알면 곧잘 한다. 그래서 '많이 읽고 많이 생각하고 많이 써야 한다'고 한 옛사람의 충고는 글쓰기 공부에 최상의 방법이 맞다.

여기에 하나 더 추가하면 직접 체험을 많이 하는 것이다. 글쓰기는 결국 자기 삶이 만들어 온 저장고에서 언어를 꺼내어 종이에 배치하는 것이나 다름없고, 창고가 비어 있으면 필요한 언어를 선택할 수 없으니 좋은 글이 나오기 어려운 것은 당연하다. 어쨌든 단기간에 안 되는 것이 언어 공부라는 것을 학생들이 더 잘 안다. 학교에서 글쓰기를 하면서 자기 창고의 저장 수준을 깨닫는 것도 자신의 삶을 위한 성찰의 기회가 될 수 있으니 좋은 일이다.

그리고 교실에서 시를 쓰는 것은 글쓰기에 뛰어난 재능을 발굴하기 위함이 아니고, 시를 사랑하는 좋은 독자가 되어 자기 삶을 가꾸고 높여가는 데 있다. 현재 학생 자신이 갖고 있는 언어 능력을 최대한 발휘하여 글을 써보는 것은 그런 목표로 나아가는 첫걸음이다. 그런 가운데 자신의 언어 감각과 능력을 발굴해 내는 것은 문학·예술 창작의 길일 뿐 아니라 과학 언어를 사용하는 비평이나 다양한 학문 연구의 길을 가는 데도 큰 힘이 될 것이다.

마인드맵을 한 다음에 곧바로 시를 쓸 수 있게 하는 힘은 '첫째, 시를 이미 써본 경험이 있는가'이고, 다음은 '좋은 시를 얼마나 읽고 외웠는가' 하는 것이다. 시의 언어는 그 리듬을 타고 오는 것이므로 시를 많이 읽으면 시의 리듬이 입과 몸에 붙게 된다. 그동안 시인과 학생들의 시를 많이 읽고 암송도 하면서 여러 가지 감상 활동을 해왔고, 이미 시 쓰기를 한다고 예고해서 글감을 찾아 마인드맵까지 한 상태에서는 시 쓰기가 그리 어려운 일이 아니다. 다만 시 쓰기에 대해 오해하여 잘못 알고 있으면 제자리를 맴돌 수 있으니, 시 쓰기 방법을 잘 알고 시작할 필요가 있는 것이다. 특히 말장난에 불과한 언어 조립을 시라고 생각하여 산문을 행갈이 해놓고 시를 썼다고 좋아해서는 곤란하다.

시를 쓸 때는 첫 구절과 마지막 구절이 가장 중요하고 어렵다. 첫 구절이 써지면 그다음은 고구마 줄기가 따라 올라오듯 줄줄 나오게 되어 있다. 특히 마인드맵을 그리는 과정에서 구상이 끝났기 때문에 막힐 일이 없는 것이다. 그러니까 중요한 것은 첫 구절이다.

첫 구절을 쓸 때는 눈을 감고 기다려야 한다. 눈앞에 사물이 보이면 그 형상과 소리, 움직임이 시어를 생각해 내거나 상상하는 일에 방해가 된다. 그래서 마인드맵을 앞에 펼쳐두고 첫 구절이 떠오르기까지 눈을 감고 시에 집중하여 명상에 잠기면서 쓰고자 하는 시의 상황 속으로 들어가 당시의 체험을 다시 겪어보게 하는 것이다.

그렇게 해서 첫 구절이 떠오르면 시를 물 흐르듯이 줄줄 써 내려갈 수 있다. 그리고 마지막 부분에서는 한 번 더 시상의 전환을 가져와서 (이때 보통 역설적인 표현을 쓴다.) 감칠맛이 나게 쓰기를 당부했다. 나머지는 쓰는 과정에 필요한 것, 쓰기 전에 알아두어야 할 것, 주의할 것 등으로 시 창작법에 관한 기초 이론이므로, 좋은 시를 쓰기 위해서 알아두면 좋은 것이고, 잘 몰라도 시를 쓰는 데는 큰 지장은 없다. 시를 계속 쓰다 보면 차차 깨닫게 될 것이니까.

그러므로 시끄럽게 떠드는 분위기에서는 시를 쓰기 어려워, 교사는 교실 분위기를 차분하게 만들 필요가 있다. 또 학생들에게 서사시가 아닌 짧은 서정시에는 구체적인 일이나 사물, 사건에 담긴 이야기(서사)가 하나만 있어야 한다는 것을 이야기해 주었다. 자라는 나무의 형상처럼 하나의 이야기를 중심으로 주 가지를 두어 개 뻗고 거기에 부(副)가지와 잔가지와 잎을 달아서 시상을 펼치고 또 모아가면서 작품을 형상화하는 것이다.

'시 초고 쓰는 법'을 학생들에게 나눠준 다음 설명을 하고 시를 쓰도록 했다. 중학생들에게는 좀 어려운 표현들이 있는데, 학교마다 학생 수준과 학년 사정에 맞게 필요한 부분을 발췌하거나 쉬운 말로 바꾸어서 쓰면 된다.

첫 구절 떠올리기

- 시의 알맹이를 구상하고 다시 느껴보면서 마인드맵을 그린 다음, 마인드맵과 백지를 앞에 두고 첫 구절이 떠오를 때까지 기다립니다.
- 첫 구절이 떠오를 때까지 눈을 감고 명상하듯 바른 자세를 취합니다.
- 아무것도 듣지 말고, 내 마음에서 올라오는 소리만 듣습니다.
- '이것이다!' 싶은 첫 구절이 마음의 문을 두드릴 때까지 기다립니다. 첫 구절은 보통 몇 어절의 구나 문장으로 떠오릅니다. 곧바로 메모합니다.

초고 쓰는 방법

- 첫 구절을 메모한 다음에, 쓸 시가 어떤 모습(시의 길이, 행과 연 등 적절한 형식)이 좋을지를 생각해 봅니다. 대화체, 독백체, 일기, 산문시, 편지 형식 등 주제를 잘 살릴 수 있는 형식을 고민하고 활용할 수 있는 것을 생각해 봅니다.
- 대체적인 시의 형식을 정한 뒤 메모와 마인드맵을 보면서 단숨에 끝까지 써 내려가서 1차 초고를 완성합니다.
- 관찰한 것, 떠올린 것을 그 장면이 생생하게 그려지도록 구체적이고 자세하게, 그림 그리듯 씁니다.
- 시를 쓸 때 설명은 일절 하지 않으며, 우리가 늘 쓰는 일상어로 말하듯 잔잔하게 노래하듯 쓰며, 주위의 사물을 가져와서 생생하게 씁니다.
- 한 편의 '내 이야기'를 만든다고 생각하고 이야기의 중심에서 너무 멀리 떨어져 나가지 않아야 합니다.
- 마인드맵에 꼭 맞추어 쓸 필요는 없습니다. 처음 생각한 것과 다른 느낌이나 생각(새로운 가지나 잎)이 떠오르면 얼마든지 고쳐서 써 내려갑니다.
- 많이 쓰는 표현보다 새로운 표현을 사용해 봅니다.
- 우리가 평소에 쓰는 일상어와 아름다운 우리말을 잘 다듬어 리듬을 살려서 씁니다. 일상어나 속담 등에는 오랫동안 갈고닦인 우리의 리듬이 그대로 살아 있습니다. 대화와 사투리도 잘 활용하면 생생한 느낌을 얻을 수 있습니다.
- 정확한 말을 쓰며, 감정을 절제하고 담담하게 표현합니다.
- 내 삶의 이야기, 체험, 관찰 등을 바탕으로 하여 집중성을 잃지 않고 시상을 잘 이끌

고 가야 합니다.

- 강조하고 싶은 부분은 같은 구(句)와 행(行)을 그대로 또는 변형시켜서 반복적으로 잘 활용하거나 열거하면 리듬이 생겨나고 이미지와 의미가 강화할 수 있습니다. 다만 자기도 모르게 습관적으로 반복하는 말은 너절한 느낌을 주므로 뺍니다.

- 시조가 아닌 자유시에서는 내재율을 활용합니다. 3, 4, 5자로 된 어절을 기본 단위로 적절히 배열하면 일정한 리듬을 만들 수 있습니다.

- 이야기가 분명한 시를 쓰거나 행갈이에 익숙하지 않은 사람, 자신의 의식이나 내면 정서를 잘 표현하고 싶을 때는 산문시를 써도 좋습니다. 쓰면서 시어의 나열과 반복 등을 잘 활용하여 리듬을 살리는 일에 유의하고, 비유나 역설 등을 쓸 수 있으면 써보는 것도 좋습니다.

- 행과 연의 중심(균형)을 잡습니다. 시의 행과 연은 의미와 리듬의 단위가 되며 하나의 행 또는 연은 모두 같은 무게를 갖습니다. 리듬과 의미를 살리는 행갈이(행 바꿈)가 필요합니다. 연 구분은 할 수도 있고 하지 않을 수도 있습니다.

- 제목은 처음이나 중간, 마지막 언제든 상관없이 떠오르는 대로 적절히 붙입니다. 주제를 암시하거나 상징하면서 인상 깊게 하는 제목, 또는 전체 내용을 포괄하거나 보완하는 제목을 붙여봅니다. 시의 한 구절을 제목으로 삼을 수도 있습니다. 보통 두 어절 이상의 구(句) 또는 문장으로 정하는 경우가 많고, 한 어절 또는 단어로 할 수도 있습니다. 다만 이때도 소재나 제재를 그대로 제목으로 하지 않는 것이 좋습니다. 부제를 적절히 활용할 수도 있습니다.
(예) 아버지(×) – 아버지의 귀향(○) / 달(×) – 달을 보듯(○)

- 비유, 역설과 반어, 풍자와 해학, 반복과 과장, 언어유희 등 표현법을 활용할 수 있으면 주제를 더욱 생생하고 풍부하게 표현하는 데 도움이 되겠지만, 억지로 무리하게 사용할 필요는 없습니다.

- 모호하고 장식적인 관념어를 일부러 쓰지 않도록 합니다. 감상적인 표현은 되도록 하지 않는 것이 좋습니다.

- 조사는 꼭 필요한 것을 제외하고 모두 빼서 시의 운율을 살립니다. 시어의 반복(서술형 어미, 어휘, 구와 문장 등의 반복)으로 리듬과 의미를 강화하며 시에 안정감을 주도록 해봅니다.

- 문장 부호 가운데 쉼표의 역할에 특히 관심을 갖고 잘 활용하면 시의 호흡과 리듬을

조절하는 데 도움이 됩니다.

- 마무리 부분에서는 역설적 표현을 활용하여 한 번 더 시상의 전환을 가져오며 감칠맛 나게 씁니다. 윤리적인 멘트로 끝맺거나 결론을 내듯이 쓰지 않도록 특히 유의합니다.
- 긴 시는 풍부하게 형상화하고, 짧은 시는 예리하고 선명하게 표현합니다.
- 감정의 다양한 표현을 위해 선명한 감각적 심상(시각, 청각 등)을 활용해 봅니다.

⑥ 어떻게 고쳐서 완성할까요? - 퇴고

이렇게 하여 학생이 쓴 글이 초고이다. 그러나 초고는 어디까지나 초고일 뿐, 초고가 완성작이 되는 일은 극히 드물다. 따라서 이 단계에서도 교사의 지도가 필요하다. 창작시에서 중요한 것은 고치기다. 초고부터 몇 번이고 고치되 고치는 과정을 스스로 알 수 있도록 하고, 비교하기 위해서 초고를 절대로 버리지 말고 최종적으로 완성된 원고와 함께 공책에 붙여서 제출하게 했다.

그리고 초고를 다 쓴 학생들에게는 아래 자료를 배부하여 고치는 방법을 안내하고 수정을 한 번 한 다음에 교사에게 가져오라고 했다.

무엇을 어떻게 고쳐야 하나? - 퇴고(推敲)

- 뼈대나 알맹이(처음 내가 그리고 싶었던 것, 이야기의 중심 줄기)가 제대로 섰는지 확인합니다.
- 이해가 되고 감동이 전해 오는지 스스로 판단해 봅니다.
- 표현하고 싶었던 것이 구체적으로 잘 나타나 있는지 살펴봅니다.

- 시가 참신하고 생동감이 있는지 살펴봅니다.
- 나다운 시의 모습이 그려졌는지 살펴봅니다.
- 리듬이 살아 있는지, 행과 연의 균형이 잘 맞는지, 나누고 붙이면 좋을 부분이 있는지 살펴봅니다.
- 대화나 아름다운 우리말을 넣으면 좋을 부분이 있는지 살펴봅니다.
- 산문적 어투, 불필요한 조사, 설명이나 해설, 불필요한 부연, 중언부언한 표현, 상투적인 표현이 있는지 살펴보고 빼거나 참신하게 바꾸어 봅니다.
- 빼도 되는 부분이 있으면 깎아내고, 더할 것이 있으면 더하며, 앞뒤로 바꾸면 좋을 내용이 있으면 바꾸어 봅니다.
- 시어와 행, 종결어미의 반복적 표현이나 낭독할 때의 내재율, 호흡 등을 잘 다듬어 살립니다.
- 제목이 적절한지 살펴봅니다.
- 적절한 비유를 사용하면 좋을 곳이 있는지 찾아서 넣어봅니다.
- 시작과 마무리가 인상에 남도록 다시 살펴서 고쳐봅니다.
- '다 됐다!'라는 느낌이 들 때까지 다듬어 완성합니다.
- 선생님께 보여드리고 완성되면 소감을 붙여서(시작 메모) 시화를 그립니다.

학생들의 초고를 훑어보면서 먼저 시가 전체적으로 내용(알맹이)이 있는지부터 확인했다. 곧 '주제의 형상화에 성공하고 있는가?' 하는 점이다. 이때 살펴봐야 할 내용은 다음과 같다.

- 메시지(주제)가 손에 잡히는가?
- 스토리(서사성, 구체성)를 구성하고 있는가?
- 구체적인 이야기나 느낌, 정경 등이 잘 드러나는가?
- 공감이 되며 마음에 울림이 있는가?
- 읽어서 독특한 맛과 멋이 느껴지는가?

- 자신의 생각이나 느낌, 깨달음을 포함하고 있는가?

- 자신의 시각으로 사물과 세계를 관찰하고 있는가?

주제의 형상화가 잘되었다면 다소 미흡한 부분을 지적하여 수정(퇴고)하는 데 조언을 해준다. 전체적인 면에서 시의 구조, 행과 연의 배치와 변화 등 균형을 살펴보게 하고, 아래 예시한 '시의 리듬', '시어의 적절성', '시의 마무리', '제목의 적절성' 등을 살펴서 시의 완결성을 높여 다시 확인받도록 한다.

• 시의 리듬 살리기

- 종결어미, 구와 행, 연 등의 반복에 의한 리듬을 잘 살리고 있는가?

- 행과 연의 구분과 바꿈 등으로 리듬을 살릴 수 있는 곳은 없는가?

- 불필요한 조사를 그대로 쓰고 있는가?

- 쉼표를 활용하여 리듬을 살릴 수 있는 곳은 없는가?

- 산문시의 경우 특히 리듬을 잘 살리고 있는가?

• 시어의 적절성

- 문어체 표현이나 설명하는 말은 없는가?

- 갑자기 툭 튀어나오는 시어가 없는가?

- 너절한 시어나 문맥에 아주 어색한 시어가 없는가?

• 시의 마무리와 보완

- 마무리에서 교훈적·윤리적인 결말을 짓고 있지 않는가?

- 내용을 추가하거나 빼서 주제를 잘 살려낼 수 있는 곳은 없는가?

- 마무리에 감칠맛 나게 변화를 줄 수 없을까?

- 역설이나 반어를 활용하여 인상적으로 마무리할 수 없을까?

- 시적 상황에 답을 그대로 제시하기보다는 질문하는 자세로 마무리해
   보면 어떨까?

• **제목의 적절성**

- 주제를 암시 혹은 상징하거나, 메시지를 강화·보완하고 있는가?

- 소재나 제재를 그대로 제목으로 삼지는 않았는가?

하지만 주제를 뒷받침하는 형상화가 거의 되어 있지 않은 경우에는 마인드맵을 보면서 다음과 같은 부분을 확인하게 하고 필요하면 다시 쓰게 했다.

• 일상어를 쓰기보다 애매하고 관념적인 언어들을 사용하고 있지는 않는가?

• 구체적으로 형상화하지 않고 주장하거나 설명하려 하지 않는가?

이런 점을 염두에 두고 맞춤형으로 한 사람씩 개별지도를 하되 직접 첨삭하지는 않고 작품 고치기는 스스로 하도록 했다. 이렇게 하여 고쳐 오면 되풀이하여 피드백하며 점차 다듬어 나갔다. 많이 다듬을수록 대개는 좋은 시로 거듭났다. 일찍 쓴 학생들은 몇 번이나 찾아와서 조언을 듣고 수정해서 시를 완성해 나갔고, 한 편을 완성하고 또다시

쓴 학생도 있었지만(이 경우에는 잘된 시를 평가 대상으로 삼았다.) 시를 거의 쓰지 못한 학생도 없지는 않았다. 그 경우에도 최선을 다해서 쓰고 제출하게 했다.

어떤 학생은 고친 시가 원래보다 못한 경우도 있었다. 그럴 때는 왜 더 나빠졌는지를 이야기해 주고 고치게 했다. 모둠별로 시 고치기를 하는 것은 바람직하지 않은 것 같다. 왜냐하면 아이들이 서로를 지도해 줄 수 있는 역량이 부족하여, 멀쩡하게 잘된 작품을 깎아내려서 엉뚱하게 만들어 놓는 경우도 있기 때문이다. 다만, 이 경우에도 교사와 함께라면 무방할 것이다.

퇴고를 거쳐 완성한 시 – 예시

초고	수정
아버지의 호통에 선생님의 꾸중에 두 손 한가득 쥔 꿈 내려놓지 마 어른들의 저울은 우리가 사랑하는 것들을 그것들의 무게를 재지 못하니까	아버지의 호통에 선생님의 꾸중에 두 손 가득 쥔 꿈 내려놓지 마 그 사람들의 저울은 우리가 사랑하는 것들의 무게를 재지 못하니까

김휘중(고2), 〈놓지 마〉

* 연을 나누고 중복되는 시어를 삭제하고 간추려서 리듬감을 높였다.

초고	수정
너는 구르기만 하더라	너는 구르기만 하더라

차가운 바닥에 죽었을 때도 너는 청소하는 빗자루에 굴려지기만 하더라 나도 구르기만 한단다	차가운 바닥에서 너를 굴리는 빗자루에 저항도 못 하고 그저 구르기만 하더라 나도 구르기만 한단다

권이란(고2), 〈공벌레야〉

* 죽어서 치워지는 존재가 아니라 살아 있는 상태로 저항하지 못하는 생명체로 표현함으로써, 공벌레 이야기가 자기 자신의 이야기로 부드럽게 이어지는 효과를 얻게 되었다.

초고	수정
사락사락 책장을 넘기는 소리가 들린다 한 장 한 장 종이를 넘기고 마지막 장을 덮고 그 순간의 감동을 적어 내고 그렇게 책장이 채워지고 그 기쁨은 어떤 것에도 비할 수 없다 가슴에 박혀오는 곳에 포스트-잇을 떼어 붙이며 몇 번이고 읽어서 색이 바래지는 것을 보며 다시 볼 때마다 새로운 감동을 느끼며 마음속 어딘가도 든든해져 간다 모든 것이 편리해져 버린 세상에서	사락사락 책장을 넘기는 소리가 들린다 한 장 한 장 종이를 넘기고 마지막 장을 덮고 그 순간의 감동을 적어 내고 그렇게 책장이 채워지고 그 기쁨은 어떤 말도 담아낼 수 없다 가슴에 새겨지는 구절에 포스트-잇을 떼어 붙이며 몇 번이고 읽어서 바래진 색을 보며 다시 볼 때마다 새로운 감동을 느끼며 마음속 어딘가도 든든해져 간다 모든 것이 편리해져 버린 세상에서

손안의 반짝이는 쇳덩이에서 고개를 돌린다	손안의 반짝이는 쇳덩이로부터 고개를 든다
이 디지털화 된 세상, 책장에서 책 한 권을 뽑아 들어보는 것은 어떨까	사락사락 책장을 넘기는 소리가 들린다

강우정(고2), 〈아날로그〉

* 조사를 바꾸거나 행을 분리하여 산문투에서 벗어나고 시상의 흐름이 부드럽게 되었다. 마지막 연은 독자에게 권유하는 내용인데 삭제하고 첫 연을 반복하여 안정감이 높아졌다.

초고	수정
책을 보던 중 날아든 날벌레 한 마리 죽이지 않으려 툭, 하고 털어냈는데 그만 몸이 뒤집어졌다	책을 보던 중 날아든 날벌레 한 마리 죽이지 않으려 툭, 하고 털어냈는데 그만 몸이 뒤집어졌다
살려고 아등바등 온몸을 힘차게 내뻗는다 긴 팔다리를 아무리 흔들어도 뒤집어지지 않는 몸	살려고 아등바등 온몸을 힘차게 내뻗는다 긴 팔다리를 아무리 흔들어도 뒤집어지지 않는 몸
그게 나 같다	그게 나는 부럽다
	발버둥 치는 모습이 살려고 발버둥 치는 모습이 원치 않아 살려고 발버둥 치는 모습이
	아무런 표현 않고

입을 꼭 다문 나는

벌레가 부럽다

김보민(고2), 〈작은 날벌레 한 마리〉

* 3연에서 서둘러 마무리되어 그게 왜 '나' 같은지 알 수 없었으나, '나'의 내면과 대비하여 연결시킴
  으로써 내용이 더 구체성을 띠게 되고 주제가 자연스럽게 형상화되었다.

창작시 시화 그려서 제출하기

이렇게 하여 창작시가 일차 완성되면 학생들에게 '시작 메모'를 쓰게 한다. 시작 메모는 시 쓰기 활동에 대한 소감 또는 자평이라 할 수 있다. 그 시를 쓰게 된 이유나 계기, 표현하고자 한 것과 표현된 것 사이의 차이, 쓰는 과정에서 느꼈던 느낌 또는 아쉬움, 쓰고 난 뒤의 소감 같은 것을 생각나는 대로 정리해서 쓰면 된다. 시작 메모 쓰기를 통해 학생들은 시를 쓰는 일이 새로운 경험임을 다시금 느끼고 자신들이 해온 활동에 스스로 의미를 부여하게 된다.

　1차 완성본인 시와 시작 메모를 제출하게 하여 교사가 복사해서 다시 한 부를 학생에게 준다. 이때 이미 알려준 적 있는 평가 기준을 다시 읽어주거나 확인하게 한다. 학생들에게 한 주 정도 시간을 주어 최종적으로 퇴고하여 완성하게 한 다음, 시와 시작 메모를 한글 프로그램으로 입력하거나 직접 쓰고 그 위에 시화를 그려서 마인드맵과 함께 제출하게 했다.

　완성된 시화를 제출할 때는 아래와 같은 몇 가지 유의 사항을 학생들에게 알려주어 그대로 해 오게 했다.

창작시 발표, 전시하기

이렇게 하여 일단 작품이 완성되면 다양하게 발표 활동을 할 수 있다. 우선 제출한 시화를 학급이나 학교의 적절한 공간에서 창작 소감 발표를 곁들여서 낭송하면 자작시 낭송회가 되고, 학교 축제 등에 맞춰 열린 공간에 게시하면 자연스럽게 시화전이 된다. 시화를 꼭 액자에 가두어 둘 필요는 없으며, 꼭 백지에 그릴 필요도 없다. A4용지에 그려서 코팅해도 새로운 맛을 느낄 수 있지만, 엽서에 그리거나 다양한 재질의 용지에 펜이나 붓을 활용하여 입체감 있는 그림을 그려도 되고, 좋아하는 그림을 오려 붙여도 재미있다. 그리고 부엌용 휴지 같은 올록볼록한 면에 색사인펜으로 시화를 그리면 한 시간에 몇 장이라도 그릴 수 있고 (애송시를 포함해서), 교실이나 강당 벽면에 붙이면 그대로 장관이 된다.

아이들과 시 쓰기를 하면서 특히 기억에 남는 것은 농촌 중학교에서 아이들과 자연 염색한 옷이나 손수건 등에 창작시와 애송시를 그려서 강당 벽면을 장식했던 일인데, 작품을 제출한 아이들이나 축제를 보러 온 사람들의 눈길을 한참이나 사로잡았었다.

그 밖에도 교지나 학급 신문, 학급 문집, 방송 등 학교의 모든 매체를 통해 발표할 수도 있으며, 이 모든 활동 과정에서 아이들을 칭찬해 주고 시상할 수 있는 적절한 기회가 주어진다. 아이들로서는 중·고등학교 때 글을 써보았다는 것만으로도 오래 기억에 남을 것이고, 시가 자신의 삶 속에 살아 있는 예술임을 몸으로 느끼고 나면 장차 양식 있는 훌륭한 독자로, 또는 개성과 깊이가 있는 문화·예술의 주체로 성장하는 잠재력을 갖게 된다. 이런 과정을 통해서 시가 아이들의 삶 속에 생생히 살아 있게 되는 것이다.

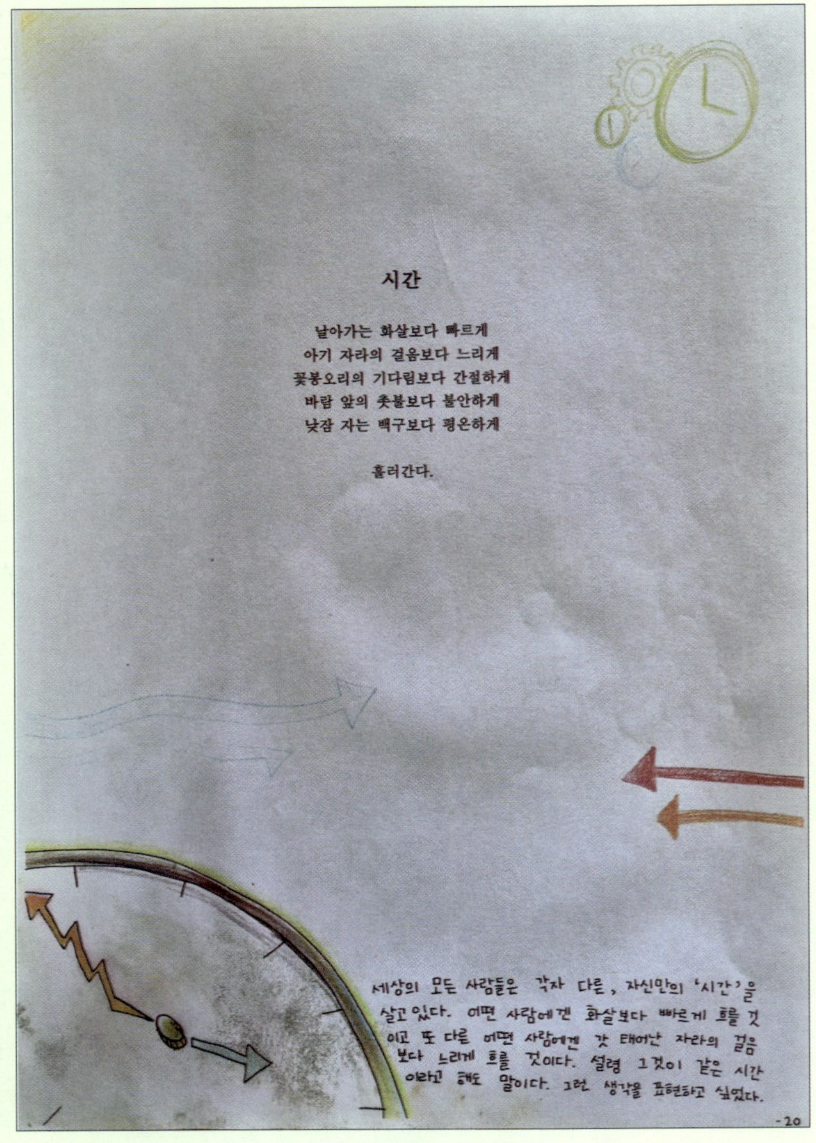

시간

날아가는 화살보다 빠르게
아기 자라의 걸음보다 느리게
꽃봉오리의 기다림보다 간절하게
바람 앞의 촛불보다 불안하게
낮잠 자는 백구보다 평온하게

흘러간다.

세상의 모든 사람들은 각자 다른, 자신만의 '시간'을
살고 있다. 어떤 사람에겐 화살보다 빠르게 흐를 것
이고 또 다른 어떤 사람에겐 갓 태어난 자라의 걸음
보다 느리게 흐를 것이다. 설령 그것이 같은 시간
이라고 해도 말이다. 그런 생각을 표현하고 싶었다.
-20

– 권이란(고2)

– 최윤진(고2)

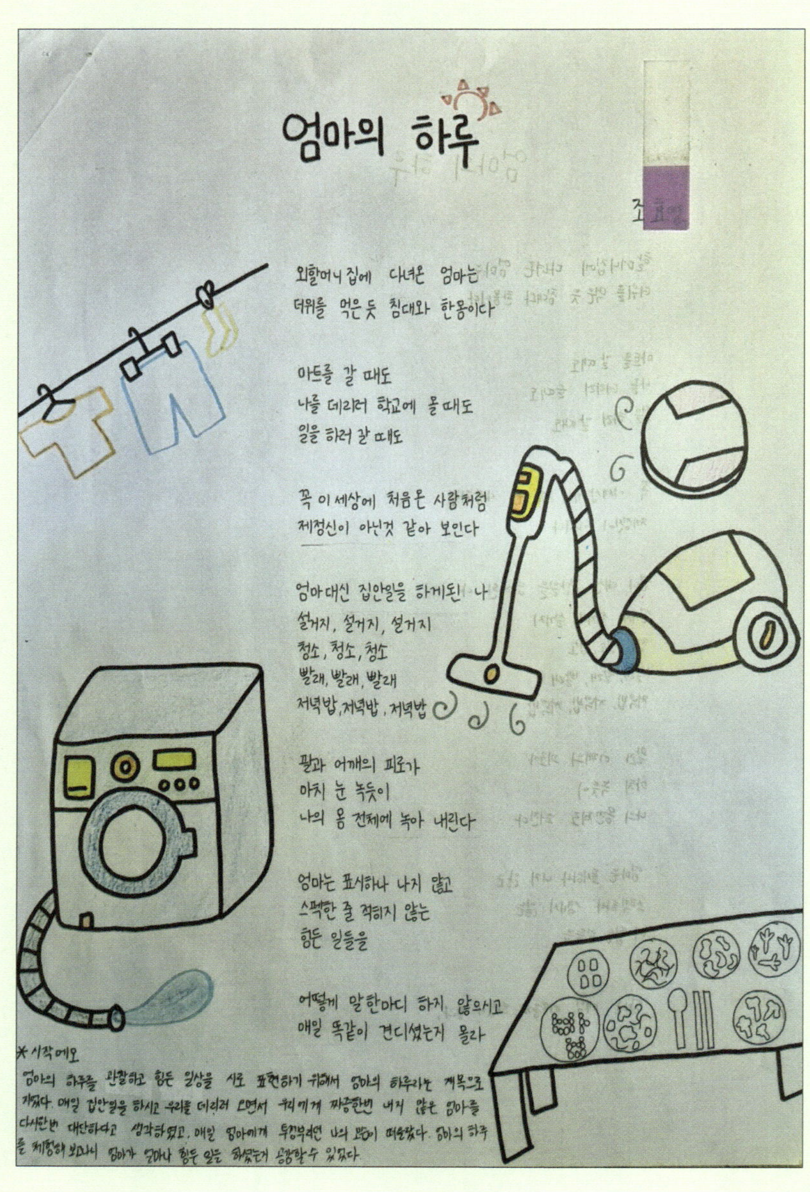

엄마의 하루

조효영

외할머니 집에 다녀온 엄마는
더위를 먹은 듯 침대와 한몸이다

아들을 갈 때도
나를 데리러 학교에 올때도
일을 하러 갈 때도

꼭 이 세상에 처음은 사람처럼
제정신이 아닌것 같아 보인다

엄마 대신 집안일을 하게된 나
설거지, 설거지, 설거지
청소, 청소, 청소
빨래, 빨래, 빨래
저녁밥, 저녁밥, 저녁밥

팔과 어깨의 피요가
마치 눈 녹듯이
나의 몸 전체에 녹아 내린다

엄마는 표시하나 나지 않고
스펙한 줄 적히지 않는
힘든 일들을

어떻게 말 한마디 하지 않으시고
매일 똑같이 견디셨는지 몰라

※ 시작에오
엄마의 하루를 관찰하고 힘든 일상을 시로 표현하기 위해서 엄마의 하루라는 제목으로
가졌다. 매일 집안일을 하시고 우리를 데리러 오면서 한번도 짜증한번 내지 않은 엄마를
다시한번 대단하다고 생각하였고, 매일 엄마에게 투정부렸던 나의 모습이 떠올랐다. 하루의 하루
를 체험해 보니 엄마가 얼마나 힘든 일을 하셨는지 공감할수 있었다.

- 조효영(고2)

6. 나의 문집 만들기

'나의 문집 만들기'는 그동안 해온 시 감상과 창작 공부의 결산이다. 꼭 그해에 생산된 작품으로 한정할 필요는 없으며, 입학한 이후에 쓴 자신의 모든 작품을 수록할 수 있다. 몇 부씩 제작하여 교내에서 축제 때 문집 코너를 만들어 전시할 수도 있고, 꼭 드리고 싶은 사람에게 증정할 수도 있다. 이 경험은 학생의 삶을 통틀어서도 기억에 남을 커다란 '사건'이 될 것이다.

문집에 수록할 내용은 애송시에 대한 나의 감상, 애송시 시화, 창작시, 시 마인드맵, 시평, 시집평, 시 낭송 대회에 참가한 사진이나 시 UCC 작품을 캡처한 사진, 포토시 등 시와 관련된 내용뿐 아니라, 생활 수필, 기행 수필, 포토 에세이, 인문·사회·자연과학, 공학이나 의학 등 도서에 대한 감상문, 음악이나 미술·연극·영화 등 각종 예술 작품 관람기, 편지글이나 일기글 같은 다양한 산문 글쓰기도 포함할 수 있다.

또 자필로 쓸 수도 있고 워드를 쳐서 뽑을 수도 있으며, 사진이나 그림, 컷 등 시각적인 요소들로 '나의 문집'을 풍성하게 꾸밀 수도 있다. 표지 제작에도 자신의 창의성을 마음껏 발휘할 수 있다.

이처럼 '나의 문집'은 자신의 정신적인 성장의 증거물이며, 창의성과 개성을 발휘할 수 있는 지적·예술적 결과물이 될 수 있다. 이 문집을 학교에서 지원하고 전시할 수 있으면 이것 하나만으로도 엄청난 축제가 될 것이다. (실제로 교육청에서 학교 단위나 학생 개인의 우수 작품집을 선정하여 출간해 주기도 한다.) 우수작은 교내 문예 공모 행사에 출품하여 시상하면 좋다. 학교에서는 학생들의 문학·예술 작품 전시와 몇몇 무대 공연만으로도 훌륭한 축제를 만들 수 있다. 실제로 내가 근무했던 중소 도시의 여러 학교에서는 해마다 가을에 늘 다채로운 축제를 열었었다.

나의 문집 만들기는 정리하고 묶어내는 일종의 체험 활동이므로 이 활동을 위해 따로 준비할 시간이 많이 필요한 것은 아니다. 하지만 2학기에 갑자기 공지해서는 안 되며, 학기 초 연간 수업 안내 시간에 학생들에게 문집 제작과 거기에 포함되는 내용, 평가 기준 등에 대해 공지해 두고, 시뿐 아니라 자신이 창작한 모든 산문 작품까지 모아두고 '독서 일기'도 꾸준히 쓰게 하면 된다. 그리고 평가 대상인 작품들은 모두 자기 컴퓨터 안에 저장해 두거나 사진으로 스캔해 두어서 '나의 문집 만들기'를 할 때 다시 출력해 낼 수 있게 하라고 일러둔다. 그러면 학생들은 앞뒤 표지를 만들고 차례를 정한 다음, 새로 추가할 부분만 쓴 뒤 내용을 정리해서 편집하고 '편집 후기'를 붙이면 되는 것이다.

따라서 학생들에게는 '나의 문집 만들기' 평가 기준과 구체적인 제작 방법에 대해 이야기하고 제출 날짜를 정하여, 우수작은 시상한다는 것을 알려주면 된다. 갑자기 없던 작품들을 많이 만들어 내게 하는 일도 아니므로 걱정할 필요가 없고, AI나 다른 사람들이 대신 써줄 것을 우려하여 지레 포기할 필요도 없다. 수업 중에 제작한 작품은 이미 수행평가 때 한 차례 평가가 끝난 것들이므로 내용은 별도로 평가하지 않는다. 규정대로 제출한 학생에게는 감점하지 않는 대신 '수록 작품의 충실성(다양성과 분량)', '문집의 체제와 구성, 편집의 창의성과 미적 수준'을 평가하면 된다.

다음은 평가 기준의 한 예이다.

'나의 문집' 수록 대상

나의 애송시에 대한 감상, 애송시 시화, 각종 창작시, 시 창작 마인드맵, 시평, 시집평, 시 낭송 대회에 참가한 사진, 시 UCC 창작품 캡처한 사진, 포토시, 독서 감상문, 독서 일기, 기행 수필, 포토 에세이, 음악·미술·연극·영화 등 각종 예술 작품 관람기, 문학 관련 편지글이나 일기 등 나의 글쓰기가 일구어 낸 모든 감상과 창작 활동 작품

평가 기준

(A) 수록 작품의 충실성(영역의 다양성과 분량)과 (B) 편집의 창의성과 미적 수준을 각각 상, 중, 하로 평가합니다.

1. 애송시 감상 – 다섯 편 이상(시 전문을 옮겨 적고, 감상 쓰기, 애송시 시화 포함)

2. 독서 일기(읽은 도서 중 좋은 구절 옮겨 적고 생각 쓰기) – 최소 다섯 작품 이상, 쪽수로 각 작품 1쪽 이상, 전체 5쪽 이상: 권장 도서를 중심으로 하되 그 외에 좋은 책은 허용합니다.

3. 각 영역(창작시화, 애송시 감상, 독서 일기, 시평 또는 시집평, 창작 수필, 기행 수필, 독후감, 예술 작품 감상문 기타) 중에 창작시화, 애송시 감상, 독서 일기를 반드시 포함하여 최소한 네 가지(4종) 이상 영역일 것

4. 전체 쪽수가 본문 내용만(차례 등 제외) 최소한 20쪽 이상일 것(다다익선)

5. 문집의 표지, 제목, 차례, 후기

   – 표지는 스프링 또는 예쁜 책끈으로 하여 튼튼하게 제본합니다. 파일에 끼워 넣는 형식도 가능하고 클립으로 움직이지 않도록 고정해도 됩니다.

   – 차례부터 페이지를 각 페이지 아래 가운데 적어 넣습니다.

   – 모든 글자는 손으로 직접 써도 되고 컴퓨터 활자를 사용해도 되며, 특정 부분에만 손글씨를 쓰는 것도 좋습니다.

   – 표지 제목은 '○○○ 작품집' 형식으로 하지 말고, 문집을 상징할 만한 제목을 따로 붙이고, 제출자의 학년, 반, 번호, 이름 등을 꼭 표기합니다. 활자는 창의적으로 정하되 글자를 알아볼 수 있어야 합니다.

   – 차례는 각 영역별로 일목요연하게 정리하고 한쪽 공간에 제목을 붙인 이유를 설명합니다.

– 차례에 명시된 순서대로 편집하고 각 작품마다 '창작시 1', '창작시 2', '독후감 2',
'시평 1', '시평 2'라고 표시합니다.

– 편집하면서 느낀 점이나 자신 또는 독자에게 하고 싶은 말을 '편집 후기'로 써서
마지막 장에 붙입니다. (A4 1/3쪽 이상)

평가 방법

나의 문집 (애송시집) (100점)	• 수록 작품의 충실성(영역의 다양성과 분량), 편집의 창의성과 미적 수준 등을 중심으로 평가합니다. • (A)는 교사 평가, (B)는 교사 평가와 학생 상호평가를 합산하며, 상호평가 후 추가로 제출한 경우에는 감점하여 평가합니다.	• (A) 수록 작품의 충실성(영역의 다양성과 분량) – 50점 만점에서 항목별로 감점하여 평가 • (B) 편집의 창의성과 미적 수준 – 상: 25, 중: 23, 하: 21	○월 제출

• (A): 교사 평가=50(만점) / (B):교사 평가(25)+학생 상호평가(25)=50(만점) / 최종 평점=(A)+(B)

• (A): 기준에 미달하는 경우 감점하며, 감점에 관한 세부 사항은 따로 정합니다.

• 평가 당시 작품을 제출하지 않아서 학생 상호평가를 받지 못하고 추가로 제출한 사람은 학생 상호평가에서 제외하는 대신, (A) 교사 평가점의 −2점, (B)교사 평가와 학생 상호평가 각각의 최하점의 −1점으로 배점합니다. 학생 상호평가는 학급별 상위 3명, 하위 3명의 평가를 제하고 합산, 평균하여 소수점 두 자리에서 반올림하여 평가합니다. 미제출 시 각 항목 0점

평가는 (A)와 (B)를 합산하며, (A)는 교사 평가 50점, (B)는 교사 평가(25점)와 학생 상호평가(25점)를 합산하는 방법으로 했다. 학생 상호평가를 하면 일이 많고 힘들지만 그만큼 얻는 것도 많고 평가에 대한

신뢰도도 높아진다. 그리고 학생들이 학급 친구들의 문집을 감상하는 소중한 기회를 얻으면서 자신의 작품과 활동에 대한 자기 평가의 시간이 될 수 있다.

수업 시간이 시작되기 전에 학생들이 제출한 작품집을 소강당(학생들이 다니며 감상할 수 있는 공간이 확보된 곳) 같은 곳에 번호 순서대로 전시해 두고 순회하면서 평가를 한다. '수록 작품의 충실성(영역의 다양성과 분량)'은 기준에 미달한 영역은 감점을 하며 교사가 평가하고, '편집의 창의성과 미적 수준'을 각각 상, 중, 하로 학생 상호평가와 교사 평가를 합산한다. 학생 상호평가를 할 때는 평가할 수 있는 자료를 교사가 마련한다. 학생 명렬에 '상(25점)', '중(23점)', '하(21점)'의 난을 만들어서 해당 난에 ○표를 하도록 하면 통계를 내는 데 어렵지 않다.

교사가 평가하는 '수록 작품의 충실성(영역의 다양성과 분량)' 평가는 문집 작품이 평가 기준 1~5항에 미달하는 경우에 만점(50점)에서 감점하여 평점을 정한다. 감점 기준은 아래 예시처럼 세부 사항으로 따로 정하면 된다.

감점 기준에 대한 예시 – 교사용

1. 애송시 감상 – '시 전문 옮겨 적고 감상 쓰기'가 다섯 편에서 부족한 수만큼 각 2점씩 감점하며, 시 전문을 옮겨 적었으나 감상 쓰기를 하지 않았을 경우 각 1점씩만 감점
2. 독서 일기 – 읽은 도서 중 '좋은 구절 옮겨 적고 생각 쓰기'가 다섯 편에서 부족한 수만큼 각 2점씩 감점하며, 좋은 구절을 옮겨 적었으나 자기 생각을 쓰지 않았을 경우 각 1점씩만 감점
3. 각 영역별 종류가 네 가지(4종)에서 부족한 수만큼 각 2점씩 감점하며, 필수 영역

'나의 문집 만들기' 첫 시간에는 평가 기준에 대하여 자세히 설명한 후 교사가 보관하고 있는 작품을 학생들에게 돌려주어 학생들이 각자 표지 구상, 제목 정하기, 차례 정하여 작품 배치하기 등 개인별 문집 구상을 하게 하고, 둘째와 셋째 시간에는 작품을 정리하고 새로 써야 할 편집 후기 쓰기 등을 쓴 다음, 차례를 확정하여 작품에 쪽수를 붙이고 최종 마무리하여 제출한다. 마지막 시간에는 학생 상호평가를 실시한다.

5장

시와 함께하는
체험 활동

지금까지 우리는 교실에서 시를 읽고 쓰고 감상을 나누는 여러 가지 활동에 대해서 그 방법과 사례를 살펴보았다. 사실 시 쓰기까지 하면 시 공부는 다 마친 셈이다. 하지만 시는 서로 나누는 과정에서 울림이 커지기에, 일상에서 시와 함께하는 다양한 체험을 통해 더 깊고 풍성하게 삶을 가꾸어 갈 수 있다.

그래서 학교 안팎에서 시와 만나는 몇몇 활동을 소개하고자 한다. 요즘 젊은 국어 교사들은 미디어를 활용하여 창의적인 수업이나 활동을 해나가는 추세이고, 그것이 학생들에게 큰 호응을 얻기도 한다. 당연한 일이고 새 미디어에 더듬거리는 세대가 어지간히 노력하지 않으면 따라갈 수 없는 일이다. 여기 소개하는 활동은 내가 교실에서 아이들과 시 수업을 하던 2000년대 초반부터 약 20여 년 동안 했던 것들이다.

이 프로그램들은 시를 통한 학생들의 즐거운 만남이고 축제라는 공통점이 있다. 국어 선생님들의 풍요롭고 창의적인 수업 활동에 힘이 될 수 있도록 최대한 자세하게 서술하려 한다.

1. 시 낭송 대회, 시 UCC 작품 제작 및 공연

시 낭송 대회와 시 UCC 대회는 학생들이 즐겁게 참여하고 좋아하는 행사이다. 분위기를 잘 만들어 주고 적절한 보상(시인의 자필 사인을 받은 시집 등)을 하면 참여도도 높아진다. 시를 사람들 앞에서 낭송해 보는 경험은 특별한 추억이 되고, 시를 가까이하는 좋은 계기가 될 수 있다.

행사의 기획과 진행

이 행사는 국어과 교사 중에 시에 관심이 있는 교사가 중심이 되고, 두세 명의 교사가 보조하면 얼마든지 추진할 수 있다. 시기는 시 교육이 어느 정도 이루어진 다음인 가을, 중간고사 끝나고 기말고사가 아직 좀 남아 있는 시기, 학교 축제 전후로 맞추면 더욱 좋다. 이때쯤이면 학생들이 아는 시인들이 많이 생겨나고, 시와 시집에 대해서도 어느 정도 친숙해져서 시 교육의 연장에서 행사의 의미를 부여할 수 있고, 학생들이 숨은 능력을 발휘할 수 있는 여건이 어느 정도 갖추어지기 때문이다.

국어과 협의회에서 주관하거나 도서관에서 주관하면 주최는 '○○○○학교'가 된다. 지난해에 주관한 부서에서 사전에 이듬해 행사 계획과 함께 예산도 확보하여 학교 연간계획서에도 들어가도록 해야 한다.

연간 계획에 의해 추진 주체가 결정되고 시기 등 큰 틀이 준비되면 계획서를 승인받고 학교에서 학교장 이름으로 공고문을 붙인다. 학급 또는 학년 구분 없이 개인 또는 단체(2~5명 정도)가 신청할 수 있게 하고, 대상 시인을 정해서 그 안에서 시를 자유롭게 선정하게 한다. (좋은 시를 낭송하는 것이 가장 중요하므로 대상 시의 범위를 '시 읽기 자료집'에 나오는 시인이 쓴 모든 시에서 시인을 좀 확대해서 교사 또는 기획과 진행 팀에서 정하는 것이 필요하며, 정해진 범위 밖에 있는 시인의 시는 교사가 상담을 통해 크게 문제가 안 되는 시는 허용하고, 좋은 시라고 보기 어려운 시는 설득하여 다른 시를 찾아보라고 권한다.) 행사 내용과 일정이 명기된 공고문을 붙임과 동시에 참가 신청서를 각 학년 국어 교사들이 학급에 배부하고 참가를 권유한다.

또 학교 활동에 관심이 많은 학부모들도 함께할 수 있도록 안내와 홍보를 진행한다. 행사 당일에 좌석을 앞쪽 심사위원들 바로 뒤 적당한 곳에 마련하여 관람할 수 있도록 하면, 학생들 중심으로 학교 행사를 진행하는 모습을 보여줄 수 있어서 여러 모로 의미 있다. 학부모들을 모두 좌석에 안내하고 자리가 부족하면 계단이나 통로를 이용하여 학생들을 앉히도록 한다.

행사 당일에는 사전에 작성한 참가자 명부(학생)에 서명하도록 하여 누가 왔는지를 확인한다. 참가자는 문예 관련 활동 참가로 인정하여 학교 안의 다른 활동에 우선 참여시킬 수 있다.

다음은 내가 국어 수업을 하면서 도서관도 맡아 국어과 선생님들과 함께 행사를 주관하던 때의 자료이다.

'시 낭송 대회', '시 UCC 대회' 및 시인 초청 강연 계획안과 공고문

공고가 붙고 학생들이 참가 신청서를 내면 신청 마감 즉시 신청한 학생들을 대상으로 설명회를 열어서 참가 방법, 제작 방법, 심사 기준 등을 설명한다. 이때 그 전해까지 대회에서 입상한 좋은 작품들을 보여 주는 것이 어떤 설명보다 중요하다. 그리고 심사 기준과 마감 날짜를 정해 주면 학생들은 특별한 보충 설명이 없어도 곧잘 감을 잡아서 바로 실행에 옮긴다.

참가 신청서 양식

교내 시 낭송(   ), UCC(   ) 대회 참가 신청서(계획서)

○○○ 선생님 또는 국어 선생님께 제출하세요. (○월 ○일까지) 신청 후 수정 가능합니다.

참가자 이름 (학년/반)	• 단체인 경우, 모두 기록		
시 작품	지은이		제목
역할 담당	• 시 낭송: • 영상: • 음악: • 기술, 기타: (함께 활동할 사람만 쓰세요)		
작품 설명 (시 UCC만)	• 제목: • 내용: • 공연 시간: 3분 기준(최대 5분 이내)		

위와 같이 참가하고자 합니다.

○○○○년 ○○월 ○○일

신청인 대표:　　　　　　　　　　(인/사인)

참가자 설명회에 각 팀에서 대표를 포함하여 최소한 2명 이상 오게 해서 공연 작품을 준비하는 데 유의할 기본 사항과 제작 방법, 심사 기준 등을 설명한다.

시 낭송은 시를 보고 읽어도 좋고 암송해도 좋다. 2인 이상일 경우에도 1인 이상 나와서 낭송하면 되며, 등장인물이 움직이는 연극적인 요소를 포함해도 좋다. 배경 음악을 너무 높지 않게 깔도록 하고(음악이 너무 크면 시가 죽게 된다), 화면에 영상을 띄우되 낭송시가 자막이나 그림에 모두 들어가야 한다. 그러기 위해서는 시가 자막으로 위로 올라가거나, 정지화면 그림이나 사진을 띄워 거기에 시를 넣으면 된다. 시가 길면 두세 장에 나눠서 띄워도 좋다. 단, 동영상은 낭송시의 정감을 헤칠 우려가 있으므로 시 낭송에서는 제외하고 시 UCC에서는 허용했다.

심사 기준은 시 낭송 대회는 '시의 내용(공감), 정감(감동), 음량과 발음, 속도, 낭송 태도, 배경 음악과 영상(시화)' 등을 넣어서 각 문항마다 '상: 5점, 중: 4점, 하: 3점' 등을 배정함을 설명한다.

시 UCC는 무대 위에 올라와서 시를 직접 낭송하지 않고 영상과 그림으로 낭송하여 공연하는 것이다. 시 전문이 어떤 형태로든 낭송으로 나와야 하는 것만 필수 조건으로 전제하며, 그 외에는 자유롭게 전개하면 되므로 다양한 기법으로 영상을 펼칠 수 있다. 동영상 형태로 할 수도 있고, 그림을 그려서 촬영할 수도 있다. 아니면 어떤 영상을 가져와서 결합할 수도 있다. 영상 속에 등장인물이 나와도 되고, 전혀 안 나오고 풍경(장면)만 나와도 상관없다. 완전 자유이기 때문에 학생들이 마음껏 창의력을 발휘할 수 있다. 그래서 학생들의 기상천외하고 깜찍

한 발상을 즐길 수 있는 멋진 공연이 나올 것으로 예상했다.

시간은 시 한 편을 낭송하는 시간을 기준으로 3분 정도를 기본으로 하되 최대 5분까지 허용했다. 작품 제작에 정성을 들였기 때문에 일단 제출한 작품은 탈락 없이 모두 예선에서 공연할 수 있도록 했고, 본선은 심사 결과 상위 팀을 참가 팀의 절반 정도로 선정하여 한 번 더 공연하도록 했다. (같은 작품으로 예선과 본선 두 번 공연하는 것이 문제(예선과 본선에서 순위가 달라지는 문제, 이틀 동안 하는 문제 등)가 있어서 다음 해부터는 특활 시간을 빼서 오후 6교시부터 시작하여 저녁 식사 후에 다시 이어가 하루 만에 마쳤다.)

심사 기준은 시 낭송 대회에서 적용한 '시의 내용(공감), 정감(감동)'은 같고, 나머지 두 가지를 '기법의 창의성(음악, 미술, 기술)', '작품의 완성도'로 했다.

공연 순서 정하기

먼저 행사에 대해 설명하고 추첨으로 공연 순번을 부여한다. 추첨은 번호를 쓴 종이를 접어서 상자 안에 넣어두고 하나씩 꺼내는 간단한 방법으로 한다. 시 UCC 작품이나 시 낭송 배경 영상이나 음악이 들어 있는 USB를 사전에 정해진 날까지 제출하게 했다. USB를 모아두었다가 행사 당일에 진행위원들(방송반 학생, 진행 교사)이 참가팀 대표와 함께 점심시간에 세팅하고 리허설을 하여 공연 때 실수하거나 우왕좌왕하는 일이 생기지 않도록 했다. USB 조작이나 실행 중에 생길 수 있는 오류의 책임은 그 팀에 있다는 것을 처음 설명회 때 일러두어 실수가 생기지 않게 하고 리허설에도 꼭 참석하게 한다. USB를 서로 혼동하지 않도록 표면에 포스트잇을 붙여 시 낭송 작품은 '낭송-2', '낭송-10' 등으로 쓰면 되고, 시 UCC 작품은 'UCC-11', 'UCC-19'처럼 쓰도록 했다.

공연 진행, 심사

시 낭송 대회를 먼저 하고 이어서 시 UCC 대회를 했다. 사회자는 주관하는 선생님들이 아이들의 의견을 반영하여 두 명을 정하고, 순서에 따라 프로그램 시나리오를 사회자 학생과 총괄 진행 교사가 짜서 사회자들이 사전에 연습한다. 심사위원들은 맨 앞줄과 둘째 줄에 앉게 하고 두툼하게 철한 심사 용지를 배부하여 심사위원 사인을 각 페이지마다 모두 한 다음 앉아서 기다린다.

첫 번째 공연 팀이 준비하면 다음 팀이 뒤에서 기다리게 하여 시간의 낭비를 없앴다. 조명을 담당하는 학생이 스위치 앞에 의자를 놓고 앉아 대기하고 있다가 소등하면 공연이 시작된다. 조명은 사회자의 멘트에 따라 끄고 켠다. USB 재생은 해당 팀원 중에 기술을 맡은 학생이 앉아서 조작한다. 한 팀 공연이 끝나면 조명을 켜고 심사위원들이 심사하도록 하는데, 시간은 1분 남짓이면 된다. 심사를 맡은 총괄 진행 교사가 사회자 앞 부근에 앉아 있다가 심사위원들의 심사가 모두 끝나는 것을 확인하고 사회자에게 손짓하여 다음 팀을 불러내게 한다.

심사의 공정성을 위해 국어과 교사를 중심으로 심사위원을 여러 명으로 위촉하고, 학생 심사위원을 공모하여('나와 시' 등을 주제로 자기소개서를 제출하게 하여, 제출한 학생 중에서 10명 내외를 선발한다.) '교사·학생 공동 심사위원회'를 구성하고 심사위원장을 선출하여 심사를 맡기며, 공연 중에 문제가 생기면 진행을 중지한 상태에서 이 심사위원회가 모여 전체 회의로 결정하게 한다.

공연이 시작되기 전에 심사위원들에게 심사 방법을 충분히 공유한 다음, 공연 현장에서는 곧바로 심사에 들어간다. 심사는 학생위원과 교사위원 따로 집계해서 그 평균을 합산하여 순위를 결정한다. 집계할 때는 교사·학생 심사위원 모두 양극단(최고점과 최하점 각 1명)을 배제하고 합산하는 방법을 쓰면 공정한 심사가 될 수 있다.

대회가 끝나고 심사위원들이 심사 결과를 집계하는 동안, 학교의 음악 동아리가 있으면 사전에 섭외하여 공연을 하거나, 아니면 다른 재미있는 기획을 하여 참여자들이나 청중들이 지루해하지 않도록 배려한다.

집계가 끝나면 그 자리에서 입상 팀(금상, 은상, 동상)을 차례로 발표하고, 다음 날 오전에 행사 결과에 대해 결재를 맡고 학교 홈페이지나 게시판, 복도 등에 결과를 공고한다. 이후 시상 관련 준비를 한다.

시 낭송 대회 심사표

심사위원: (인/사인)

(5) ○○○(2-7), ○○○(2-1) / 이외수, 〈가끔씩 그대 마음 흔들릴 때면〉

	시의 내용 (공감)	정감(감동)	음량과 발음, 속도	낭송 태도	배경음악(2), 시화(3)	합계
만점	5	5	5	5	5	25
평점						

(뛰어남: 5 / 보통: 4 / 조금 부족: 3)

※ (5)는 참가 번호

시 UCC 대회 심사표

심사위원: (인/사인)

(4) ○○○, ○○○, ○○○(2–5) / 도종환, 〈끊긴 전화〉

	시의 내용 (공감)	정감(감동)	기법의 창의성 (음악, 미술, 기술)	작품의 완성도	합계
만점	5	5	5	5	20
평점					

(뛰어남: 5 / 보통: 4 / 조금 부족: 3)

시 UCC 대회 심사 집계표

번호	발표자	교사				합계	평균 (A)	학생				합계	평균 (B)	총합 (A+B)	순위
		1	2	…	9			1	2	…	10				
1	○○○ 외														
2	○○○ 외														
3	○○○ 외														
4	○○○ 외														

※ 교사 위원은 9명이므로 양극단 하나씩 제하고 7명분을 합계하여 평균 내며(A), 학생위원은 10명이므로 양극단 하나씩 제하고 8명분을 합계하여 평균 내어(B) 합산한다(A+B).

대회가 끝나고 며칠 뒤에 '시인 초청 강연' 행사를 열도록 사전에 준비하고, 초청 강연을 시작하기 전에 '시 낭송 대회'와 '시 UCC 대회'에서 입상한 우수 작품 몇 편을 공연한다. 대회에 출품한 학생 모두에게 초청 시인의 자필 사인을 받은 시집을 준비하여 강연장에서 시인이 대표에게 전달한 뒤 행사가 끝난 뒤에 나누어준다. (시집은 먼저 신청하여 구입해 두었다가 행사 당일 시인께 조금 일찍 오시도록 부탁하여 사인을 받아둔다.) 대회 입상작 시상은 '학교장상'으로 하되 상품으로는 학생 시집이나 초청 시인의 시집 또는 다른 시인의 시집 등을 다양하게 준비해서 시상하면 학생들이 돌려볼 수 있으니 좋다. 이렇게 마음을 조금만 더 쓰면 참가하는 학생들 모두에게 기쁨과 뿌듯함을 주고 다음 해에 학생들이 참가하는 열기를 높일 수 있으며, 시인과 시를 직접 만나게 되니 학생에게는 여러 가지로 특별한 의미가 있다.

처음 이 '시 낭송 대회'와 '시 UCC 대회'를 개최한 2010년 무렵에는 '시 낭송 대회' 소식은 들었어도 '시 UCC 대회'는 아직 생소하던 때여서 '잘 될까?' 하는 의구심이 들었었다. 하지만 학생들과 시 읽기와 쓰기, 애송시 시화 그리기 등 다양한 활동을 통해서 여러 시인의 시를 익혔고, 학생들이 영상을 다루는 데 익숙해져 있었기 때문에 충분히 관심과 흥미가 있을 거라는 기대가 있었다.

나는 아날로그 세대라 행사를 기획할 당시에 디지털 영상을 만들 줄 몰랐을 뿐 아니라, 학생들에게 영상 제작을 지도할 역량이 없었다. 그럼에도 '맨땅에 헤딩'하는 마음으로 아이들만 믿고 젊은 선생님들의 조언을 구해 가며 시작한 것인데, 아이들 반응은 폭발적이었다. 아이들은 딱 이걸 기다렸다는 듯이 덤벼들었다. 행사 공고가 나가고 참가 신청서를 배부하고 행사 설명회를 하는 날, 열댓 팀 정도 올 거라고 예상하고 준비한 출력물이 동이 나서 교무실에 달려가서 부랴부랴 복사해 와야 할 정도였다.

　신청서를 받고 보니 '시 낭송 대회'보다 '시 UCC 대회' 참가 팀이 훨씬 많았다. 낭송 대회는 5팀 정도였는데, UCC 대회는 23팀이었다. 첫해인데도 28팀이 참여했고, 100명 가까운 학생들이 참여 신청을 했다. 중도에 포기한 서너 팀을 제외해도(포기할 때는 담당 교사에게 이야기하도록 했다.) 공연에 참가한 학생이 많아서 공연 시간이 자꾸 늘어나 저녁 시간에 시작한 대회가 아홉 시를 훨씬 넘기게 되었다. 행사를 주관한 교사들과 학생들은 피곤해하면서도 즐거운 표정이었다. 이런 분위기는 해가 갈수록 더해 갔고, 옮겨간 학교에서도 마찬가지였다.

　지금은 학교 홈페이지도 활성화되어 있어서 학교에서는 작품 공연 장면을 촬영해서 게시할 수도 있다. 다만 주의할 점은 학교 안에서 교육 목적으로 활용하는 경우와 달리 인터넷에 올릴 때는 저작권 문제 때문에 시인뿐 아니라 시 작품을 출간한 출판사에도 허락을 받아야 하는 것이 원칙이다. 학생들이 만든 시 UCC 중에는 간혹 TV의 홍보물 같은 데서 따온 것들이 포함되는데, 이는 문제가 될 수 있으니 특히 유의해야 한다. 저작권자의 허락을 얻지 않은 작품은 인터넷으로 연결되는 모든 매체에 올리지 않는 것이 맞고, 처음부터 학생들 자신이 직접 제작하도록 유도했다. 그리고 심사에도 반영하여, 학생들이 직접 그린 그림이나 촬영한 사진 등이 담기면 더 높은 점수를 주었다.

2. 시인 초청 강연

시인 초청 강연(강좌)은 아직도 각 학교에서 많이 여는 문학 체험학습이다. 예전에는 전교생이나 한 학년 학생을 모두 모아서 의무적으로 강연을 듣게 하던 것이 일반적이었다면, 지금은 원하는 학생들이 들을 수 있도록 하고 있다. 국어과나 문예반에서 하기도 하지만, 열성적인 사서 교사가 중심이 되어 도서관 중심으로 축제나 체험학습 형태로 진행하기도 한다. 바람직한 현상이다.

기획

연간 계획에 포함해 둔 시인 초청 강연 때가 되면 행사를 준비하는 교사들이 모여 토의하고 계획서를 작성하여 결재를 맡는다. 계획안에는 목표, 행사일, 장소(교내), 강사, 강의 주제, 행사 운영 방안, 참가 대상, 예산 등을 명기한다. 예산에는 강사 사례비와 강연 현수막 제작비 등을 포함한다. 자료집은 학교에서 만들 경우에는 따로 예산에 포함할 필요가 없다.

'시인 초청 강연' 계획안

모든 강좌는 일회성으로 듣고 지나가는 것이 되면 안 되고, 알차게 기획하고 진행해야 남는 것이 있다. 시인을 초청할 때는 먼저 시인의 시집을 구해서 읽고 토의하여 시인의 삶과 시 세계를 어느 정도 이해한 뒤 질문거리를 갖고 만나야 강연이 풍성해진다. 시인이 온다는데 그가 누구이며 어떤 시를 쓰는 사람인지 모르는 상태에서 강연을 듣는다면, 귀한 만남에 비해 얻는 것이 아무것도 없을 수 있다.

시집을 구해 읽는 것이 어렵다면 그의 대표작이라도 몇 편 읽는 게 좋다. 또 강연 기획과 진행을 담당하는 교사가 시인을 섭외할 때 대표작 10여 편과 몇 쪽짜리 강의록을 받아둔다. 그것을 복사해서 강연에 참여하는 학생들과 내용을 공유하고, 시집 또는 자료집에서 마음에 드는 시를 3편(아니면 한 편이라도) 정도 뽑아 그 시가 왜 좋은지 쓰고 발표하게 한다. 그러면 시인에게 질문할 내용이 자연스레 생각날 수 있다.

우리 학교는 행사 자료집을 만들었는데, 시인 소개와 시인이 보내 온 대표작 10여 편, 강의록(이 강의록과 시인의 시 작품은 강사의 사례비를 책정할 때 원고료의 증빙 자료로도 사용된다.), 학생들이 써 온 감상문 중에 잘된 작품을 뽑아서 '우리가 읽은 시'라는 제목으로 수록했다. 그리고 시 감상을 적어서 수록한 학생이 시인의 시 낭독 순서에 앞으로 나가서 낭독하게 했다. 초청된 시인도 그냥 멍하니 자기 입만 바라보고 있는 학생들보다 자신의 시를 읽어주고 질문하는 학생들을 더 반긴다. 이는 더 풍성한 강연으로 이어지고, 강연 후에도 학교와 학생들에 대한 인상이 오래 남는다. 교사는 사전 토의 자리에서 자기 생각을 관철하려고 애쓰기보다 주로 들으면서 활발한 토의가 될 수 있도록 분위기를 만드는 데 힘쓰면 된다.

가장 중요한 일은 행사 준비를 교사와 학생이 함께하는 것이다. '강연 준비위원회'를 구성하는 일인데, 행사 주관(주최는 학교)을 주로 국어과나 도서관에서 하게 되므로, 국어과 교사, 문학 관련 동아리 학생 대표, 문학 관련 방과 후 학습 지도 교사, 도서관 사서 교사와 독서 동아리 학생 대표 등을 망라하여 10여 명으로 꾸리면 좋다.

행사 전에 준비위원회에서 할 일을 정리하면 다음과 같다.

- 행사를 널리 알려서 오고 싶은 학생들이 올 수 있도록 하는 것. 참여할 학생들 그룹을 정하고, 거기서 제외되는 학생들도 참여할 기회를 어떻게 하면 부여할 수 있는지 고민해서, 그들만의 잔치가 아니라 희망 학생 누구나의 시 잔치가 될 수 있도록 해야 한다.
- 시인이 걸어온 길과 시 세계에 대해 함께 공부하는 프로그램을 준비하고 실행한다.
- 현수막 등으로 행사장을 꾸미고 책걸상을 추가로 배치하여 많은 사람이 몰려들 경우를 대비한다.
- 방송반과 협의해서 사진·영상 촬영을 준비하게 한다.
- 행사 중 학생들의 노래 공연을 해당 동아리에 연락하여 부탁한다.
- 행사장 입구에서 학교 밖 손님을 안내하여 행사장 좌석에 앉는 일을 돕고, 행사 자료를 배부하고 참가자 방명록을 받는다.

행사 진행

행사 사회도 학생들이 보게 하는 것이 좋다. 좀 부족하더라도 학생들이 이끌어 가는 행사여야 분위기가 자유롭고 참신해진다. 교사는 사회를 잘 볼 학생을 고르는 데 주로 에너지를 쏟고, 학생들과 행사 준비와 프로그램 진행을 협의하고 시나리오를 짜는 데 일정하게 관여하되, 학생들의 의견을 최대한 존중해야 한다. 학생들은 자기들의 행사라는 생각이 들어야 창의력을 한껏 발휘한다.

식전 행사로 노래 등 공연을 잠깐 할 수도 있으며, 개회 축사는 되도록 생략한다. 학교장이 참석했으면 간략히 인사하고 곧바로 본 행사로 들어간다. 학생 두세 명이 초청 시인의 시를 낭송하고, 시인의 시를 UCC로 만든 좋은 작품이 있으면 함께 시청한다. 그런 뒤 사회자의 요청으로 시인에 대한 소개를 교사가 간략하게 하고 나면 초청 시인의 강연이 시작된다.

시인의 강연이 마무리되면 질의응답을 하고, 폐회 선언을 한 뒤 함께 단체 사진을 찍고 시인의 시집에 사인을 받는 것으로 행사를 마치면 된다.

행사 후 활동

행사 후에는 참가 소감 쓰기를 할 수 있다. 시인의 작품과 강의 내용, 질의, 새로 알게 되거나 느낀 것 등을 수필 쓰듯 쓰면 된다. 행사 준비와 사전에 시 읽고 감상·토의하기를 치밀하게 하면 소감도 깊이 있는 글이 나온다. 우수작은 교내 문예 작품 공모 시상 때 함께 시상한다.

몇 년 전 경기도의 한 중학교에서 초청해 강의를 하러 갔었다. 시 쓰기 강의였는데, 최소 세 시간은 해야 글쓰기가 가능하다고 말하고 찾아갔다. 아이들은 방학 중에 공부를 2주째 해오고 있었다. 텍스트는 내가 펴낸 경북 상주여고 학생들의 시 감상 모음집《내가 아직 어려서 미안해》였는데, 이 책을 모두 함께 읽고 토의를 마친 다음이었다. 셋째 주에 나의 글쓰기 강의가 배치되어 있었고, 마지막 주에 소감 쓰기 프로그램이 예고되어 있었다.

나는 25명 아이들에게 시 쓰는 법을 적은 출력물을 배부하여 간단하게 강의한 뒤, 예시 글감을 보여주고 곧바로 마인드맵을 활용한 시 쓰기로 들어갔다. 글제와 내용 확인, 마인드맵 확인, 초고 확인을 모두 개인별로 진행했다. 강의를 마칠 때쯤 확인하니 서너 명을 빼고는 모두 시 창작을 마친 상태였고, 대부분의 아이들이 학교에서 준비한 색사인펜, 유성펜, 색연필 등으로 막 시화를 그리려던 참이었다. 사서 선생님과 협의하여 한 시간을 더 하기로 하고 시화 그릴 시간을 확보해 계속했더니, 22명 아이들이 시화까지 그려서 제출했다. 시도 좋았지만 시화도 멋지게 그려내서, 학생들 작품을 모두 복사해서 한 부씩 챙겨 돌아왔다.

방학 중에 학교 도서관에서 매주 글 읽고 쓰기를 진행하는 프로그램이 참으로 소중하다는 것을 그때 느꼈다. 그리고 강연이나 강좌는 일회성으로 끝낼 것이 아니라 치밀한 프로그램 계획과 사전 공부가 병행되어야 큰 열매를 맺을 수 있다는 것을 확인했다. 그날 얻은 학생들의 좋은 창작시들은 이후 나의 강의와 수업에서 '시 읽기 목록'에 들어가는 소중한 재산이 되었다. '학생들이 좋아하는 학생 시'에 나온 〈떠나보내야 하는 것들〉(이주희)과 〈잡초〉(백지원), 〈유치한 싸움〉(김나현)은 모두 그 시간에 창작된 것이다.

3. 문학기행 체험학습

'문학기행 체험학습'은 학생들이 문학에 대한 관심을 높일 수 있을 뿐 아니라, 문학인 또는 문학을 배태해 낸 곳의 이미지와 풍속 등을 체험하여 견문을 넓힐 수 있는 좋은 기회이다. 학생들은 문학 작품이 생산된 환경과 문화적 배경을 이해할 수 있고, 기행 체험을 내면화하여 자기표현 능력과 사고력, 창의력 등을 키울 수 있으므로 국어 교사들이 당연히 관심을 가져야 하는 수업 방식이다. 하지만 이러한 활동도 용기를 내어 해보지 않으면 무엇을 어떻게 해야 할지 막막해서 시작하기 어렵다. 학교에서도 장려하지 않을 뿐 아니라 경비와 안전 등의 문제로 기피하는 경향마저 있어서 안타깝다.

전체 추진 과정

학교에서 직접 추진하는 기행 체험학습은 치밀하게 계획하고 차질 없이 추진해야 한다. 그렇지 않으면 크고 작은 시행착오가 생길 수 있다. 작은 문제는 순발력 있게 극복할 수 있지만, 큰 문제에 맞닥뜨리면 당황하기 마련이다. 교사나 학교에서 기행 체험학습을 꺼리는 까닭은 예상되는 문제에 대한 두려움 때문인데, 그것은 치밀한 준비로 대부분 극복할 수 있다. 준비에 쏟는 땀이 많아야 기행 체험학습의 목표를 넉넉하게 달성할 수 있는 것이다. 그러기 위해서는 교사의 의욕이 가장 중요할뿐더러 자신감이 필요한데, 이것은 이론으로 되는 것이 아니라 실제로 실천해 가는 과정에서 자연스럽게 몸에 붙는 것이다.

기행 체험학습을 준비하고 실행에 옮기는 과정을 요약하면 다음과
같다.

① 기행을 준비하는 교사 팀을 만들어 내년도 기행 체험학습의 목표와
지향점, 그에 따른 장소와 내용 등을 토의하여 구상한다.
② 학교 연간 계획에 기행 체험학습을 포함하고 예산에도 반영한다.
③ 신학기에 참여 대상 동아리나 학급 또는 관련 방과 후 수업 참여 학생
등 각 단위의 학생 대표들 의견을 반영하여 잠정적인 계획안을 마련
한다.
④ 기행 내용과 관련하여 기행지의 숙소, 식당, 초청 강사 섭외, 입장료
확인 등 구체안을 세우는 데 필요한 사항을 확인한다.
⑤ 기행 체험학습의 내용, 경비(대부분 학교 경비로 충당하고 참가자에게는
식비만 받았다.) 등을 공고하여 참가할 학생을 모집하고, 참가 희망자
가 넘치는 경우 참가자 후보 명단까지 정해 둔다. (동아리 중심 기행일
경우에는 동아리 회원 가운데 참가할 학생을 먼저 확정하고, 시 낭송 대회와
시 UCC 대회 등 교내 각종 문예 행사 참여 학생을 우선 배정한 뒤 나머지 인
원수만큼 뽑으면 무난하다.)
⑥ 참가자를 발표하는 날 1차 모임을 갖고 기행 내용과 관련하여 문학
작품 감상·토의에 적극적으로 참가하고자 하는 학생들과 기행 주제
나 내용에 관심 있는 학생들을 중심으로 희망을 받아 '자료집 편집위
원회'를 구성하고 그 내용까지 포함하여 '문학기행 체험학습 계획안'
을 확정하고 기안하여 학교장의 승인을 받는다.
⑦ 임차할 차량을 바로 계약하고 숙소를 예약한다. 숙소에 '문학의 밤'

행사를 열 수 있는지, 조명이나 마이크 시설 등이 있는지를 확인한다. 처음 가는 곳일 경우, 기행지 전체를 사전 답사하는 것이 좋다.

⑧ 초청 강사를 섭외하여 확정하고, 자료집에 수록할 대표작이나 약력, 강의록 원고를 요청한다.

⑨ 체험학습 내용과 관련하여 기행에 참가하는 학생 전체 모임을 갖고 시인(작가)의 작품이나 도서를 선정하여 읽고 감상·토의를 계획하고 실행한다.

⑩ 자료집 편집위원회 회의를 열어 기행 체험학습 자료집을 편집·제작한다.

⑪ 자료집이 나오면 기행 참가 학생들 전체 모임에서 내용을 공유한다. 체험학습 후 기행시나 기행수필 등 글쓰기를 예고한다.

⑫ 기행 체험학습을 진행한다. 이때 학생들이 자료집을 휴대하고 메모를 하도록 한다.

⑬ 기행 후 글을 공모하여 학교 일정에 따라 시상한다.

기획

문학기행 체험학습 역시 팀을 만들어서 추진해야 한다. 기행 준비팀에는 총괄할 교사 외 최소한 한 명 이상의 교사가 필요하며, 문학뿐만 아니라 역사·생태·문화·예술 등으로 체험학습의 내용을 넓히면 국어과 교사가 아닌 역사나 지리(사회), 미술, 과학 교사까지 포함해야 융합 체험학습으로 추진할 수 있다. 차량은 한 대 정도가 적당하며, 두 대 이상이 되면 학습이나 체험 내용을 공유하기 어렵고, 기행 중에 여럿이 함께 움직이기 힘든 상황이 따르게 될 가능성이 높으므로 피하는 것이 좋다. 다만 참여하는 교사가 많고 학생 수도 차량 두 대 이상이 되면 그에 맞게 판단하면 된다.

참가 학생은 학급 단위나 문학, 역사, 문화, 자연 생태 동아리 등이 중심이 되고, 시 낭송 대회와 시 UCC 대회 등 이전의 문학 행사에 참여한 학생을 우선 참여시킨 뒤 필요한 인원수만큼 희망 학생을 추가하는 것이 좋다. 이때 참가 학생들의 동아리에서 회장 또는 다른 학생을 대표로 추천받고 거기에 교사가 지명하는 일부 학생을 기획 단계에서부터 준비팀에 참가시켜서 기행의 목표, 기행지, 체험학습의 세부 내용 등을 정할 때 학생들의 의견을 반영하는 것이 바람직하지만, 현실적으로 어려운 경우에는 계획안이 승인되고 구체적인 실행 단계부터 참여해도 된다.

기행을 계획할 때는 목적(의의)을 정해야 방향을 잃지 않는다. 이를테면 '문학·역사 현장을 찾아 작품과 작가, 인물의 삶을 폭넓게 이해한다.', '문학(예술) 작품이 생산된 환경과 문화적 배경을 깊이 이해한다.', '기행 체험을 내면화하여 자기표현 능력과 사고력, 창의력을 제고한다.' 등 기행의 내용과 방향을 명확히 하는 것이다. 이어서 '대상, 기간, 기행 일정' 등을 정하고 '운영 방침'에서는 사전·사후 활동, 기타 자료집 제작, 기행 중 또는 기행 후 활동 등을 구체화한다.

계획에서 빠트리면 안 되는 것은 기행지에서 '문학의 밤'을 여는 일이다. 이 '문학의 밤'이야말로 참가자들에게 알차고 뜻깊은 시간을 만들 수 있는 기회이기 때문이다. 이때 그 지역에 삶의 뿌리를 두고 있는 문인이나 기행 내용과 관련되는 작가의 초청 강연과 시 낭송을 배치하면 좋다.

예전에 섬진강과 순천 쪽으로 문학·역사·생태 기행을 갔을 때, 순천만 갈대밭 인근의 어느 널찍한 식당에 그곳 박두규 시인을 초청하여 강의를 직접 들은 적이 있고, 갈대밭 방둑길에 있는 김승옥관을 탐방 코스에 넣어서 관리사무소의 주선으로 김승옥 작가와의 만남을 가졌다. 그때 학생들이 함께 모여서 읽고 가져간 김승옥 소설집《서울, 1964년 겨울》에 친필 사인을 받기도 했다. 또 순천 유스호스텔에서 진행한 '문학의 밤'에 이원규 시인을 초청하면서 판소리 명인 박을태 선생을 함께 초청하여 눈앞에서 펼쳐지는 시와 판소리의 세계에 깊숙이 빠져들었다. 해남에 갔을 때는 그곳 김경윤 시인이 자기가 근무하는 학교의 민요 동아리 아이들을 '문학의 밤'에 초대해 주어서 멋진 민요 무대를 펼치기도 했다. 학생들은 같은 또래의 해남 아이들이 부르는 〈육자배기〉를 경이로운 눈으로 듣고 있었다.

이처럼 기행지의 예술·문화와 시인·예술가들을 직접 만나는 것은 기행의 품격을 높이고 학생들에게 의미와 가치를 더하게 되므로 프로그램에 꼭 넣을 필요가 있다. 그러자면 일단 숙소에 그런 행사를 열 수 있는 소강당이나 공연장이 있는지 확인해야 하고, 전체 일정과 예산을 고려하여 직접 만날 수 있는 사람들을 정해 사전에 타진하고 교섭해야 한다. 그 외 일정에 대한 안내나 지도는 교사가 직접 한다.

'문학의 밤'에 '기행 퀴즈'나 '기행 골든벨'을 배치하는 것도 의미가 크다. 퀴즈 문제는 기행 자료집과 기행지에서 관찰한 내용을 중심으로 참가 교사들이 사전에 준비한다. 상품까지 준비하면 학생들의 참가 열의가 크게 높아진다.

계획 수립

기행을 준비하는 교사 2인 이상이 팀을 만들어서 할 일은 문학기행 체험학습의 목표와 지향점을 확인하고 시기, 장소, 일정 등을 합의하는 것이다. 물론 전년도에 기행 체험학습을 연간 계획에 포함하고 그에 따르는 예산을 확보해 두지 않으면 어렵다. 그리고 교사 간에 총괄 진행, 총무, 생활지도와 양호·안전 등 역할 분담도 해둘 필요가 있다.

특정 동아리 학생들을 대상으로 할 경우에는 계획 수립 단계에서 의견을 수렴하는 것이 좋고, 학급 대상이거나 방과 후 수업 참여 학생들이 포함될 때도 해당 학생들의 의견을 반영하는 것이 좋지만, 학생들의 의견을 모두 따라야 하는 것은 아니며 교사들의 교육적인 판단이 우선해야 한다. 다만 문학기행 체험학습의 모든 단계에서 학생들의 의견을 열린 자세로 수렴하는 것은 참가 학생들의 인식과 관심을 높이는 일인 동시에, 학생 중심의 체험학습이라는 본질적인 성격에도 들어맞는 일이다.

대체적인 그림이 그려지면 잠정 계획안을 마련하여 숙소, 식당, 초청 강사 섭외, 입장료 등 계획안 수립에 필요한 사항들을 확인한다. 그러고 나서 학생 참가자를 모집하여 1차 참가자 확인 모임을 갖고 자료집 제작을 위한 팀을 꾸린다. 편집 역할을 분담한 뒤 계획안을 기안하여 확정한다.

이 행사는 교사들이 준비하고 주관하지만, 학교 전체 차원에서 지원하는 부분도 있기 때문에 기획 단계부터 학교 관리자와 긴밀하게 소통해야 한다. 느닷없이 계획서를 들이밀면 학교의 지원을 충분히 받기 어려울 뿐 아니라, 학교 일정과 충돌하거나 다른 사유가 생겨서 기행이 무산될 수도 있기 때문이다. 이는 준비하는 교사나 참여하기로 한 학생 모두에게 끔찍한 일이다.

문학기행 체험학습 계획안

기행 준비 활동

계획서가 확정되면 임차할 차량을 계약하고 숙소를 예약한다. 이게 누락되거나 시기가 임박하면 차량을 빌릴 수 없고, 숙소 마련이 안 되면 계획이 수포로 돌아갈 수 있다. 그리고 초청 강사를 섭외하여 확정하고 강의록, 대표 작품 등 필요한 자료를 요청한다. 또 마이크 등 강사가 필요로 하는 물품이 있는지 확인하여 준비한다. 이때 이미 책정된 사례비에 대해 설명하고 양해를 구해야 하며, 사례비 지급을 위해 필요한 서류를 구비해 두어야 한다. 또 식당도 미리 예약해 두는 게 좋다.

이제 기행에 참가하는 학생들을 모아 시인(작가)의 작품 읽기를 시작한다. 읽기 대상 작품 또는 작품집을 선정하여 나눠주거나 각자 구해서 읽게 한다. 시인의 대표작 몇 편을 공통으로 읽고 그중 하나를 골라 감상 쓰기를 진행하며, 그 외 작품집을 읽을 때는 1차 모임 때 정해진 자료집 편집위원들을 중심으로 시인·작가별로 발표할 학생 그룹을 적절히 나누어 그 학생들이 중심이 되어 발표하도록 하며, 발표된 자료를 다듬고 가공할 것은 가공하여 자료집에 수록한다. 수록하는 모든 글에는 작성한 학생의 이름과 학년, 반 등을 서두나 마지막 부분 적당한 곳에 빠짐없이 넣어두어야 한다.

기행 자료집 제작팀의 활동 계획 구체화

이 과정을 통해서 학생들이 기행 주체로 스스로 인식하고 활동에 질적인 비약을 가져오게 된다. 보통 준비 기간이 길지 않으므로 되도록 많은 팀을 만들어서 팀원과 팀장을 뽑고, 학생 개개인에게 적은 분량을 배치하여 큰 부담이 되지 않도록 하는 것이 중요하다. 별도로 컷과 편집 전담 편집위원을 두어서 최종적으로 원고를 다듬고 배치하는 역할을 주어 교사와 함께 작업할 수도 있다.

기행 자료집 편집 계획 – 예시

1팀 – 박경리 작가: ○○○(2–1, 팀장) / ○○○(2–4), ○○○(2–4), ○○○(2–3)
  박경리의 삶과 문학: 2쪽
  《불신시대》: 1쪽
  《김약국의 딸들》: 1쪽
  인터뷰 질문 대답: 2쪽
  《토지》(줄거리, 인물도): 4쪽
  박경리 기념관, 묘소 소개: 2쪽 (총 12쪽)

2팀 – 유치환 시인, 청마문학관: ○○○(2–3, 팀장) / ○○○(1–4), ○○○(1–3)
  청마의 생애와 시 세계: 2쪽
  청마 시 감상, 대표작 4편: 4쪽
  청마 문학관 소개: 1쪽 (총 7쪽)

3팀 - 박두규 시인: ○○○(2-6, 팀장) / ○○○(2-5), ○○○(2-5), ○○○(2-4)
    시 감상, 대표작 3편: 4쪽
    인터뷰: 2쪽
    시인 소개: 1쪽
    시인의 강의록: 3쪽 (총 10쪽)

4팀 - 김승옥, 정채봉 작가: ○○○(2-2, 팀장) / ○○○(2-2), ○○○(2-2), ○○○(2-3)
    소설가 김승옥의 삶과 작품 세계 소개, 《서울, 1964년 겨울》: 2쪽
    아동문학가 정채봉의 삶과 작품 세계 소개, 《오세암》: 2쪽
    김승옥 문학관, 정채봉 문학관: 1쪽 (총 5쪽)

5팀 - 동피랑, 순천만 대대포 갈대밭: ○○○(2-1, 팀장) / ○○○(2-4), ○○○(2-4), ○○○(2-2)
    동피랑 마을 소개: 2쪽
    순천만 대대포 갈대밭: 5쪽 (총 7쪽)

6팀 - 김동리의 〈역마〉, 화개장터, 녹차: ○○○(2-3, 팀장) / ○○○(2-6), ○○○(2-1)
    차의 역사: 3쪽
    화개장터: 2쪽
    김동리, 〈역마〉: 3쪽 (총 8쪽)

기행 자료집 편집 계획안이 마련되면 각 편집위원에게 자료를 정리하고 편집하는 기준이나 방법을 설명하고 각자에게 출력물을 배부하여 그대로 실행하도록 당부한다.

기본 자료는 교사가 여러 곳에서 모아서 복사하여 전달하거나 인터넷 등 자료 출처를 소개하여 나누어준다. 그 외의 자료들은 학생들이 스스로 찾아서 창의적으로 쓰고 편집하면 된다. 이때 아래와 같이 유의

할 점 몇 가지를 이야기해 주면 학생들은 대체로 최선을 다해서 자료집에 담을 내용을 작성한다.

유의할 점

- 각 장마다 사진이나 그림을 하나 이상 포함할 것
- 정리한 글마다 질문 항을 하나 이상 만들고 메모할 수 있는 여백을 만들어서 학생들이 그 질문에 답하고 찾아가는 기행이 되도록 할 것
- 최대한 개성적이고 창의적으로 난을 배치하여 시각적인 아름다움이나 내용의 충실성이 유지될 수 있게 할 것
- 글자체는 지정해 준 몇 가지의 종류 중에서 자율적으로 선정하여 사용할 것
- 보내는 원고를 바로 실어도 될 만큼 충분히 검토하고 교정을 본 후 보낼 것

교사가 각 팀의 대표들과 함께 한 차례 원고를 검토한 후 정리·배치하고, 추가할 내용(표지, 차례, 앞뒤에 붙일 내용, 기타 교사가 직접 쓴 글 등)을 준비해 두었다가 이를 포함한 최종 원고를 출판사(인쇄소)에 보낸다. 최소한 기행을 출발하기 사흘 전에는 자료집을 받아서 사전 모임을 할 때 나누어준다.

자료집은 아이들이 소중하게 생각하고 기행 중에 늘 갖고 다니고 싶을 정도로 표지부터 깔끔해야 하므로, 표지는 아트지 종류로 하고 컬러 프린트를 하는 것이 좋다. 본문 종이도 하얀색보다 미색 모조지를 사용하여 눈이 덜 부시고 안정감이 들도록 하면 좋다. 제작 부수는 참

가하는 학생과 교사 수, 초청 강사들, 학교 보관용, 관심 있는 학교 교사
들과 관리자(교장, 교감)에게 증정할 것 등을 고려해야 하고, 기행 중에
더 필요할 수 있으므로 넉넉하게 신청한다.

　학생 편집위원들에게 배부한 편집 정리의 방법은 다음과 같다.

편집 정리의 방법

① 모든 페이지에 하나 이상의 사진 또는 그림을 배치합니다. 사진과 그림에는 설명을
　붙입니다.

② 모든 글 뒤에는 정리자의 이름과 학년, 학반을 붙입니다. (예) 정리: 김○○(2-3),
　박○○(2-1)

③ 글자 크기는 11포인트, 제목은 15포인트를 기준으로 합니다.

④ 분량은 되도록 지킵니다. (부득이한 경우에는 선생님께 상의하여 바꿉니다.)

⑤ 본문 글자체는 '함초롬바탕'으로 하고, 그 외 제목이나 특별한 변화가 필요한 부분
　은 '명조', '맑은고딕', '굴림', '함초롬돋움' 계열 또는 글자를 쉽게 식별할 수 있는
　예쁜 글자체를 활용할 수 있습니다.

⑥ 모든 글 꼭지 뒤 여백에는 〈생각해 봅시다〉, 〈이것만은 알고 가자!〉, 〈퀴즈〉 등을 적
　절히 재미있게 배치합니다.

⑦ 원고를 두세 번 검토하여 수정합니다.

⑧ 각 팀장은 일을 적절히 분배하고 책임 있게 모아서 선생님의 메일로 ○월 ○일까
　지 보내주세요.

　다음은 학생들이 만든 문학기행 자료집에서 표지와 일정, 차례 등
을 뽑아본 것이다.

2000학년도

선생님과 함께 떠나는

문학·역사·생태 체험기행 자료집

시간	일정
(1일)	
08:00	학교 출발 (기행 퀴즈)
11:00–13:00	순천만 대대포 갈대밭(세계 5대 습지) 도착
14:00–15:30	순천문학관(김승옥관, 정채봉관)
16:00–17:20	낙안읍성
17:40–19:20	숙소 도착, 식사, 문학의 밤 준비
19:30–22:30	문학의 밤(판소리, 민요, 문학 강연)
(2일)	
07:00–09:00	기상, 식사
10:00–11:40	차문화센터(차 체험)
12:00–13:30	화개장터(김동리, 〈역마〉), 식사
14:00–16:00	토지(박경리)기념관
19:30	귀가(예정)

이름

차례 contents

정리: 1–4팀, ○○○ 외 16명

편집: ○○○, ○○○

참고 자료

한국문화유산답사회, 《지리산자락》(답사여행의 길잡이 6), 돌베개.

송석상·이강승 편저, 《그림으로 배우는 우리의 문화유산》, 학연문화사.

인터넷, 순천시, 낙안읍성, 하동군청 외

◆ 펴낸 이: ○○○(학교장)

◆ 펴낸 곳: ○○고등학교 국어과협의회

◆ 펴낸 날: 20○○. 10. 20.

◆ 편집위원

　1팀(문학, 시): 이○○(2-5, 팀장), 박○○(2-1), 김○○(2-1), 이○○(2-4), 전○○

　(1-6)

　2팀(문학, 소설): 이○○(2-3, 팀장), 정○○(2-1), 윤○○(1-1), 송○○(1-3)

　3팀(역사, 유적): 김○○(2-4, 팀장), 박○○(2-2), 성○○(2-2), 우○○(2-5)

　4팀(생태, 생명): 김○○(2-3, 팀장), 남○○(2-2), 김○○(1-7), 손○○(1-2)

　편집팀: 이○○(1-7), 윤○○(1-7)

◆ 편집 지도 교사: 배○○, 도○○, 문○○

기행 내용 공유, 사전 학습

기행 자료집이 완성되면 기행 출발하기 하루나 이틀 전에 모두 모여서 자료집을 배부하고 자료집 내용과 기행의 유의점 등을 공유한다. 이때 기행에 대한 사전 학습과 함께 기행 퀴즈 등 일정 전반에 대한 이해와 관심을 높여주면 기행 참여 학생들의 의욕과 프로그램 참여 욕구가 높아지며 기행의 의의와 가치를 높일 수 있다.

이렇게 충분한 사전 준비를 한 다음 기행을 추진해야 기행의 의미와 가치를 살릴 수 있고, 참가자들이 적극적으로 참여하여 만들어 가는 기행이 될 수 있다.

진행

기행 활동은 최대한 일정과 프로그램에 맞춰 움직인다. 진행 책임자는 프로그램을 실행에 옮기는 일에 세심하게 집중하고, 다른 교사들은 돌발적인 사고가 일어나지 않도록 참가자의 안전에 유의한다. 학생들이 기행 자료집을 항상 휴대하고 프로그램마다 필요한 촬영도 하며, 최대한 여유 있게 생각하고 메모하거나 기록할 수 있도록 시간을 넉넉하게 준다. 많은 걸 보여주려 하지 말고 많은 걸 느낄 수 있도록 해야 한다. 그러자면 여백과 자유의 시간이 더 필요하다.

처음엔 나도 정해진 일정 속에서 더 많은 걸 보여주려고 애썼는데, 그건 학생들이 더 많이 알고 깨닫게 해주려는 나의 욕심 때문이었다. 어찌 보면 그것도 주입식 교육의 한 형태일 수 있겠다는 걸 깨닫고 난 뒤부터는 '여백과 자유'의 공간을 중간중간에 넣게 되었다. 문학기행도 따지고 보면 '학교 밖 여행' 아닌가.

지도 교사는 학생들이 만들어 가는 '문학의 밤'을 함께 기획하고 준비와 지원을 하되, 사회자는 참가 학생 중에 정해서 사전에 시나리오를 작성하고 사회를 보게 하는 것이 좋다. 학생들의 모든 활동 과정을 자세하게 메모해 두었다가, 다녀와서는 생활기록부나 여러 서류에 특기사항으로 구체적으로 기록해 주면 좋다. (예: 문학기행 체험학습 '문학의 밤'에서 박두규 시인의 시 〈사과꽃 편지〉를 분위기에 맞는 음성으로 읽음. 문학기행 체험학습 자료집 편집위원으로 '아동문학가 정채봉의 삶과 문학'을 맡아 정리함)

그리고 문학기행 사전 모임 때, 기행을 다녀와서는 작품을 써서 제출한다는 것, 작품은 시와 기행수필 중 하나를 선택하고, 기행시에는 그림이나 사진 한 장이, 기행수필에는 사진이나 스케치 그림이 두 개 이상 포함되어야 한다는 점 등을 알려주었다. 학생들이 사물에 대한 관찰이나 프로그램 활동에 대한 인상을 기록하기 위해 자료집과 메모지, 필기도구를 늘 휴대하는 습관을 갖도록 한다.

기행 후 활동

기행 후에는 문학기행 글쓰기 활동을 한다. 시, 기행수필 중 자유롭게 선택하게 하고, 한 주 정도 여유를 주고 작품을 모은다. 기행을 마친 후 시간이 지나버리면 글쓰기가 힘들어지기 때문에 귀가 후 곧바로 구상하여 초고를 쓰도록 하고 고쳐서 일주일 안에 제출하게 한다.

글쓰기 활동 외에 설문조사 등으로 기행의 미비점을 보완하고 참여자들의 평가모임을 통해 잘된 점과 아쉬운 점 등을 평가하고 토의하면 다음 해에 더 좋은 기행을 만들 수 있다.

4. 교내 학생 문예 작품 공모 행사

교실에서 시 수업을 시작하면 할 수 있는 활동이 적지 않다. 시 낭송 대회와 시 UCC 대회 외에도 학교에서 손쉽게 시행할 수 있고 꼭 필요한 활동으로 '문예 공모 행사'가 있다.

행사 기획

이 행사는 국어과 교사협의회에서 추진할 수밖에 없다. 혹 문학이 아닌 인문, 사회, 자연과학 관련 독후감 공모 같은 내용이 추가된다면 해당 교과 교사 가운데 관심 있는 분을 추가하면 된다. 이 '문예 공모 행사'는 의례적으로 하는 행사가 아니라 실질적으로 학생들의 일상적 문학 활동과 교과 시간에 추진한 활동 결과물에 대해 시상할 수 있는 기회를 마련함으로써, 교사들의 수업 활동을 지원하고 수업에 대한 학생들의 흥미를 유발하며, 관심도와 집중력을 높여서 성취감을 끌어올리는 계기가 된다.

사실 수업 외 백일장 같은 글쓰기 활동으로 우수한 작품을 얻기란 쉽지 않다. 그렇다고 이 문예 공모가 우수 작품을 얻기 위한 행사는 아니다. 오히려 수업을 알차게 하기 위한 것이며, 수업 성과에 대해 시상함으로써 학생들이 가진 다양한 재능을 발굴하는 기능도 있다. 이를테면 독후감은 책을 읽고 그 감상을 쓰는 것이지만, 그 대상은 문학뿐 아니라 예술과 문화, 종교, 인문, 사회, 자연과학을 포함하여 인류가 쌓아온 모든 분야에 걸쳐 있다. 책 속의 지혜를 섭렵하고 자신의 생각과 느낌을 일으켜 자신을 세우고 가꾸어 가는 핵심 활동이 독서라는 점을 생각하면, 이 문예 공모 행사는 결코 가볍다거나 문학 영역에만 한정하는 것이 아님이 분명하다. 그러므로 국어과 중심으로 진행하지만 학교 전체 교과 차원의 중요한 행사라고 해도 틀리지 않는다.

행사 기획은 국어과 협의회의 공식 회의를 통해서 의견을 모으고 결정하여 추진하는 것이 좋다. 물론 그 전해에 예산을 편성하는 일도 잊어선 안 되는 일이고, 예산 편성이 되어 있지 않더라도 추경을 통해 얼마든지 가능하므로 교사들과 학교장의 의지만 있으면 가능하다. 모든 국어과 교사가 다 매달릴 필요도 없으며, 한두 교사만 뜻이 맞으면 힘을 합쳐서 기획하고 교과협의회의 공감을 얻으면 일단 시작할 수 있다.

추진

학교 일정에 맞춰 3월 말쯤 교과협의회의 동의를 얻고 학교장의 결재를 맡아서 공고한다. 이때 공식성을 담보하기 위해서 '문예 공모 시상 계획 기안문' 외에 '공고문'을 사전에 작성하여 결재에 붙임 서류로 포함하고, 공고문은 학교 안에 학생들이 많이 드나들고 잘 보이는 자리에 되도록 전지나 2절지 정도의 크기로 출력하여 붙인다. 아울러 8절지에도 따로 인쇄하여 모든 반에 다 게시한다. 공고의 주체를 '○○○○학교장'으로 하는 것이 좋다.

공고에 포함해야 할 것은 '① 취지, ② 대상: 전교생, ③ 마감 일시, ④ 응모 부문, ⑤ 심사위원과 심사 기준, ⑥ 시상 범위' 등이다. 공고문은 기안문에서 목적과 취지 등을 전문(前文)으로 추가해서 넣고 금액 등을 삭제하면 된다. '④ 응모 부문'에 수업 활동을 반영하여 '나의 문집'이나 '시화' 등 필요한 것을 추가할 수 있다.

심사와 발표

심사는 연간 2회, 공모 기간이 끝나는 각 학기 말에 국어과 협의회에서 담당을 나누어 진행한다. 부문별로 한두 명씩 예심을 맡고, 본심(결심)은 예심을 맡은 사람들이 모여서 입상자 수와 입상자를 결정한다. 부문별로 응모자가 다르기 때문에 입상자 수도 대략 비율을 보아서 결정하면 된다.

수업 중에 나온 결과물 중 우수작은(수업과 수행평가를 통해 좋은 작품이 많이 얻어진다.) 연초에 문예 공모에 넣어서 심사한다는 공지를 학생들에게 해두면 응모작에 포함하여 심사할 수 있다. 여러 부문에 걸쳐서 입상한 학생은 모두 시상하거나 상위 입상작만을 시상할 수 있으며, 본심에서 결정하면 된다. 그렇게 하여 결정되면 결재를 받아서 공지한다. 그 외 모든 것은 학교 상황에 맞게 국어과 협의회나 심사위원회에서 결정하면 된다.

지금까지 학교에서 시 교육으로 할 수 있는 활동으로 교내 시 낭송 대회, 시 UCC 공연 대회, 시인 초청 강연, 문학기행 체험학습, 교내 학생 문예 공모 등에 대해 알아보았다. 이 활동들은 시를 학교생활 속으로 가져와서 나누고 즐기는 가운데 나의 삶 속에 살아 있게 하기 위한 것이다.

좋은 시만 있으면 시를 활용하는 활동은 얼마든지 할 수 있다. 가장 오래된 활동으로는 시화전을 꼽을 수 있는데, 외부에 맡기지 않고 기본적인 규격만 정해 주고 학생들이 스스로 그리도록 했을 때 학생들은 발랄한 창의력을 발산하여 보는 이들을 놀라게 하기도 한다. 또 학생들에게 좋은 시 몇 편을 주고 정지화면극을 만드는 데 두 시간이면 가능했고, 세 시간이면 충분했다. 그 방법만 알려주면 학생들은 금방 자신의 내면에 잠재해 있는 상상력과 기억을 발동하고 에너지를 발산시켜서 창작으로 연결할 줄 안다. 판을 깔아주면 얼마든지 주어진 시간 안에서도 잘 놀 줄 아는 것이 요즘 아이들이다.

시집이나 단행본 도서를 읽고 PPT를 만들어 발표하는 '독후감 발표 대회'를 열면서 즐거움을 만끽했던 적도 있고, 학생들과 함께 시인을 만나러 농촌 오지에 찾아가서 그 시인의 삶 속에 시가 살아 있음을, 삶이 곧 시임을 확인한 '시인 탐방'도 여러 번 했었다. 도시의 뒷골목에 있는 조그만 카페에 시인을 초청하여 '시인과의 대화' 수업을 한 적도 있었다. 준비를 충실히 했을 때 어느 것 하나 부족하거나 후회될 일이 없었고, 예쁜 선물을 한 아름 받은 기분이었다.

시 읽기와 시 쓰기는 시 교육의 시작이요 끝이며, 곧 핵심 교육 내용을 이룬다. 좋은 시는 누구나 좋아한다. 요즘 학생들이라 해서 예외가 아니다. 그러므로 스스로 좋은 시를 찾아 읽고 친구들 앞에서 낭송하는 일은 시를 삶 속으로 가져오는 일이며, 시를 쓰는 일은 삶을 시 속으로 끌어들여 빛나게 하는 일이다. 이 모든 활동은 시를 삶 속에 생생하게 살아 있게 하는 소중한 일일 뿐 아니라 학생들의 기억에 깊고도 즐거운 추억으로 남는 활동이다. 또 학생들이 졸업하고 나서도 독자로서 시의 벗이 되어 시와 가까이 지낼 수 있게 하는 학습이라 할 수 있다.

어려운 시를 해석하느라 낑낑대기보다는 좋은 시를 읽고 쓰고 즐기는 것으로부터 시작해야 한다. 시 교육은 '시'와 '삶'의 관련을 밝히는 일이고, 한 알의 씨앗 속에서 우주와 생명을 찾아내는 지혜를 길러내는 일이다. 그리고 무엇보다 시를 아는 삶은 시와 닮은 삶이 될 수 있다는 점에서 우리 삶을 한 차원 높이는 일이란 점을 생각할 필요가 있다.

현실적으로 우리의 주변 여건이 시 교육을 본격적으로 하기 어려운 것은 사실이지만, 언제까지나 '교과서'와 '입시제도'가 우리에게 도움을 줄 날만을 기다릴 수는 없다. 그런 날은 영영 오지 않을지도 모른다. 우리 스스로를 위로해 가면서 혹은 다그쳐 가면서 자신감과 열정을 가지고 시작해 보자고 덤비면, 아무리 어려운 상황에서도 시 교육은 가능하다. 열정은 각자에게 달린 것이며, 다른 사람이 대신해 줄 수 있는 것이 아니다.

작품 출처

고은솔, 〈인생은〉 김형태·배창환 엮음,《너의 삶은 그 자체로 작품이다》, 대구문예
　　창작영재교육원, 2020.

구나영, 〈금붕어〉 김형태·배창환 엮음,《너의 삶은 그 자체로 작품이다》, 대구문예
　　창작영재교육원, 2020.

구나영, 〈별〉 김형태·배창환 엮음,《남천에는 송사리가 살았다》, 대구문예창작영재
　　교육원, 2019.

권아영, 〈중2병〉 박정임 엮음,《나는 아직 너무 말랑하다》, 브로콜리숲, 2024.

권이란, 〈시간〉 배창환 엮음,《내가 아직 어려서 미안해》, 작은숲, 2018.

권이란, 〈공벌레야〉 배창환 엮음,《지금은 0교시》, 한티재, 2014.

김다유, 〈초록〉 배창환 엮음,《영어 안 쓰고 윷놀이》, 가창중학교, 2021.

김다유, 〈평범한 가족〉 배창환 엮음,《영어 안 쓰고 윷놀이》, 가창중학교, 2021.

김민섭, 〈그 단어〉 배창환 엮음,《영어 안 쓰고 윷놀이》, 가창중학교, 2021.

김사인, 〈바짝 붙어서다〉 김사인 지음,《어린 당나귀 곁에서》, 창비, 2015.

김소령, 〈욕심〉 김형태·배창환 엮음,《너의 삶은 그 자체로 작품이다》, 대구문예창
　　작영재교육원, 2020.

김아소, 〈대나무 숲〉 배창환 엮음,《영어 안 쓰고 윷놀이》, 가창중학교, 2021.

김예나, 〈돼지의 하루〉 배창환·조재도 엮음,《36.4℃》, 작은숲, 2012.

김예찬, 〈시는 참 재밌다〉 박정임 엮음,《나는 아직 너무 말랑하다》, 브로콜리숲,
　　2024.

김우형, 〈나비 같은 벚꽃〉 구자행 엮음,《버림받은 성적표》, 보리, 2005.

김은하, 〈폭우〉 박정임 엮음,《나는 아직 너무 말랑하다》, 브로콜리숲, 2024.

김진휘, 〈학원 수업을 마치고〉 구자행 엮음,《버림받은 성적표》, 보리, 2005.

김현지, 〈살다 보면〉 배창환 엮음,《내가 아직 어려서 미안해》, 작은숲, 2018.

김휘중, 〈시란〉 김형태·배창환 엮음,《너의 삶은 그 자체로 작품이다》, 대구문예창
　　작영재교육원, 2020.

김휘중, 〈내가 시를 쓸 때〉 김형태·배창환 엮음,《너의 삶은 그 자체로 작품이다》, 대구문예창작영재교육원, 2020.

김휘중, 〈놓지 마〉 김형태·배창환 엮음,《너의 삶은 그 자체로 작품이다》, 대구문예창작영재교육원, 2020.

노시우, 〈솜이〉 박정임 엮음,《나는 아직 너무 말랑하다》, 브로콜리숲, 2024.

박세은, 〈기억〉 김형태·배창환 엮음,《너의 삶은 그 자체로 작품이다》, 대구문예창작영재교육원, 2020.

박소연, 〈쉽게 써진 시〉 배창환 엮음,《내가 아직 어려서 미안해》, 작은숲, 2018.

박우현, 〈그때는 그때의 아름다움을 모른다〉 박우현 지음,《그때는 그때의 아름다움을 모른다》, 작은숲, 2014.

박정임, 〈왜 시 수업인가?〉 박정임 엮음,《나는 아직 너무 말랑하다》, 브로콜리숲, 2024.

박철, 〈그 아이의 연대기〉 박철 지음,《너무 멀리 걸어왔다》, 푸른숲, 1996.

배창환, 〈삶, 한 편의 시처럼〉 배창환 지음,《별들의 고향을 다녀오다》, 실천문학사, 2019.

백미화, 〈나를 사랑하는 나〉 김형태·배창환 엮음,《남천에는 송사리가 살았다》, 대구문예창작영재교육원, 2019.

손수지, 〈떡볶이는 맛있다〉 배창환·조재도 엮음,《36.4℃》, 작은숲, 2012.

양하은, 〈꿈이 뭐니?〉 박정임 엮음,《나는 아직 너무 말랑하다》, 브로콜리숲, 2024.

연다윤, 〈치즈〉 박정임 엮음,《나는 아직 너무 말랑하다》, 브로콜리숲, 2024.

유나영, 〈네잎클로버〉 김형태·배창환 엮음,《너의 삶은 그 자체로 작품이다》, 대구문예창작영재교육원, 2020.

유나영, 〈뺏겨버린 꿈〉 김형태·배창환 엮음,《너의 삶은 그 자체로 작품이다》, 대구문예창작영재교육원, 2020.

이다은, 〈떠돌이 개〉 이다은 지음,《생각하면 눈시울이》, 강물처럼, 2009.

이상국, 〈달이 자꾸 따라와요〉 이상국 지음,《집은 아직 따뜻하다》, 창비, 1998.

이소혜, 〈돌담〉 이소혜 지음,《열다섯 살의 사랑니》, 고두미, 2010.

이수민, 〈바람〉 배창환 엮음,《영어 안 쓰고 윷놀이》, 가창중학교, 2021.

이유빈, 〈아침〉 김형태·배창환 엮음,《너의 삶은 그 자체로 작품이다》, 대구문예창작영재교육원, 2020.

이유빈, 〈어린이〉 김형태·배창환 엮음, 《너의 삶은 그 자체로 작품이다》, 대구문예
창작영재교육원, 2020.

이현주, 〈저 산 저 너머〉 배창환 엮음, 《영어 안 쓰고 윷놀이》, 가창중학교, 2021.

전배진, 〈이런 사람이 많아진다면〉 배창환 엮음, 《지금은 0교시》, 한티재, 2014.

전주영, 〈바퀴벌레〉 박정임 엮음, 《나는 아직 너무 말랑하다》, 브로콜리숲, 2024.

정수아, 〈솔밭골〉 배창환 엮음, 《뜻밖의 선물》, 휴머니스트, 2012

정연주, 〈놀이터〉 배창환 엮음, 《지금은 0교시》, 한티재, 2014.

정연주, 〈달리기〉 배창환 엮음, 《지금은 0교시》, 한티재, 2014.

정예슬, 〈바다〉 김형태·배창환 엮음, 《너의 삶은 그 자체로 작품이다》, 대구문예창
작영재교육원, 2020.

정은지, 〈다른 세상〉 박정임 엮음, 《나는 아직 너무 말랑하다》, 브로콜리숲, 2024.

정홍주, 〈우리 동네〉 이상석 엮음, 《있는 그대로가 좋아》, 보리, 2005.

조민현, 〈시야〉 김형태·배창환 엮음, 《너의 삶은 그 자체로 작품이다》, 대구문예창
작영재교육원, 2020.

조민현, 〈엄마에게〉 김형태·배창환 엮음, 《너의 삶은 그 자체로 작품이다》, 대구문
예창작영재교육원, 2020.

최성수, 〈둥지〉 최성수 지음, 《람풍》, 도서출판b, 2023.

최수빈, 〈욕심〉 배창환 엮음, 《내가 아직 어려서 미안해》, 작은숲, 2018.

최은경, 〈짬뽕 두 그릇〉 배창환 엮음, 《내가 아직 어려서 미안해》, 작은숲, 2018.

최은영, 〈낡은 일기장〉 배창환 엮음, 《뜻밖의 선물》, 휴머니스트, 2012

한수아, 〈그냥 해봤어〉 김형태·배창환 엮음, 《너의 삶은 그 자체로 작품이다》, 대구
문예창작영재교육원, 2020.

허현민, 〈행복하다〉 배창환 엮음, 《영어 안 쓰고 윷놀이》, 가창중학교, 2021.

허현민, 〈숲〉 배창환 엮음, 《영어 안 쓰고 윷놀이》, 가창중학교, 2021.

참고 문헌

김대행, 《문학 교육의 틀 짜기》, 역락, 2000.

김상욱, 《문학 교육의 길 찾기》, 나라말, 2003.

김형수, 《삶은 언제 문학이 되는가》, 아시아, 2014.

김형수, 《삶은 어떻게 문학이 되는가》, 아시아, 2015.

박문호, 〈인간과 의식의 진화〉, 《빅히스토리 공부》, 김영사, 2022.

박이문, 〈언어와 사유〉, 《사유의 열쇠 – 철학》, 산처럼, 2004.

배창환, 《이 좋은 시 공부》, 나라말, 2002.

오연경, 〈교과서의 체제와 현대시 교육의 특수성〉, 《새로 쓰는 현대시 교육론》(박수연 외 엮음), 창비교육, 2015.

오연경, 〈청소년의 발견과 사건으로서의 시 경험〉, 위의 책.

옥타비오 빠스, 《활과 리라》(김홍근·김은중 옮김), 솔, 1998.

우한용, 《우한용 교수의 창작교육론》, 태학사, 2009.

유종호, 《시란 무엇인가》, 민음사, 1995.

유종호·최동호 엮음, 《시를 어떻게 만날 것인가》, 작가, 2005.

전국국어교사모임, 《함께 여는 국어교육》, 2025 여름호 외.

황정산, 《쉽게 쓴 문학의 이해》, 한국문화사, 2000.

이 책에 실린 학생 시인 여러분께

이 책에 실린 시를 쓴 학생들은 지금 대부분 성장하여 상급 학교에 진학하였거나 사회의 여러 곳에서 활동하면서 시인이나 독자로서 나날의 삶을 소중하게 가꾸어 가는 중이라 믿습니다. 이 책은 교실에서 선생님과 학생들이 시 공부를 하는 데 도움을 드리기 위해 제작한 것이며, 학생 시인 여러분들의 좋은 작품이 없었으면 이 책은 세상에 나올 수가 없었을 것입니다. 연락이 되는 학생 시인들은 대부분 흔쾌히 동의하고 격려까지 해주었으나 연락처가 바뀌는 등 여러 사정으로 연결되지 않은 몇몇 분에게는 사전에 동의를 받을 수가 없었습니다. 이 점 널리 양해해 주시기를 부탁드리며, 출간 이후라도 언제든지 이 책의 저자나 출판사로 연락해 주시면 응당 사례를 해 드리겠습니다.

손잡고 국어수업 08

삶을 가꾸는 시 읽기·쓰기 수업

1판 1쇄 발행일 2026년 3월 16일

지은이 배창환

발행인 김학원
발행처 (주)휴머니스트출판그룹
출판등록 제313-2007-000007호(2007년 1월 5일)
주소 (03991) 서울시 마포구 동교로23길 76(연남동)
전화 02-335-4422 **팩스** 02-334-3427
저자·독자 서비스 humanist@humanistbooks.com
홈페이지 www.humanistbooks.com
유튜브 youtube.com/user/humanistma **블로그** blog.naver.com/hmcv
페이스북 facebook.com/hmcv2001 **인스타그램** @humanist_insta

편집책임 문성환 **편집** 윤무재 **디자인** 스튜디오forb
조판 아틀리에 **용지** 화인페이퍼 **인쇄** 청아디앤피 **제본** 민성사

ⓒ 배창환, 2026

ISBN 979-11-7087-442-3 04370
　　　 979-11-6080-987-9 (세트)